sphinx 5

Herausgegeben von Hans-Christian Huf

SPHINX

5

Geheimnisse der Geschichte

Vom Heiligen Gral zum Schatz der Zaren

Herausgegeben von
Hans-Christian Huf

Gustav Lübbe Verlag

Der Gustav Lübbe Verlag
ist ein Imprint der Verlagsgruppe Lübbe

Originalausgabe

Textredaktion: Agents Producers Editors, Overath
Schutzumschlag, Layout und Satz: KOMBODesign GmbH, Köln, unter
Verwendung eines Gemäldes von Grigori Berstein, Köln
Papier: 135 g/qm Zanders Mega matt
Reproduktion: Media-Print, Bergisch Gladbach
Druck und Einband: Clausen & Bosse, Leck

Printed in Germany
ISBN 3-7857-2022-X

1 3 5 6 4 2

Sie finden uns im Internet unter: http://www.luebbe.de

Die Mumie des Ketzers – Echnaton, König von Ägypten

Von Heike Schmidt

Kein Pharao wurde je kontroverser diskutiert. Den einen ist er ein Heiliger, ein Religionsstifter, den anderen ein Dämon, die Inkarnation des Bösen. Er stellte die gesellschaftliche Ordnung seiner Zeit und damit das Prinzip des Staates in Frage. 17 Jahre beherrschte er das mächtigste und reichste Land der damaligen Welt. An seiner Seite lebte die schönste Frau Ägyptens. Gemeinsam wollten sie eine neue Weltordnung schaffen. Sie predigten Liebe, ernteten aber Haß. Von ihrem Volk wurden sie wie Götter verehrt, doch das gleiche Volk zerschmetterte ihre Statuen und verfolgte ihr Andenken. Ihre Namen sollten für immer aus dem Gedächtnis der Geschichte getilgt werden, und doch kennt sie heute fast jedes Kind: Echnaton und Nofretete.

Amenophis IV. – Das Erbe seines Vaters

1 (Vorhergehende Doppelseite) Als Echnaton (Amenophis IV.) und seine Frau Nofretete, hier mit ihren drei Kindern, den Kult um den Sonnengott Aton durchsetzen, ist das der Beginn einer Revolution. Was ist ihr Ziel? Flachrelief aus Amarna, um 1350 v. Chr.

Als er im Jahr 1364 v.Chr. die Herrschaft über Ägypten antritt, trägt er, wie schon sein Vater und sein Urgroßvater vor ihm, den Namen Amenophis. Seit Generationen werden die Söhne der königlichen Familie nach Thot, dem Gott der Weisheit, oder aber nach Amun, dem Hauptgott des Landes, benannt. Amun, den die Priester als König der Götter verehren, ist nicht nur der Namenspatron der Könige. Er ist auch der wahre Vater des Königs, so die Geburtslegende. In der Nacht, in der der Thronfolger gezeugt wird, nimmt Amun die Gestalt des Königs an und beglückt die Große königliche Gemahlin mit seiner göttlichen Anwesenheit. Auch Amenophis III. nimmt diese göttliche Legitimation für sich in Anspruch. Im Tempel von Luxor zeigen die Wände der Geburtskammer in Wort und Bild, wie Amun der Königin beiwohnt, um den Thronfolger zu zeugen. »Da verlangte die Majestät dieses Gottes nach der, die er liebte ... Da ging Amun, um sie zu beschlafen ... Er machte seine Gestalt

zu der der Majestät dieses Gatten, des Königs von Ober- und Unterägypten Mencheperure-Thutmosis IV. ... Er fand sie, indem sie in der Schönheit ihres Palastes schlief. Sie erwachte vom Gottesgeruch und lächelte seiner Majestät zu. Er ging sofort zu ihr, und er verlangte nach ihr. Da zeigte er sich in seiner Form als Gott, nachdem er zu ihr getreten war. Sie jubelte, als sie seine Schönheit sah, und die Liebe zu ihm drang in ihre Glieder. ...Danach tat nun die Majestät dieses Gottes alles, was er wollte, mit ihr.« Direkt im Anschluß an den Zeugungsakt bestimmt Amun auch den Namen des künftigen Königs. »Worte sprechen durch Amun, den Herrn der Throne der beiden Länder, zu ihrer Majestät: ›Amenophis-Herrscher-von-Theben‹ sei der Name dieses Kindes, das ich in deinen Leib gelegt habe ... Er wird das treffliche Königtum auf dieser ganzen Erde ausüben. Meine Macht gehöre ihm, mein Ansehen gehöre ihm, meine Doppelkrone gehöre ihm, er ist's, der die beiden Länder beherrscht wie Re ewiglich.« Die zugehörigen Reliefs sind heute mit bloßem Auge kaum mehr zu erkennen. Doch wer genau hinsieht, er-

2 Amenophis III., der Vater von Echnaton, baut dem alten Gott Amun in Luxor noch einen neuen Tempel. Auf diesem Tempelrelief in Luxor bringt er ihm ein Opfer dar.

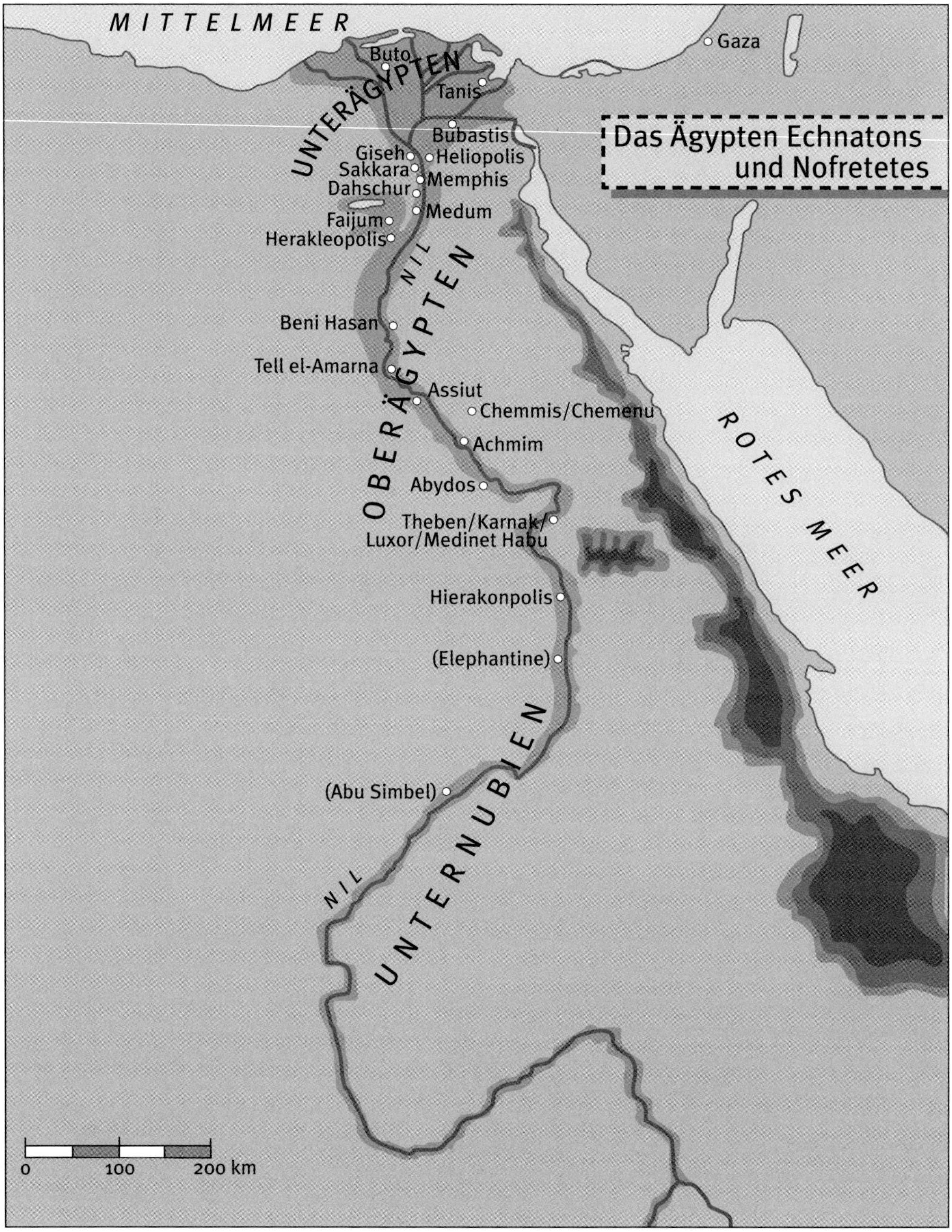
MITTELMEER
Buto
UNTERÄGYPTEN
Tanis
Gaza
Das Ägypten Echnatons und Nofretetes
Bubastis
Giseh
Heliopolis
Sakkara
Memphis
Dahschur
Medum
Faijum
Herakleopolis
NIL
OBERÄGYPTEN
Beni Hasan
Tell el-Amarna
Assiut
Chemmis/Chemenu
Achmim
Abydos
Theben/Karnak/
Luxor/Medinet Habu
ROTES MEER
Hierakonpolis
(Elephantine)
(Abu Simbel)
UNTERNUBIEN
NIL
0
100
200 km

kennt Amun zusammen mit der Königin auf einem Bett. Beide sitzen sich gegenüber, Amun hat die Hände der Königin ergriffen, beider Beine sind leicht übereinander gekreuzt: die pharaonische Umschreibung für den Vollzug des Geschlechtsakts. Am Ende des Bildzyklus steht die Geburt des Thronfolgers und dessen Anerkennung durch den göttlichen Vater sowie durch alle anderen Götter des Landes. Amenophis III. wird als der legitime Erbe seines Gottvaters Amun anerkannt.

Insgesamt 37 lange Jahre beherrscht dieser König Ägypten, glückliche Jahre, in denen die Menschen ihren Wohlstand genießen. Von den damaligen Palästen sind nur die Grundmauern geblieben, aber die Gräber der hohen Würdenträger zeugen bis heute vom damaligen Reichtum. Tribute der Fremdländer füllen die königlichen Schatzkammern. Kein Land der Welt kann sich mit Ägypten messen. Die einzige Macht, mit der sich Amenophis III. den Reichtum seines Landes teilen muß, sind die Priester, allen voran die mächtige Priesterschaft Amuns, der in der Hauptstadt Theben verehrt wird. Amenophis III. jedoch gelingt es, die Allmacht der Amun-Priesterschaft einzuschränken. Ohne Amun zu vernachlässigen, hat er immer mehr Statuen und Tempel für andere Götter errichten lassen. Allein der Göttin Mut weiht er in Theben 730 Statuen, für jeden Tag und jede Nacht des Jahres eine. Nicht einmal im großen Amun-Tempel von Karnak gibt es so viele Kolossalstatuen des Gottes, der doch eigentlich König der Götter ist. In Chemenu läßt Amenophis III. gewaltige Statuen errichten, und in Memphis werden Katakomben für die Mumien des heiligen Apis-Stiers angelegt. Indem er die anderen Götter Ägyptens reich beschenkt, schmälert er das Ansehen Amuns. Dennoch läßt er auch ihm im heutigen Luxor ein Heiligtum errichten, einen der schönsten Tempel Ägyptens. Nie zuvor sind so hohe Säulen zu Ehren eines Gottes errichtet worden. Eigentlich können die Amun-Priester stolz auf dieses neue Gotteshaus sein. Doch der Tempel ist nicht allein ihrem Gott geweiht. Alljährlich wird hier eines der wichtigsten Feste Ägyptens gefeiert: das Opet-Fest. Kurz vor der Nil-Überschwemmung wird die heilige Barke des Gottes Amun in einem feierlichen Auszug von seinem Tempel in Karnak bis zu seinem neuen

3 Säulenhalle im Tempel von Medinet Habu. Von dem in der Nähe erbauten riesigen Palast Amenophis' III., dem Vater Echnatons, ist nahezu nichts mehr zu sehen.

Heiligtum in Luxor getragen. Auf dem gesamten Weg jubelt das Volk der Barke zu, ist es doch eine der wenigen Gelegenheiten, in denen die Gläubigen ihrem Gott so nahe sind, denn das Innere der Tempel ist einzig den Priestern zugänglich. Aber das Volk bejubelt nicht nur die Barke des Gottes. Ihr folgt dichtauf die des Königs. Gemeinsam ziehen sie nach Luxor, wo sich Gott wie König mit dem Einsetzen der Nil-Flut verjüngen. Im Tempel von Luxor aber läßt Amenophis III. eine Statue seiner selbst aufstellen, eine Herausforderung für die Amun-Priesterschaft: Sie zeigt den König mit der Doppelkrone Ägyptens in jugendlicher Gestalt auf einem Schlitten. Jener Schlitten aber steht in der hieroglyphischen Schrift als Zeichen für Atum. Amenophis III. verwandelt sich im Tempel von Luxor zu Atum, dem Allgott und Weltschöpfer, neben dem Amun, der doch der Hausherr des Tempels sein sollte, in den Schatten tritt.

Weit entfernt von den Tempeln Amuns läßt der König auf dem Westufer seinen eigenen Palast errichten, der alle Bauten seiner Vorgänger in den Schatten stellt. Hunderte von Räumen, eine riesige Hafenanlage mit eigenem Kanal zum Nil, ein Haus, größer als mancher Tempel. Kaum einem Touristen, der heute den Tempel von Medinet Habu besucht, ist bewußt, daß er sich in nächster Nähe der Palastanlage Amenophis' III. befindet. Nur noch wenig ist zu sehen von dem einst so prächtigen Gebäude, denn anders als die Tempel wurde der Palast aus Lehmziegeln errichtet, die im Laufe der Jahrhunderte zerfallen sind. Hier lebt Amenophis III. zusammen mit seiner Familie. Niemand weiß, wie viele Frauen zu seinem Harem gehörten. Es müssen Hunderte gewesen sein, aber nur zwei Prinzessinnen aus Mitanni und eine bürgerliche Ägypterin schreiben Geschichte.

Das vorderasiatische Königtum Mitanni ist die zweite Macht in der damaligen Welt. Aus diesem Grund ist es unerläßlich, das Gleichgewicht zwischen den beiden Nationen und gute Beziehungen zu pflegen. Die Könige Ägyptens haben in unzähligen Schlachten ihre Macht bewiesen, einen Krieg mit der schlagkräftigsten Armee der Welt kann sich kein Land leisten. So versichern die Könige von Mitanni ihre Loyalität gegenüber Ägypten von Zeit zu Zeit dadurch, daß mitannische Prinzessinnen mit dem Pharao vermählt werden. Da es sich bei diesen Hochzeiten um Staatsakte handelt, erscheinen die Prinzessinnen Giluchepa und Taduchepa auch in offiziellen Dokumenten. Während Giluchepa, eine Tochter des Mitanni-Fürsten Sutarna, bereits im zehnten Regierungsjahr im Harem Aufnahme findet, wird ihre Nichte Taduchepa, die Tochter des Fürsten Tuschratta, erst im Jahr 30 der Herrschaft Amenophis' III. mit dem Pharao vermählt. Der König ist bereits ein alter Mann, und die Hochzeit dürfte lediglich eine Geste der Erneuerung der freundschaftlichen Beziehungen sein – ob sie je vollzogen wird, bleibt fraglich. Zumindest gibt es keinen Hinweis darauf, daß Giluchepa oder Taduchepa Kinder hatten. Die Prinzessinnen verschwinden im Harem Amenophis' III., denn bei Hofe gibt es nur eine Frau, die das Sagen hat.

TEJE

Bereits vor Beginn seiner Herrschaft war Pharao Amenophis III. mit einer Frau namens Teje verheiratet. Anders als viele königliche Gemahlinnen ist Teje bürgerlicher Abstammung. Ihr Vater Juja diente im Tempel der mittelägyptischen Stadt Achmim als Prophet des Gottes Min. Die Verbindung zum Königshof dürfte durch Tejes Mutter Tuja zustande gekommen sein, deren Ehrentitel »Schmuck des Königs« vermuten läßt, daß sie in engem Verhältnis zum Königshaus steht. Die Verheiratung ihrer Tochter mit dem König ist nichts Ungewöhnliches, jedenfalls bis zu dem Zeitpunkt, als ihre Tochter die Große königliche Gemahlin wird, die Frau, die die Aufgaben der Königin übernimmt und den Kult für die Götter vollzieht. Oftmals heiratet der Pharao seine eigene Schwester oder Halbschwester, um die königliche Linie so rein wie möglich zu halten, und diese wird dann zur Großen königlichen Gemahlin. Doch Amenophis III. hält sich nicht an die Norm. Er erhebt Teje in diese außergewöhnliche Stellung, und sie muß die Position während der siebenunddreißigjährigen Regierungszeit ihres Mannes nie an eine andere Frau abgeben.

Teje gebiert ihrem Mann mindestens sechs Kinder, zwei Söhne und vier Töchter. Zunächst ist da der Thronfolger, Thutmosis. Er ist ein großer Katzenliebhaber, wovon der Sarkophag seiner Lieblingskatze Tamiu, der im Ägyptischen Museum von Kairo aufbewahrt wird, beredtes Zeugnis gibt. Es ist bekannt, daß er als Hoherpriester des Gottes Ptah in Memphis diente. Nicht bekannt ist aber, wann und wie er starb. Nach seinem Tod wird sein jüngerer Bruder, Amenophis IV., zum Erben, der seinem Vater schließlich auf den Thron folgt. Außerdem haben Amenophis III. und Teje vier Töchter: Satamun, Isis, Henuttaneb und Nebetiach. In seinen späten Regierungsjahren vermählt sich Amenophis III. mit den beiden älteren. Die beiden Prinzessinnen übernehmen auch Aufgaben im Kultvollzug, doch nie ist ihre Stellung mit der ihrer Mutter zu vergleichen.

Die größte Doppelstatue, die je in Ägypten gefertigt wurde und heute im Ägyptischen Museum in Kairo aufbewahrt wird, stellt Amenophis III. gemeinsam mit Teje dar. Einst stand das Rundbild vor dem Eingang des Amun-Tempels von Medinet Habu auf dem thebanischen Westufer. Im fernen Nubien wird Teje sogar selbst zur Göttin. Im Tempel von Sedeinga wird sie als Inkarnation der Hathor verehrt, der Göttin der Liebe und der Musik, und zugleich als Tochter des Sonnengottes Re. Eine ungewöhnliche Karriere für eine außergewöhnliche Frau. Wer heute im Ägyptischen Museum in Berlin das berühmte Köpfchen aus Eibenholz betrachtet, das die Königin in ihren späten Lebensjahren darstellt, wird sich des Zaubers dieser Skulptur kaum entziehen können. Das knapp 10 Zentimeter große Kunstwerk zeigt die Züge einer energischen Frau. Fast mißmutig sind die Mundwinkel herabgezogen, die schrägstehenden Augen scheinen den Betrachter verächtlich zu mustern. Zeigt das Kunstwerk die Königin am Ende ihres Lebens, als ihr Sohn der Pharao von Ägypten ist und eine andere Königin die Macht in den Händen hält?

»Die Schöne ist gekommen«

Keine Frau erreicht in der ägyptischen Geschichte je wieder eine vergleichbare Stellung wie Nofretete in der Regierungszeit Echnatons. Selbst die Macht Kleopatras, die über 1000 Jahre später den römischen Feldherrn Gaius Julius Caesar und Marcus Antonius Herz und Verstand raubt, kommt nicht derjenigen gleich, die Nofretete ausübt. Sie muß eine Frau von außergewöhnlicher Schönheit und noch außergewöhnlicherem Verstand gewesen sein. Während wir über Tejes Familie genauestens unterrichtet sind, liegt die Herkunft der Nofretete im Dunkeln. Fast scheint es, als würden bewußt keine Angaben gemacht. Aber warum diese Geheimniskrämerei, wenn doch durch das Beispiel von Königin Teje bewiesen ist, daß auch eine Bürgerliche die Position der Großen königlichen Gemahlin mit Bravour bewältigen kann? Welches Geheimnis umgibt die Königin, deren Namen Nofretete, »die Schöne ist gekommen«, lautet? Liegt hierin vielleicht ein Hinweis auf eine fremdländische Herkunft? Wurde sie schon bei ihrer Geburt Nofretete genannt, oder hat sie diesen Namen erst anläßlich ihrer Vermählung mit dem Thronfolger angenommen? Namenswechsel sind in Ägypten nichts Ungewöhnliches. Wenn Ausländer an den Königshof kommen, werden ihnen im allgemeinen ägyptische Namen verliehen. Aus der biblischen Tradition ist bekannt, daß Joseph, der Sohn Jakobs, am Hof des Pharaos Zaphenat-Paneach genannt wurde, und zahlreiche ägyptische Inschriften geben Aufschluß darüber, daß so mancher Ausländer einen zweiten, »schönen«, das heißt ägyptischen Namen bekommt. Ist dies bei Nofretete der Fall? Ist sie eine ausländische Prinzessin, die aufgrund diplomatischer Beziehungen an den ägyptischen Königshof kam? Ist sie vielleicht sogar jene zweite Mitanni-Prinzessin, Taduchepa, aus dem Harem Amenophis' III.? Die Quellen schweigen. Nur zwei Menschen lassen sich außerhalb der königlichen Familie ihres Mannes finden, zu denen Nofretete in enger Beziehung steht. Einige wenige Darstellungen in den Gräbern von Tell el-Amarna zeigen eine junge Frau namens Mutnedjmet, die sich als »Schwester der Königin« bezeichnet. Die andere ist ihre

4 (Rechte Seite) Nofretete – »Die Schöne ist gekommen«. Mehr als dreitausend Jahre nach ihrem Tod, ist die Faszination, die von ihren Bildnissen ausgeht, ungebrochen. Portraitkopf (um 1373–1357 v. Chr.) im Amarna-Stil aus der 18. Dynastie.

Amme Tij, die Frau eines höchsten Beamten: Eje. Wie Teje stammte auch Eje aus der kleinen Provinzstadt Achmim. Während der Regierungszeit Echnatons wird er eine der schillerndsten Persönlichkeiten am Königshof und herrscht am Ende sogar selbst über das Reich. Die Ähnlichkeit der Namen zwischen Teje und dem hohen Würdenträger sowie ihre Herkunft aus der gleichen Stadt ließ einige Wissenschaftler vermuten, daß es sich bei Eje um einen Bruder Tejes handeln könnte. Da Eje zudem den Titel eines »Gottesvaters« trägt, der in einigen Fällen dem Schwiegervater des Königs zuteil wird, gibt es Grund zu der Annahme, daß Eje der Vater Nofretetes war. Doch so wenig der Name der Mutter Nofretetes erscheint, so wenig wird Eje je als ihr Vater bezeichnet.

Theben – Die frühen Jahre

Zu Beginn seiner Herrschaft ist Amenophis IV. für das ägyptische Volk ein »homo novus«. Nichts ist über seine Jugend bekannt. Weder ob er eine militärische Ausbildung in Memphis erhielt wie für die Kronprinzen der Zeit üblich, noch ob er von den Priestern in Heliopolis, einer Hochburg des Sonnenkults, erzogen wurde. Aus seiner Zeit als Prinz ist ein einziges Dokument erhalten, ein Siegelabdruck mit der Aufschrift: »Domäne des wirklichen Königssohns Amenophis«. Kein Relief aus der Regierungszeit seines Vaters überliefert seinen Namen, keine Statue wurde für ihn geformt. Daß er bereits vor seiner Thronbesteigung mit Nofretete vermählt ist, belegen Reliefs aus dem Beginn seiner Regierungszeit, die ihn in Gesellschaft seiner Frau sowie ihrer drei ältesten gemeinsamen Töchter zeigen.

Die Krönung des Herrschers findet vermutlich in Theben durch den Hohenpriester des Amun statt. Wie alle Könige vor ihm bekommt auch Amenophis IV. nun seine volle Titulatur, die aus fünf Namen besteht. Diese Titulatur ist Regierungsprogramm und Glaubensbekenntnis gleichermaßen. Für Amenophis IV. lautet sie: »Horus, starker Stier, mit hoher Federkrone. Mit großem Königtum in Karnak. Der die Kronen erhebt in Theben. Vollkommen sind die Erscheinungsformen des Re, Einzig-

5 Echnaton und Nofretete beim Opfer an den neuen obersten Gott: Aton. Relief im Grab des Merire, Tell el-Amarna.

6 Das Grab des Wesirs Ramose wird nie fertiggestellt. Manche Szenen, wie diese Fremdvölkerdarstellung, sind nur in Vorzeichnungen erhalten.

artiger des Re. Amenophis, Gott-Herrscher in Theben.« Auffällig oft erscheint die Verbindung mit Theben und dem großen Tempel von Karnak. Auffällig allerdings auch, daß Amun selbst keine Erwähnung findet. Zu diesem Zeitpunkt läßt jedoch noch nichts darauf schließen, daß der König mit der Tradition brechen und Amun stürzen wird, um einen anderen Gott als den einzig wahren zu verkünden. Bei der Thronbesteigung hat Amun noch allen Grund, mit seinem Sprößling zufrieden zu sein, wie es der Name des Königs impliziert: Amunhotep (gräzisiert Amenophis) bedeutet nichts anderes als »Amun ist zufrieden«. Im Grab des thebanischen Wesirs Ramose, der schon unter Echnatons Vater dieses Amt innehatte, zeigen die Kartuschen des Königs noch diesen Namen. Doch deutet sich bereits der Wandel an. Während der Großteil der Wände im traditionellen Stil der 18. Dynastie dekoriert ist, zeigt eine Wand einen ganz anderen Stil, der als »Amarna-Stil« in die Geschichte eingeht. Echnaton und Nofretete sind gemeinsam mit ihrem Gott abgebildet, dem »Strahlen-Aton«. Über den Köpfen des Königspaares schwebt die Sonnenscheibe, deren Strahlen in segnenden Händen enden, die dem Pharao und seiner Gemahlin das Zeichen für Leben an die Nase halten, ihnen so den Lebensatem zuweisen.

Erste Veränderungen bekommen die Amun-Priester am Ende des dritten Regierungsjahres zu spüren: Der König läßt verkünden, daß er in Karnak ein neues Heiligtum errichten lassen will. An und für sich kein ungewöhnliches Unterfangen, da jeder König im Reichstempel von Karnak als Bauherr tätig wird. Jeder neue Pharao versichert sich des Wohlwollens dieses Gottes und seiner Priester, die zu mächtig sind, als daß man sie verärgern dürfte. Doch offensichtlich setzt sich der neue Pharao darüber hinweg, denn diesmal soll der Bau nicht Amun geweiht werden, er soll auch nicht den bestehenden Tempel erweitern. Zum ersten Mal seit Jahrhunderten entsteht ein völlig neuer Tempel, der den des Amun buchstäblich in den Schatten stellt. In diesem Heiligtum wird ein Gott verehrt, dem noch nie ein eigener Tempel errichtet wurde. Es ist kein unbekannter Gott für die Ägypter. Schon Thutmosis IV., der Großvater Amenophis' IV., hat ihn verehrt, und Amenophis III. hat sich selbst einen

Beinamen gegeben, der ihn als Inkarnation dieses Gottes ausweist: als »strahlende Sonnenscheibe«, als »strahlender Aton«.

ATON – DER EINZIGE GOTT

Die Götterwelt Ägyptens ist vielfältig. Hier versammeln sich die Mächte und Gewalten, die das tägliche Leben bestimmen. Das unentbehrliche Wasser des Nils, die fruchtbare Erde, die lebensnotwendige Luft, all diese Elemente nehmen in Göttern wie Hapi, Geb und Schu Gestalt an. Die Verehrung der Skorpiongöttin Selket oder des Krokodilgottes Sobek zeugen von der Umwandlung der Furcht der Ägypter vor diesen Tieren in Ehrfurcht vor deren Macht. Die Liebe der Mutter und Frau wird in Form der Hathor verehrt, die sowohl kuh- als auch menschengestaltig dargestellt werden kann. Selbst für die Bedürfnisse des Alltags gibt es zuständige Wesen. Hausgötter wie Bes und Thoëris sorgen für das Familienglück und schützen werdende Mütter. Es gibt Hunderte von gottgleichen Wesen für Tausende von Belangen. Über ihnen allen aber steht der Sonnengott, denn in ihm zeigt sich die Macht des Universums. Seine lebenspendenden Strahlen lassen Menschen, Tiere und Pflanzen gedeihen. Im Laufe der Jahrhunderte wird er unter den unterschiedlichsten Namen verehrt. Horus-Re, Re, Atum, Re-Harachte oder Amun-Re. Bisher wurden all diese Gottheiten friedlich nebeneinander verehrt, doch nun soll alles anders werden. Erstmals in der Geschichte Ägyptens läßt sich die Entstehung eines Gottes miterleben, und dieser ist in vielerlei Hinsicht anders als alle bisher verehrten Götter. Sein Name, der eher an ein Glaubensbekenntnis erinnert, lautet: »Es lebt Re-Harachte, der im Horizonte jubelt in seinem Namen Schu, welcher Aton ist.« Aton, die sichtbare Erscheinungsform des Sonnengottes, die Sonnenscheibe am Himmel. Ihn hat Amenophis IV. auserkoren, von nun an verehrt zu werden. Vor ihm sollen sich alle ägyptischen Götter beugen. Nicht mehr Amun, was soviel heißt wie »der Verborgene«, sondern ein Gott, den alle Menschen sehen. Ein Gott, der keine Kultstatue benötigt, da er täglich für alle sichtbar am Himmel erscheint. Unvorstellbar für die Priester, bis dahin die

7 Ein sensationeller Fund: In diesem Pylon fanden Wissenschaftler bei Restaurierungsarbeiten Tausende von Steinblöcken aus der zerstörten Tempelanlage des Sonnengottes – als Füllmaterial verbaut.

einzigen »Wissenden«. Die einzigen außer dem König, die dem Gott von Angesicht zu Angesicht gegenübertreten. Warum soll man dem Volk die Götter nahebringen? Zu gefährlich wäre es, wenn die Menschen auf die Idee kämen, daß die Götter sich jedem offenbaren können. Wissen ist Macht und muß deshalb in den Händen einiger weniger Auserwählter bleiben. Doch nun läßt der König einen Tempel errichten, der jeglicher Tradition widerspricht, und ein Gott soll darin verehrt werden, den nichts Geheimnisvolles mehr umgibt.

Unmittelbar nordöstlich vom Amun-Tempel wird mit den Arbeiten begonnen. Die Ausmaße des neuen Gotteshauses sind gigantisch. Eine pfeilerbekränzte Umfassungsmauer, über 600 Meter lang und 200 Meter breit, grenzt den Tempelbezirk ab. Mehr als 400 Altäre stehen für die täglichen Opfer bereit. Lächerlich klein wirkt dagegen plötzlich der Amun-Tempel, der hinter einer neuen Pfeilerfassade, die ebenfalls zu Ehren des Aton errichtet wird, verschwindet. Der Tempelbau ist wie alles in der ägyptischen Kunst strengen traditionellen Regeln unterworfen. Nun zeigt bereits die Architektur, daß es sich hier um einen außergewöhnlichen Bau handelte. Während bis dahin Tempel stets aus überdachten Räumen bestanden und das Allerheiligste mit der Kultstatue des Gottes im Innersten, dem abgeschirmtesten, heiligsten Bereich des Gotteshauses zu finden ist, besteht dieser fast ausschließlich aus offenen Höfen. Am auffälligsten aber ist, daß es kein Allerheiligstes für die Kultstatue mehr gibt.

Heute ist nichts mehr von diesem prachtvollen Bauwerk zu sehen. Die Nachfolger Echnatons haben alles getan, um jede Spur des Ketzerkönigs zu vernichten. Mauer für Mauer, Stein für Stein ließen sie den Tempel abtragen. Kein Relief, keine Inschrift soll an den König erinnern, der die Götter von ihren Thronen stürzte. Doch gerade durch diese akribische Vernichtungsarbeit hat sich der große Aton-Tempel von Karnak fast perfekt erhalten. Weil die Steine als Baustoff viel zu kostbar sind, um sie zu verschwenden, läßt man die Mauern in handliche Stücke brechen und als Füllmaterial für neue Bauten verwenden. So kommt es, daß französische Ausgräber nach mehr als 2000 Jahren in Karnak eine sensationelle Entdeckung machen. Bei Restaurierungsarbeiten am neunten und zehnten Pylon, zwei großen Eingangstoren aus der Zeit des Pharao Haremhab, dem dritten König, der Echnaton auf den Thron folgt, fanden die Wissenschaftler Tausende von Steinblöcken aus der zerstörten Tempelanlage. Stein für Stein, Lage für Lage kam der große Aton-Tempel zum Vorschein. Geschützt durch die Mauern des Pylons haben sich allein im Bezirk von Karnak mehr als 50 000 Blöcke besser erhalten als sonst irgendwo. Es begann ein gigantisches Puzzlespiel, das die Ägyptologen seitdem beschäftigt.

REVOLUTION IM LAND DER TAUSEND GÖTTER

Seit Jahrhunderten werden Reliefs und Statuen nach strengen Regeln gefertigt. In den Werkstätten gibt es keinen Platz für Phantasie oder künstlerische Freiheit. Man hält sich an einen Proportionskanon, von dem nur kleinste Abweichungen möglich sind. Was die Künstler nun im Auftrag des Königs in den Stein bannen, ist revolutionär. Die Darstellungen im Aton-Tempel zeigen einen geradezu abstoßenden Pharao. »Jeder, der zuerst vor gewisse dieser Bilder tritt, wird fast zurückprallen vor dem Ausbund von körperlicher Häßlichkeit«, schrieb der deutsche Archäologe Heinrich Schäfer 1931, und tatsächlich entsprechen die Darstellungen Echnatons keinem üblichen Schönheitsideal. Ein magerer, überlanger Oberkörper sitzt auf ausladenden Hüften. Unnatürlich langgezogen wirken die Gesichtszüge, fast fehlt ihnen die menschliche Dimension. Eine der Statuen zeigt den König sogar nackt, aber ohne Andeutung von Geschlechtsorganen. Was will der König damit bezwecken? Warum läßt er sich als Zwitterwesen darstellen – weder Mann noch Frau? Ist er etwa ein Eunuch oder leidet er an einer Krankheit? Forscher aus aller Welt haben versucht, auf diese Frage eine plausible Antwort zu finden. Die phantasievollsten Erklärungen wurden dabei in Betracht gezogen. Während der Berliner Ägyptologe Richard Lepsius im 19. Jahrhundert die provokante Frage stellte, ob es sich bei dem König um eine Frau handelte, mutmaßten französische Forscher, daß er ein Eunuch war, dessen Schädelverformung künstlich hervorgerufen worden sei. Im 20. Jahrhundert diagnostizierten Wissenschaftler unterschiedlichste Krankheiten. Das »Frölichsche Syndrom oder Dystrophia adiposo-genitalis«, eine Krankheit, die sich in einer überdimensionalen Fettablagerung im Brust-, Bauch-, Scham-, Schenkel- und Hüftbereich bemerkbar macht, oder einen »Wasserkopf oder Hydrocephalus«, der die ungewöhnliche Schädelform des Königs erklären soll oder – nach neueren Vermutungen – eine Erkrankung am Marfan-Syndrom, dessen Symptome sich in überlangen Gliedern und einer ungewöhnlich langen, schmalen Schädelform zeigen. Keine der Theorien läßt sich beweisen,

8 Auch an dieser Sandsteinbüste, etwa 1348 v.Chr., aus Karnak werden die seltsam langgezogenen Gesichtszüge Echnatons deutlich, die vielen Forschern Rätsel aufgeben.

und es werden sicher noch andere hinzukommen, die sich ebenfalls nicht beweisen lassen, solange die Mumie Echnatons nicht gefunden und identifiziert ist.

Neben all diesen Erklärungen aber gibt es seit Jahrzehnten eine zweite, eine religionswissenschaftliche Deutung des Phänomens: Echnaton will sich in den Statuen als Vater und Mutter aller Menschen manifestieren, daher die Vermeidung markanter Sexualorgane. Weder Mann noch Frau will er sein und dadurch in geheimnisvoller Weise doch beides. So wie auch sein Gott die Rolle aller männlichen und weiblichen Gottheiten, die je in Ägypten existierten, in sich vereint.

Das Bild des deformierten Königs wird zum Vorbild aller Darstellungen. Selbst seine Gattin, die schönste Frau Ägyptens, läßt sich im neuen, »häßlichen« Stil abbilden. Über 500 Mal ist sie auf den Wänden des neuen Tempels zu bewundern, öfter als der Pharao selbst. Auch dies eine Provokation gegenüber der Priesterschaft, denn der Gottesdienst muß nach streng überlieferten Regeln ausgeführt werden. Eigentlich ist es einzig dem Pharao vorbehalten, in Kontakt mit den Göttern zu treten. Da es ihm jedoch unmöglich ist, in jedem Tempel des Landes Opfer zu bringen, wird er beim Kult von einem Priester vertreten. Doch nun soll plötzlich eine Frau diese Aufgaben wahrnehmen, und damit nicht genug, sie ist es auch, die auf den Tempelwänden dargestellt wird. Neben ihrem Gemahl ist sie die einzige Mittlerin zu dem neuen Gott. Sind Frauen bis dahin immer nur relativ passiv dargestellt, übernimmt Nofretete nicht nur die Stelle als Mittlerin zu Gott, indem sie ihm die Opfer seiner Untertanen darbringt, sondern ihr kommt darüber hinaus auch die kultische Funktion des Königs als Beschützer seines Volkes zu. Bei mehreren Gelegenheiten übernimmt sie die Hauptrolle in so programmatischen Szenen wie dem Erschlagen der Feinde. Nicht mehr dem König obliegt die körperliche Macht über die Feinde Ägyptens, Nofretete ist es, die das magische Vernichtungsritual vollzieht. Sie wird zum Beschützer Ägyptens, zur obersten Heerführerin und damit zum Beherrscher der Welt. Unvorstellbar und inakzeptabel für die Priesterschaft.

9 *Auf Befehl Echnatons wird überall im Land der Name des alten Gottes Amun getilgt. Selbst vor dem Tempel seines Vaters in Luxor macht der neue Pharao nicht Halt.*

All dies ereignet sich zu Beginn des vierten Regierungsjahres des Pharaos, und man darf annehmen, daß es die Amun-Priester nicht ruhig hinnehmen, als ihre jahrtausendealten Traditionen in Frage gestellt werden. Die Ideen des Königs sind unvereinbar mit ihren Gesetzen. Pharao, der selbst als Inkarnation Gottes auf Erden gilt, hat den Göttern den Kampf angesagt. Ein Kampf der Götter im Land der tausend Götter. Die Welt gerät aus den Fugen. Schon öfter hat es Interessenkonflikte zwischen den Priestern und dem König gegeben. Doch das Ausmaß dieses Konflikts übertrifft alles Bisherige. Noch nie hat es ein König gewagt, die Götter anzutasten.

Der Höhepunkt des Konflikts und zugleich der Wendepunkt im Leben des Königs ist erreicht, als Amenophis IV. seinen Namen ändert. Ebenfalls in seinem vierten Regierungsjahr läßt der König verkünden, daß sein Eigenname von nun an Echnaton sei, »der Verklärte des Aton«. Sein alter Name Amenophis, der den verhaßten Namen des Amun enthält, soll nie wieder genannt werden. Doch damit nicht genug. Echnatons Haß gegen Amun geht so weit, daß er wenig später ein ganzes Heer von Steinmetzen aussendet, um Bilder und Inschriften des Gottes überall im Land zu tilgen. Hunderte von Statuen werden umgestürzt, Tausende von Inschriften ausgehackt. Nicht nur im Tempel von Karnak wüten Echnatons Helfer. Wo immer der Name Amun zu finden ist, wird er getilgt, sogar in den Kartuschen seines Vaters. Erlesenste Werke der Bildhauerkunst fallen dem Zerstörungswahn zum Opfer. Das Vernichtungswerk wird überall ausgeführt, selbst über die Grenzen Ägyptens hinaus, bis hin zum Djebel Barkal am vierten Nil-Katarakt. An vielen Stellen sind noch die Umrisse seiner Gestalt zu sehen. Selbst in den Gräbern der Beamten kommen Hammer und Meißel zum Einsatz, und nicht wenige, deren Name den eines Gottes oder einer Göttin enthält, ändern ihn nach dem Vorbild des Pharaos. Aus Meri-Neith, »Geliebter der Neith«, wird Meri-Re, »Geliebter des Re«, und aus Ptah-mes, »der, den Ptah gezeugt hat«, wird Ra-mes, »der, den Re gezeugt hat«.

Nie zuvor hat Ägypten einen solchen Bildersturm erlebt, und erst zwei Jahrtausende später, als das Christentum das Land am Nil erobert, geschieht Ähnliches wieder.

Mit Sicherheit gibt es Reaktionen auf diesen vom König verfügten Frevel. Doch niemand hat sie überliefert. Wir erfahren nichts von Kämpfen, kriegerischen Auseinandersetzungen oder innenpolitischen Querelen. Doch zwei Jahre später läßt der Pharao einen Text verfassen, in dem er unter anderem Vorkehrungen für sein Begräbnis festlegt und sagt, wenn man sein Begräbnis nicht an dem von ihm vorgesehenen Ort ausführe, so sei dies »schlimmer als das, was ich im vierten Regierungsjahr hörte«. Der König sagt nicht, was er hörte, aber man darf davon ausgehen, daß es etwas mit dem Bau des Aton-Tempels und den Maßnahmen gegen die Amun-Priesterschaft zu tun hat. Bezeichnenderweise finden all diese Veränderungen zu einem Zeitpunkt statt, als der Hohepriester des Amun nicht in Theben weilt. Echnaton hat ihn im wahrsten Sinne des Wortes in die Wüste geschickt: Der höchste Priester des Reiches ist zum Leiter einer Expedition in die Steinbrüche der Ostwüste bestimmt worden. Machtpolitisch gesehen, kommt das einem Todesurteil gleich. Der Pharao erstickt jegliche Opposition im Keim.

Der Bruch mit den Amun-Priestern und mit Theben führt unweigerlich zum Bruch mit den höchsten Beamten des Reiches. Der Amun-Tempel von Karnak ist nicht nur das religiöse Zentrum des Landes, sondern auch einer der größten wirtschaftlichen Faktoren. Die einflußreichsten Familien sind durch Pfründe mit dem Tempel verbunden und stellen bis dahin die höchsten Beamten. An deren Stellen treten nun Männer aus allen Schichten. Nicht mehr die Zugehörigkeit zu einer angesehenen Familie ist ausschlaggebend, sondern die Hinwendung zu Aton. Kein Wunder, daß sich immer mehr Männer aus den niedrigsten Bevölkerungsschichten Aton zuwenden, ist dies doch eine ideale Möglichkeit, das Leben in Armut zu verlassen und in ansonsten unerreichbare Schichten aufzusteigen. Stolz berichten sie in ihren Grabinschriften von ihrem ungewöhnlichen Aufstieg. »Er ließ mich reich sein, da ich arm war. Alle Menschen meiner Zeit küssen den Boden, denn ich bin ja in der Gunst meines Schöpfers, und meine Stadt verehrt mich tagtäglich.« In kürzester Zeit wird die Beamtenelite ausgetauscht. Selbst Ausländer erreichen höchste Posten. Ein Syrer namens Tutu macht die steilste Karriere. Er wird zum Kammerherrn des Königs, zum Oberbaumeister des Königs sowie zum »obersten Mund des Landes«. Darüber hinaus wird er Finanzminister – Ämter, die er kaum unvoreingenommen und unparteiisch ausüben kann, aber er gibt sich als loyaler Diener Atons, für den König Qualifikation genug. Unzählige Briefe von befreundeten Fürsten und langjährigen Vasallen zeigen jedoch, daß dies ungeahnte außenpolitische Folgen hat.

ACHET-ATON – DIE NEUE HAUPTSTADT

Unter diesen Umständen kann der König nicht in Theben bleiben. Zu sehr ist die Stadt mit Amun verknüpft, zu stark der Einfluß der Amun-Priester, die über Jahrhunderte die religiösen und wirtschaftlichen Geschicke des Landes bestimmten. Auch Memphis, die alte Hauptstadt im

10 Die Gegend von Tell el-Amarna ist ein karger und glühender Talkessel, den niemand beanspruchte – für Echnaton der ideale Bauplatz für seine neue Hauptstadt.

Schatten der Pyramiden, kommt nicht als Herrschersitz in Frage, denn dort wird seit Urzeiten Ptah verehrt. Ähnliches gilt für das ehrwürdige Heliopolis, das Atum geweiht ist. Wo ist Platz für eine Hauptstadt unter dem Schutz eines neuen Gottes?

Auf einer Reise nach Norden wird Echnaton fündig. In der Nähe des heutigen Dorfes Tell el-Amarna sieht er eines Morgens, wie sich die Sonne langsam zwischen zwei Bergen aus dem Ostgebirge erhebt. Aton selbst offenbart ihm den Ort, an dem die neue Hauptstadt entstehen soll: Achet-Aton, »der Horizont des Aton«. Und Echnaton läßt keinen Zweifel aufkommen, daß der Gott selbst den Ort erwählte, an dem er in Zukunft verehrt werden will. Stolz verzeichnet der König: »Schaut Achet-Aton, von dem Aton wollte, daß es ihm geschaffen werde als ein Denkmal für seinen Namen für alle Zeit! Schaut, Pharao spürte es auf! Nicht gehörte es einem Gott, nicht gehörte es einer Göttin, nicht gehörte es einem Herrscher, nicht gehörte es einer Herrscherin, nicht gehörte es irgendeinem Beamten oder irgendeinem Menschen, um Anspruch darauf geltend zu machen.«

11 *Echnaton läßt beim heutigen Tell el-Amarna drei Paläste errichten, von denen wenig mehr als die Grundmauern erhalten sind. Einst schmückten den Nordpalast farbenprächtige Fußböden und Wandgemälde.*

Jungfräulicher Boden, wie geschaffen für den Kult des nunmehr einzigen Gottes. Wer einmal die weite Ebene von Tell el-Amarna besucht hat, versteht, warum das Land bis dahin von niemandem in Anspruch genommen worden ist. Während sich auf dem westlichen Nil-Ufer einer der fruchtbarsten Landstriche Ägyptens erstreckt, ist das Ostufer ein glühend heißer Talkessel, ein öder, unfruchtbarer Ort, in dem die Sonne unbarmherzig vom Himmel brennt. Doch für Echnaton ist es gerade deshalb der ideale Bauplatz für seine neue Hauptstadt. Und nur wenige Kilometer nördlich liegen auf dem westlichen Nil-Ufer die Tempel Chemenus, in denen die sogenannten Urgötter verehrt werden. Echnatons neue Hauptstadt soll in dem Landesteil entstehen, in dem nach ägyptischer Tradition die Schöpfung ihren Anfang nahm.

Auf 14 Stelen, die in einem weiten Umkreis in die Felsen geschlagen werden, legt er die genauen Grenzen der Stadt fest. »Ich errichtete Achet-Aton für Aton, meinen Vater, an diesem Platz! Ich will ihm Achet-Aton nicht im Süden, im Norden, im Westen oder im Osten davon errichten! … Nicht sage die Königin mir: ›Schau, es existiert ein schönerer Platz an einer anderen Stelle.‹« Danach gibt Echnaton genaue Anweisungen, welche Gebäude wo errichtet werden sollen, und wie Pharao befiehlt, geschieht es. Es entstehen ein Palast und ein Tempel von ungeheuren Ausmaßen sowie Häuser für Beamte und Priester. Eine Prachtstraße führt durch die gesamte Stadt. Hymnen singen das Loblied der Metropole: »Sie ist herrlich und prächtig: Wenn man sie anschaut, dann ist es wie ein Blick in den Himmel.« Nie zuvor hat es eine solche Stadt in Ägypten gegeben, auf dem Reißbrett geplant und in kürzester Zeit erbaut. Ein Kultzentrum, das in seiner Konzeption einzigartig ist. Eine ganze Stadt, errichtet zu Ehren des einzigen Gottes und seines Propheten. Es ist ein Ort, wo einzig der Sonnengott Aton und Echnaton herrschen, wo sich die Einwohner ganz dem Dienst am Gott und am König widmen. Neuland in jeder Beziehung, ohne prägende Spuren der Vergangenheit, in dem nur die Gegenwart und die Zukunft zählen. Hier will Echnaton bleiben, »bis der Schwan schwarz und der Rabe weiß wird, bis die Berge aufstehen und fortgehen und bis das Wasser stromauf fließt«.

Im Zentrum dieser Traumstadt steht der Palast des Königs. Luftige Innenhöfe wechseln mit Schatten spendenden Säulenhallen. Die 40 Meter breite Prachtstraße teilt den Palast in zwei Teile. Auf der einen Seite die königlichen Wohnquartiere und auf der anderen die Regierungsräume mit dem Thronsaal. Über eine Brücke gelangt die königliche Familie von einem Teil in den anderen. Es ist ein ungemein prachtvoller Bau, ein Versailles der Antike.

Unmittelbar neben dem Königspalast liegt ein kleiner Aton-Tempel für die private Andacht des Königs. Rund um den Palast gruppieren sich Verwaltungsgebäude, Archive sowie die Wohnhäuser adliger Würdenträger. Bis zu 20 Räume haben die Villen der Minister und Priester, dazu Wirtschaftsgebäude, Speicher, Werkstätten und Stallungen, nach Möglichkeit auch noch ein privater Garten. Das Haus des Wesirs namens Nacht allein beansprucht fast 3000 Quadratmeter Grund. Einzigartig ist in diesen Häusern ein Raum zur Verehrung der königlichen Familie. In einer kleinen Kapelle stehen Hausaltäre mit Bildern der königlichen

Familie. Echnaton und Nofretete in zärtlicher Pose ihre Töchter liebkosend, oder Echnaton und Nofretete bei der Verehrung Atons. Sind diese Bilder Geschenke des Königs an seine hohen Würdenträger, damit sie stets vor Augen haben, wem sie ihren Reichtum verdanken, oder dienen sie als Ersatz für die Götterstatuetten und Amulette? Man kann sich des Eindrucks nicht erwehren, daß Echnaton und Nofretete in ihrer Hauptstadt allgegenwärtig sein wollen. Unwillkürlich kommen dem modernen Betrachter totalitäre Staaten in den Sinn, in denen allenthalben das Portrait des Machthabers von den Wänden lächelt. Auch wenn das Portrait in Tell el-Amarna von außergewöhnlicher Schönheit sein kann.

Am 7. Dezember 1912 vermerkte der deutsche Archäologe Ludwig Borchardt, der in den Ruinen von Tell el-Amarna mit Ausgrabungen beschäftigt war, lakonisch: »Arbeit ganz hervorragend. Beschreiben nützt nichts, ansehen«, und in seinem Ausgrabungsbericht faßt er zusammen: »Wenn ich diesen Fund hier so schildern wollte, wie er vor sich ging, mit seinem Durcheinander, seinen Überraschungen, seinen Hoffnungen und auch kleinen Enttäuschungen, so würde der Leser wohl ebenso konfuse davon werden, wie wir es damals waren, die wir in der Modellkammer protokollieren und kaum den einen Fund zu Papier bringen konnten, ehe nicht zwei andere Stücke wieder zur Vermessung und Aufnahme frei lagen.« Was sich hier eher unspektakulär anhört, war eine Sternstunde der Archäologie. In dem Haus, an dem das Grabungsteam seit Wochen arbeitete, war eine Bildhauerwerkstatt untergebracht. Inschriften zeigen, daß es sich um das Atelier des Oberbildhauers Thutmosis handelte. In den Regalen der Modellkammer fanden sich Büsten und Statuetten der gesamten Königsfamilie. Den außergewöhnlichsten Fund machte Borchardt aber in einer Ecke des Raumes. Etwa 40 Zentimeter über dem ehemaligen Bodenniveau entdeckte er eines der schönsten Kunstwerke kopfüber im Sand, das in der Geschichte Ägyptens geschaffen wurde: die Büste der Nofretete.

Borchardt stand Auge in Auge mit der schönsten Frau Ägyptens. Nie zuvor war ähnliches gefunden worden. Kein Wunder, daß die Menschen in Achet-Aton die Königin wie eine Göttin verehrten. Sollte das auch der

Grund dafür sein, warum nichts über die Herkunft der Nofretete bekannt ist? Wurden die Namen ihrer Eltern nie verzeichnet, weil eine Göttin keine menschlichen Eltern hat?

Sonnenhymnus in Stein

Während Echnaton die Schönheit seiner Gemahlin in unzählige Statuen bannen ließ, verfaßte er für seinen Gott einen einzigartigen Lobgesang. »Schön erscheinst du im Horizont des Himmels ... Gehst du unter im Westhorizont, so ist die Welt in Finsternis, in der Verfassung des Todes ... Am Morgen aber bist du aufgegangen am Horizont ..., du vertreibst die Finsternis ... Die Welt entsteht auf deinen Wink, wie du sie geschaffen hast. Bist du aufgegangen, so leben sie, gehst du unter, so sterben sie ... Du bist die Lebenszeit selbst, man lebt durch dich.« In 30 Versen besingt Echnaton in seinem »Sonnenhymnus« die lebenspendende Kraft der Sonne. Der Dichter des 104. Psalms der Bibel benutzt fast die gleichen Worte, und mehr als 2000 Jahre später dichtete der heilige Franz von Assisi wieder einen »Sonnengesang«, der die vom einzigen Gott geschaffene wunderbare Natur zum Thema hat.

Diesem Gott zu Ehren errichtet Echnaton das größte Gebäude der Stadt. Mit 760 Metern Seitenlänge übertrifft es sogar seinen Vorgängerbau in Karnak. Auch hier gibt es kein abgeschirmtes Allerheiligstes. Den größten Raum nimmt ein offener Hof ein, in dem auf 730 Altären Aton Opfer dargebracht werden, einer für jeden Tag und für jede Nacht des Jahres. Im Zentrum des Heiligtums aber steht der Benben-Stein, ein Symbol des Sonnengottes, der schon im Tempel der altehrwürdigen Sonnenstadt Heliopolis verehrt wurde. Mit jedem Morgen nimmt Aton erneut Besitz von seinem Tempel. Jeden Winkel seines Heiligtums können seine segnenden Strahlen ertasten, jeden Raum in Besitz nehmen, jeden Opferaltar und die darauf dargebrachten Speisen. »Durch seine Strahlen füllt er ihn aus mit sich selbst«, ist auf den Grenzstelen von Amarna zu lesen. Aton offenbart sich nicht durch Worte, er wirkt durch seine Strahlen.

12 *Aufstieg zu den Felsgräbern der Vornehmen in Tell el-Amarna. An den Innenwänden fanden die Forscher Zeugnisse der Revolution, die die alten Priester entmachten sollte.*

Zusammen mit Echnaton und Nofretete ersetzt er alle ägyptischen Götter. Sie bilden die göttliche Familie. Aton ist einzigartig, er hat keine weibliche Partnerin und keinen personifizierten Widersacher, vergleichbar nur mit dem Urgott Atum. Wen wundert es, daß der einzige heilige Gegenstand im Tempel von Achet-Aton, der heilige Benben-Stein, aus genau dem gleichen Material gefertigt war wie die fast unwirklich schöne Statue Amenophis' III., die ihn als Inkarnation Atums zeigt. Beide sind aus rotem Quarzit gefertigt, der nur in den Steinbrüchen des Kom el-Ahmar, des »roten Berges«, abgebaut wird, dem Herrschaftsbereich Atums. Von diesem übernimmt Aton unzweifelhaft die Rolle des Schöpfergottes, und Echnaton ist sein Sohn. Der König ist »einzig wie Aton, ohne einen anderen Großen außer ihm«, und im »Sonnenhymnus« heißt es, »es gibt keinen anderen, der dich kennt«. Im Christentum wäre die Lesart: »Du sollst keine anderen Götter neben mir haben« und »niemand kommt zum Vater denn durch mich«.

»Haus für die Ewigkeit«

Bei keinem Volk spielt das Jenseits eine vergleichbare Rolle wie bei den Ägyptern. Seit jeher richten sie ihr gesamtes Leben darauf aus. Wichtiger als das Haus im Diesseits ist das Grab, das »Haus für die Ewigkeit«. Tausende von Bauarbeitern sind im ganzen Land damit beschäftigt, die Gräber für Könige und Noble anzulegen. Generationen von Handwerkern verdienen ihr Geld mit der Herstellung von Grabbeigaben. Hunderte von Sprüchen des Totenbuches treffen Vorkehrungen für das jenseitige Leben. Unzählige sogenannte Unterweltsbücher dienen als Führer durch das Jenseits. Die Gräber sind mit Malereien und Reliefs geschmückt, die dem Verstorbenen dort ein gutes Leben sichern sollen. Doch von all dem ist in den Gräbern von Tell el-Amarna nichts zu sehen. Erst hier wird das gesamte Ausmaß der Revolution offenbar. Zwar sind die Wände noch immer mit Reliefs geschmückt, doch sie zeigen ganz andere Szenen. Überall ist die königliche Familie präsent: Echnaton und Nofretete beim Opfer im Aton-Tempel, die königliche Familie bei der Ausfahrt im Prunkwagen oder beim Empfang von Gesandten. Der Grabherr, bisher die zentrale Figur in der Grabdekoration, wird zur Nebensache. Auch das jenseitige Totengericht, das darüber entscheidet, ob der Verstorbene sich zu Lebzeiten den Gesetzen der Wahrheit genügt hat, findet sich nicht mehr auf den Wänden, statt dessen die Verleihung von Ehrengold. Hohe Beamte erhalten diese Auszeichnung für besondere Verdienste. Der Dienst für den König wird ausschlaggebend für das Leben im Jenseits. Wer von ihm belohnt wird, muß sich den Gesetzen der Wahrheit entsprechend verhalten haben, denn, so heißt es in unzähligen Inschriften, Echnaton »lebt von der Wahrheit«. Der König übernimmt die Rolle des Totenrichters, und Nofretete hat an dieser Macht teil. Nie erscheint der König allein. Seine Frau ist immer an seiner Seite. Das Herrscherpaar übt die absolute Macht aus, über das Diesseits wie über das Jenseits. Wie sehr muß diese Veränderung die Menschen erschüttert haben. Unvorstellbar, daß sich diese Revolution des Jenseits ohne Widerspruch durchführen läßt.

Das verräterische Archiv

Im Jahre 1976 machte der französische Archäologe Alain Pierre Zivie in Sakkara eine aufsehenerregende Entdeckung. Bei Ausgrabungen stieß er auf ein Grab, das in der Regierungszeit Echnatons angelegt wurde. Nicht irgendein Grab: das Grab eines der höchsten Beamten, das des Wesirs. In der Sargkammer fanden die Ausgräber schließlich nicht nur dessen Sarkophag, sondern auch den seines Sohnes. Welche Überraschung muß es gewesen sein, als die Archäologen feststellten, daß Vater und Sohn sich völlig traditionell und nicht im neuen Stil von Amarna bestatten ließen. Und das war kein Einzelfall. Auch in Theben fanden sich Gräber aus der Zeit Echnatons, die in der althergebrachten Art dekoriert wurden. Fast scheint es, als wäre Achet-Aton der einzige Ort gewesen, an dem die neue Religion tatsächlich ausgeübt wurde. Und selbst dort werden die Befehle des Königs nicht mit ganzem Herzen erfüllt. Statuetten des Gottes Bes, der für Schwangerschaft, Geburt und ein glückliches Familienleben zuständig ist, finden sich in den Häusern von Achet-Aton und auch andere Amulette, derer wahre Anbeter Atons eigentlich nicht mehr bedürfen. Im nur 25 Kilometer von Tell el-Amarna entfernten Ort Neferusi werden Chnum, Thot und Osiris weiterhin angebetet. Haben Echnatons Untertanen kein Vertrauen zu Aton? Glauben sie überhaupt an den nunmehr einzigen Gott, oder ist seine Verehrung für sie nur Mittel zum Zweck? Welches Klima herrscht in der neuen Hauptstadt? Ist es eines der Liebe und des Friedens, wie es die Reliefs und Standbilder nahelegen, oder »Terror von oben und Karrierismus von unten«, wie es der deutsche Ägyptologe Siegfried Morenz vermutete? Ist die Regierungszeit Echnatons eine Zeit der Intoleranz, der Staat ein Polizei- und Überwachungsstaat? Es ist sicher kein Zufall, daß Reliefs und Malereien der Amarnazeit so oft Soldaten oder bewaffnete Zivilisten zeigen.

Scheinbar im Widerspruch zur offensichtlich allgegenwärtigen Polizeipräsenz propagiert Echnaton ein friedliches Leben, unter einem einzigen Gott, für den alle Menschen gleich sind, selbst die Bewohner der

Fremdländer. Gelten bisher nur die Ägypter als Menschen, so werden nun auch die Fremdvölker als Kinder Atons erkannt, denn die Sonne scheint bekanntlich überall. Doch die Vasallenkönige sind wenig begeistert. Sie beschweren sich darüber, daß ihre Gesandten unter freiem Himmel, im Angesicht seines Gottes, auf das Erscheinen des Pharao warten müssen. »Warum müssen die Boten ständig draußen in der Sonne stehen und daher in der Sonne sterben? Man läßt sie in der Sonne sterben!« Unruhe macht sich breit. Zwar bringen die Vasallen noch ihre Tribute und schwören dem Pharao Treue, doch hinter seinem Rücken schließen sie Bündnisse mit seinen Gegnern. Selbst nach über 3000 Jahren lassen sich die Ereignisse noch recht genau rekonstruieren.

Ein spektakulärer Fund macht dies möglich. 1887 grub eine Bäuerin in Tell el-Amarna nach »Sebach«, fruchtbarem Staub, der beim Zerfall von Lehmziegeln entsteht. Der Zufall wollte es, daß sie in dem Bereich der Ruinen von Tell el-Amarna grub, an dem einst Teile des königlichen Palastes standen. Plötzlich stieß sie auf Hunderte von Tontäfelchen, die mit merkwürdigen Zeichen bedeckt waren – weder arabische noch Hieroglyphen. Sie ahnte, daß es sich um etwas Außergewöhnliches handelte. Ein Nachbar kaufte ihr die Tontafeln für wenige Münzen ab und verkaufte sie seinerseits ans Ägyptische Museum in Kairo und den Pariser Louvre. Ein unermeßlicher Schatz für die Wissenschaft, denn der Fund entpuppte sich als das fast vollständige Archiv der Korrespondenz zwischen Ägypten und Vorderasien, verfaßt in der damaligen Diplomatenschrift, der Keilschrift. Die Briefe dokumentieren den Niedergang des ägyptischen Weltreiches unter Echnaton. Vasallenfürsten beklagen sich, daß Ägypten nicht mehr die versprochenen Truppen zur Verfügung stellt. Mehr als 60 Briefe schickt allein Ribaddi, Stadtfürst von Byblos, mit der Bitte um Hilfe. Er fühlt sich vom Pharao verraten. Doch Echnaton will anscheinend von den Unruheherden nichts wissen. Oder wird er nicht ausreichend unterrichtet? Rächt sich jetzt die Tatsache, daß auch Ausländer in höchste Ämter gelangen? Hält der Finanzminister und Propagandachef Tutu, ein Syrer, die entscheidenden Nachrichten zurück? In den Antwortbriefen, die er im Namen des Königs

13 (Rechte Seite) So stellt sich ein Künstler des vergangenen Jahrhunderts eine herrscherliche Ausfahrt Nofretetes vor. Über ihr Lebensende schweigen alle Quellen.

schreiben läßt, wiegelt er jedenfalls ab. Offenbar ist die Welt nur noch in Achet-Aton in Ordnung, scheinbar unberührt vom beginnenden Zusammenbruch des Reiches. Da plötzlich hält der Tod Einzug.

DER ANFANG VOM ENDE

Im 13. Regierungsjahr des Königs stirbt Prinzessin Maket-Aton, seine zweitälteste Tochter. Wie Echnaton es für die Mitglieder der königlichen Familie bestimmt hat, wird sie im königlichen Grab von Tell el-Amarna bestattet. Ein Relief darin zeigt die Eltern in tiefer Trauer. Ein zweites Relief zeigt, wie ein kleines Kind davongetragen wird. Ist Maket-Aton im Kindbett gestorben? Wenn ja, wer war der Vater des Kindes? Die Inschriften schweigen. Wie sein Vater vor ihm hat sich auch Echnaton mit seinen Töchtern vermählt. Hat er die Ehe vollzogen und mit seiner Tochter ein Kind gezeugt, dessen Geburt die Prinzessin nicht überlebt?

Fest steht, daß Nofretete von da an nicht mehr öffentlich in Erscheinung tritt. Ist auch sie gestorben, oder kann sie den frühen Tod der Tochter nicht verwinden? Kein Relief zeigt ihr Ableben, keine Inschrift erklärt ihr Verschwinden. Diese Desinformation läßt Raum für Spekulationen. Romantiker vermuteten, daß die Königin das Opfer einer Palastintrige wird. Andere unterstellten ihr ein uneheliches Verhältnis, das zu ihrer Verbannung führte. Beweise gibt es weder für das eine noch für das andere. Höchstwahrscheinlich lebt die Königin bis zu ihrem Tod in Achet-Aton und wird schließlich auch im Königsgrab bestattet, denn im Schutt vor dem Grab wurde das Bruchstück einer Totenstatuette gefunden, die Nofretete darstellt.

Echnaton selbst stirbt in seinem 17. Regierungsjahr. Er hinterläßt den Thron einem jungen Prinzen, von dem weder Vater noch Mutter bekannt sind: Semenchkare. Auffälligerweise tritt dieser Prinz genau zu dem Zeitpunkt in Erscheinung, als Nofretete aus der Berichterstattung verschwindet. Auch dies Anlaß zur Spekulation. Einige Reliefs zeigen den König, wie er den Arm um die Schulter des Prinzen legt. Hat Echnaton eine intime Beziehung zu dem Jungen? Ist das der Grund, warum Nofretete nicht mehr auf den offiziellen Denkmälern erscheint? Jeglicher Beweis für oder gegen diese Hypothese fehlt. Fest steht hingegen, daß Semenchkare mit Echnatons ältester Tochter Merit-Aton vermählt wird. Gemeinsam verlassen sie Achet-Aton, um nach Theben zurückzukehren. Nach knapp drei Jahren Regentschaft stirbt auch er und wird in größter Eile in einem kleinen Grab im Tal der Könige bestattet. Nachfolger wird sein mutmaßlicher Bruder.

RÜCKKEHR ZUR ORDNUNG

»Er gibt, daß die Lüge zur Sünde wird, und läßt das Land wie bei seiner ersten Schöpfung sein. Denn da Seine Majestät als König erschien, da waren die Tempel der Götter und Göttinnen von Elephantine bis hin zu den Lagunen des Deltas ... im Begriff, vergessen zu werden, und ihre heiligen Stätten im Zustande des Untergangs, zu Schutthügeln geworden, die mit Unkraut bewachsen sind ... Das Land machte eine Krankheit durch, die Götter, sie kümmerten sich nicht um dieses Land.« Der Pharao, der diese Inschrift im Tempel von Karnak anbringen läßt, ist Semenchkares Nachfolger. Sein Name ist in aller Welt bekannt: Tutanchamun. Er sorgt dafür, daß die Tempel der Götter, die Echnaton schließen ließ, wieder errichtet werden, macht Theben erneut zur Hauptstadt, und Amun erstrahlt gestärkt in seinem Tempel in Karnak. Bis zum Ende der pharaonischen Geschichte wird sich niemals wieder ein anderer Gott über ihn erheben.

Während Tutanchamun darum zu tun ist, die Wunden der 17jährigen Herrschaft Echnatons in der Tempellandschaft Ägyptens zu heilen, geht einer seiner Nachfolger viel weiter. Als General Haremhab den Thron besteigt, machte er es sich zur Aufgabe, die Spuren des »Ketzers von Amarna« endgültig zu löschen. Keine Inschrift, kein Bild des Echnaton soll der Nachwelt überliefert werden. Es ist unter Strafe verboten, in Achet-Aton an Land zu gehen, geschweige denn, dort zu wohnen. Das Andenken Echnatons erleidet das gleiche Schicksal, das er seinerzeit Amun zugedacht hat. Wieder ziehen Bildhauer durchs Land und zerhacken Inschriften, zerstören Statuen. Auch vor dem Grab Echnatons machen sie nicht Halt. Kein einziges Stück seiner Grabausstattung ist erhalten. Im Schutt vor dem Grab finden sich Tausende von kleinsten Splittern. Sein Sarkophag ist zerschmettert, jede noch so kleine Statuette zerbrochen. Doch was geschieht mit der Mumie des Herrschers und was mit Nofretete, die ebenfalls im Königsgrab bestattet werden sollte? Werden die Leichname ebenfalls zerstört?

Ein rätselhaftes Grab

Im Jahr 1907 machte der amerikanische Hobbyarchäologe Theodore Davis im Tal der Könige einen rätselhaften Fund. In einem kleinen, undekorierten Grab entdeckte er eine Königsmumie sowie Teile einer Grabausstattung, die in vielfacher Hinsicht Rätsel aufgab. Das Innere des Grabes war ein einziges Durcheinander. Im Korridor und in der Grabkammer lagen Bretter eines vergoldeten Zedernholzschreines, der Echnaton und die Königinmutter Teje bei der Anbetung des Aton zeigte. Während die Darstellung Tejes und die sie betreffenden Inschriften unversehrt waren, hatte man die Figur Echnatons sowie seine Namenskartusche ausgehackt. Des weiteren fand Davis Eingeweidekrüge aus feinstem Alabaster, deren Inschrift ebenfalls ausgehackt war, obwohl sie für eine Frau vorgesehen waren. Die Deckel der Kanopenkrüge, die das Abbild einer jungen Königin zeigten, saßen so schlecht auf den Gefäßen, daß sie kaum zusammengehören konnten. Der gesamte Boden der Kammer war übersät mit Fragmenten von hölzernen Möbelstücken, und überall lag ein Schimmer von Gold. Kleinere Grabausstattungsstücke trugen die Namen von Amenophis III., Teje und deren Tochter Satamun. Auf Tonsiegeln waren die Namen von Amenophis III. und Tutanchamun zu lesen. Die aufsehenerregendste Entdeckung aber waren magische Ziegel mit dem Namen Echnatons sowie ein vergoldeter Sarkophag mit einer königlichen Mumie. Wie die Särge von Tutanchamun war auch dieser mit unzähligen Halbedelsteinen eingelegt. Das Gesicht war einst mit feinem Goldblech überzogen, von dem jedoch nur noch ein kleiner Rest erhalten ist. Es wurde genauso säuberlich entfernt wie die Kartuschen aus den goldenen Bändern, die rund um den Sarkophag aufgelegt waren. Offensichtlich sollte niemand den Leichnam mehr identifizieren können.

Als man den Sarkophagdeckel am 25. Januar 1907 hob, befand sich die Mumie in einem katastrophalen Zustand. Der Leichnam lag in einer Wasserpfütze, das über Jahrhunderte durch einen Ritz in der Decke direkt in den Sarkophag getropft war. Die Mumienbinden, einstmals von hervorragender Qualität, waren verrottet. Der Kopf des Leichnams, den ein zufällig herabfallender Stein vom Körper getrennt hatte, war in ein geierförmiges Pektorale, einen Brustschmuck aus hauchdünnem Gold gehüllt. Ein Arm lag verschränkt über der Brust, während der andere locker am Körper herabhing. Als man versuchte die Binden zu lösen, zerfiel die Mumie zu Staub. Übrig blieben nur der Schädel und ein paar Knochen. Aufgrund der Funde war Davis davon überzeugt, das Grab der

Teje vor sich zu haben. Nur so ließen sich die unterschiedlichen Inschriften auf der Grabausstattung erklären. Außerdem war die Armhaltung der Mumie typisch weiblich. Erste Untersuchungen schienen seine Annahme zu bestätigen. Zwei Ärzte, die sich gerade in Luxor aufhielten, identifizierten die Mumie bei einer ersten Untersuchung als weiblich. Der Sarkophag scheint auch tatsächlich ursprünglich für eine Frau gefertigt worden zu sein, dann aber wurden nachträglich gravierende Veränderungen vorgenommen. Das Gesicht wurde mit einem Zeremonialbart und mit einer Kobra, den Zeichen der Königswürde, versehen. Mit anderen Worten: Der Sarkophag wurde offenbar für einen Pharao umgearbeitet. Und so erstaunt es nicht, daß Elliot Smith, damals Professor für Anatomie an der medizinischen Fakultät in Kairo, bei einer neuerlichen Untersuchung der Knochen zum Schluß kam, daß es sich bei der Mumie um einen etwa 25jährigen jungen Mann handelte.

Aber wer war dieser Mann, dessen Namen aber niemand kennen sollte? War es Echnaton, der aus seinem Grab in Achet-Aton evakuiert und hier anonym bestattet wurde? Unmöglich, denn Echnaton muß mehr als zehn Jahre älter gewesen sein, als er starb. Nur ein einziger kommt in Frage: Echnatons Nachfolger Semenchkare. Nur drei Jahre herrscht er als Pharao. Keine Zeit also, um eine prachtvolle Grabausstattung oder ein geräumiges Grab im Tal der Könige anlegen zu lassen. Der Tod muß überraschend gekommen sein, so daß seinem Nachfolger, dem jungen Tutanchamun, nichts anderes übrig bleibt, als eine behelfsmäßige Grabausstattung zusammenzustellen. Es gilt, in kürzester Zeit einen Sarkophag sowie Möbelstücke herbeizuschaffen, die eines Pharaos würdig sind, und die lassen sich nur in der königlichen Familie finden. In größter Eile werden Sarkophag sowie Eingeweidekrüge, die ursprünglich für eine Frau gefertigt wurden, umgearbeitet. Die ausgehackten Inschriften auf den Kanopen lassen vermuten, daß es sich dabei um die Königin Kija handelte, eine Nebenfrau Echnatons, vielleicht sogar die Mutter Semenchkares und Tutanchamuns. Kaum etwas ist von ihr bekannt. In den offiziellen Inschriften der Amarnazeit, die den König im Kreis seiner Familie zeigen, ist nur Platz für eine Königin:

Nofretete. Und selbst im Tod wird Kija verdrängt, diesmal allerdings wahrscheinlich von ihrem Sohn, der aufgrund seines frühen Todes keine Zeit hat, seine eigene Grabausstattung herstellen zu lassen.

Geheimnisvolle Mumien

Im Labor des ägyptischen Wissenschaftlers Nasri Iskander liegt seit Jahrzehnten eine Mumie, die 1898 der französische Archäologe Victor Loret im Tal der Könige fand. Priester der 21. Dynastie hatten Pharaonen der 18. und 19. Dynastie aus ihren Gräbern evakuiert und im Grab Amenophis' II. neu bestattet. Neben den Mumien von Amenophis II. und Thutmosis IV. fand sich dort auch eine, die von den Priestern in einen Sarkophag gelegt wurde, der eine Inschrift mit der Kartusche Amenophis' III. trägt – daher wurde sie als jener identifiziert. Bei Röntgenuntersuchungen in den siebziger Jahren kam man aber zu erstaunlichen Erkenntnissen. Die Schädelformen der beiden Mumien, bei denen es sich um Thutmosis IV. und Amenophis III. handeln sollte, zeigten so wenig Übereinstimmung, daß es sich unmöglich um Vater und Sohn handeln konnte: Der Kopf der Mumie des angeblichen Amenophis III. war viel zu groß. Wenn dies jedoch nicht Amenophis III. war, warum bezeichneten die Priester die Mumie dann mit seinem Namen? Wurde hier etwa bewußt eine falsche Identifizierung vorgenommen, um die Identität des Königs zu vertuschen? Als Elliot Smith die Mumie zu Beginn des 20. Jahrhunderts erstmals untersuchte, fielen ihm zwei Besonderheiten auf. Zum einen war sie sehr schlecht erhalten: Der Kopf war vom Rumpf abgerissen, der Brustkorb fehlte, und sämtliche Glieder waren gebrochen. Wenn Grabräuber für die »Verletzungen« verantwortlich waren, sind sie mit ungewöhnlicher Zerstörungswut bei der Sache gewesen. Der zweite auffällige Befund betraf die Mumifizierung selbst. Die Einbalsamierer hatten hier eine Technik verwendet, die an keiner anderen Mumie der 18. Dynastie zu beobachten ist. Durch die Einlagerung von Stoff unter der Haut hatte man dem Leichnam ein voluminöseres Aussehen gegeben. Sollten hier etwa die ausladenden Hüften wiedererstehen, die so bezeichnend für die zwei- und dreidimensionalen Standbilder Echnatons sind? Könnte es sich bei der Mumie mit dem übergroßen Schädel um den »Ketzer von Amarna« handeln? Und wenn es sich dabei tatsächlich um Echnaton handelt, was geschah dann mit Nofretete?

Bei der näheren Untersuchung des Verstecks im Grab Amenophis' II. fand Victor Loret in einem versiegelten Seitenraum drei weitere Mumien: einen jungen Prinzen sowie zwei Frauen, offensichtlich hochstehende Persönlichkeiten. Wie alle Königsmumien waren auch diese von Grabräubern beraubt worden. Die Mumienbinden waren zerrissen, alle Schätze verschwunden. Anders als bei den übrigen Mumien hielten die Priester es hier jedoch nicht für nötig, die Körper neu zu bandagieren und die Binden mit Inschriften zu versehen. Als Elliot Smith die Mumien Anfang des 20. Jahrhunderts erstmals untersuchte, stellte er fest, daß die jüngere Frau kahlrasiert war, während die zweite Mumie, die er als »die ältere Frau« bezeichnete, schulterlanges dunkles Haar hatte. Die gemeinsame Bestattung der Mumien in einer versiegelten Kammer sowie die Tatsache, daß die Priester der 21. Dynastie auf eine Identifizierung verzichteten, führte zu der Vermutung, daß die drei Mumien aus der Familie des »Ketzers von Amarna« stammen könnten. Mit wem aber sollte man sie identifizieren? Mit derselben Röntgenuntersuchung wie bei den anderen Mumien kam man zu einem plausiblen Ergebnis. Bei dem Prinzen könnte es sich um Thutmosis handeln, den älteren Bruder Echnatons, während der kahlgeschorene Kopf der jüngeren Frau darauf hinwies, daß es eine der Töchter Echnatons war. Die ältere Frau aber war fast sicher Königin Teje. Die Wissenschaftler führten zwei Beweise an. Bei einem Vergleich der Schädel von zwölf königlichen Damen der 18. Dynastie fiel sofort die Ähnlichkeit zwischen den Schädelformen der »älteren« Mumie und dem Tujas, der Mutter Tejes auf. Als schlagendster Beweis aber wurde das Haar der Mumie angeführt. Als der englische Ägyptologe Howard Carter das Grab des jungen Tutanchamun entdeckte, fand sich bei der Grabausstattung ein kleiner Behälter, in dem der König liebevoll eine goldene Statuette seiner selbst sowie eine Haarlocke aufbewahrt hatte. Der Vergleich dieser Haarlocke mit dem

Haar der »älteren« Mumie zeigte, daß die Haare von ein und derselben Person stammen könnten, zumindest aber von miteinander verwandten Personen. Da der Behälter im Grab Tutanchamuns eine Inschrift mit dem Namen der Königin Teje trägt, stand einer Identifizierung der »älteren« Mumie nichts mehr im Wege. Aber handelt es sich wirklich um Königin Teje?

In diesem Fall müßte es sich bei der Mumie um eine fünfzig- bis sechzigjährige Frau handeln, da Teje ihren Mann um mindestens zwölf Jahre überlebt haben dürfte und schon vor seiner achtunddreißigjährigen Regierungszeit mit ihm verheiratet war. Elliot Smith' Bezeichnung »ältere« Frau im Gegensatz zur »jüngeren« schien diese Vermutung zu stützen? Die Röntgenuntersuchungen kamen zu einem erstaunlichen Ergebnis. Der Zustand des Skeletts sowie die Abnutzung der Zähne ließen auf ein Alter zwischen 30 und 35 Jahren schließen. Unmöglich also, daß es sich bei der Mumie um Königin Teje handelt. Wenn aber nicht Teje, wer dann? Und wie läßt sich die Ähnlichkeit mit dem Schädel der Tuja sowie die Übereinstimmung des Haars mit der Locke im Grab Tutanchamuns erklären?

Beide Fragen lassen sich einfach beantworten. Keiner der Wissenschaftler hat je behauptet, daß die Locke identisch mit dem Haar der Mumie der »älteren« Frau sei. Einig war man sich nur, daß es sich um Personen ein und derselben Familie handeln müßte. Zieht man in Betracht, daß Nofretete eine leibliche Tochter Ejes gewesen sein könnte und dieser wiederum ein Bruder der Teje, so wäre Nofretete eine Nichte Tejes. Tuja aber, deren Schädel dem Schädel der »älteren« Frau so sehr ähnelt, wäre ihre Großmutter. Eine Identifizierung der unbekannten Mumie aus dem Grab Amenophis' II. mit der schönsten Frau Ägyptens, der Königin Nofretete, würde damit in den Bereich des Möglichen rücken. Damit wäre aber Echnatons Wunsch, auch im Tode mit Nofretete vereint zu sein, in Erfüllung gegangen. Zwar nicht im Königsgrab von Achet-Aton, aber in diesem Mumienversteck, wo nur eine einfache Mauer die beiden Gatten voneinander trennte.

Wer die Mumien von Echnaton und Nofretete aus ihrem Grab in

14 (Linke Seite) Noch längst sind nicht alle Rätsel um »den Ketzer von Amarna« und seine Gemahlin gelöst. Kalksteinstatuetten um 1350 v. Chr., Louvre.

Achet-Aton herausgeschafft haben könnte, um sie anonym in Theben zu bestatten, ist nicht bekannt. Vielleicht war es Anchesenaton, die dritte Tochter des Königspaares, die unter dem Namen Anchesenamun als Gemahlin Tutanchamuns Berühmtheit erlangte, vielleicht war es sogar der junge König selbst. In das Mumienversteck im Grab Amenophis' II. wurden die Leichname paradoxerweise von den Nachfolgern der Amun-Priester selbst gebracht, die sicher nicht mehr wußten, um wen es sich bei diesen Leichnamen handelte.

So hätten nicht nur die Erinnerung an den »Ketzer von Amarna« und seine schöne Gemahlin überlebt, sondern vielleicht auch ihre Mumien. Ein letzter, ein endgültiger Triumph Echnatons über Amun und seine Anbeter, denen es trotz größter Anstrengung nicht gelang, den König aus dem Buch der Geschichte zu löschen.

Literaturhinweise

Aldred, Cyril: Echnaton, Gott und Pharao Ägyptens. Bergisch Gladbach 1968.

Assmann, Jan: Theologie und Frömmigkeit einer frühen Hochkultur. Stuttgart 1984.

Assmann, Jan: Moses der Ägypter. Leipzig 1998.

Craiger, Nesta: Amarna Royals or Who was Nefertiti. o.O. 1996.

Garis Davies, Norman de: The Rock Tombs of El Amarna, Bd. 1–6. London 1903–1908.

Hornung, Erik: Echnaton – Die Religion des Lichts. Düsseldorf 1995.

Kozloff, Arielle P., und Betsy M. Bryan (Hg.), Ausstellungskatalog, Egypt's Dazzling Sun. Amenhotep III and His World. Cleveland 1992.

Krauss, Rolf: Das Ende der Amarnazeit. Hildesheimer Ägyptologische Beiträge 7. Hildesheim 1981.

Machfus, Nagib: Echnaton – Der in der Wahrheit lebt. Zürich 1999.
Martin, Geoffrey T.: The Royal Tomb at El-Amarna. 2 Bde. London 1974 und 1989.
Martin, Geoffrey T.: A Bibliography of the Amarna Period and Its Aftermath. London/New York 1991.
Redford, Donald B.: Akhenaten, The Heretic King. Princeton 1984.
Schäfer, Heinrich: Amarna in Religion und Kunst. Leipzig 1931.
Schlögl, Herrmann A.: Echnaton – Tutanchamun. Daten, Fakten, Literatur. Wiesbaden [4]1993.
Schlögl, Herrmann A.: Amenophis IV. Echnaton. Reinbek 1992.
Tyldesley, Joyce: Ägyptens Sonnenkönigin – Biographie der Nofretete. München 1999.
Vandenberg, Philipp: Nofretete, Echnaton und ihre Zeit. Bergisch Gladbach 1976.
Weigall, Arthur: Echnaton, König von Ägypten, und seine Zeit. Basel 1923.
Zivie, Allain P.: Découverte à Saqqarah. Le vizir oublié. Paris 1990.

Nebukadnezar – die rächende Hand Gottes

Von Günther Klein

ENTDECKUNG IM FELSENTAL

Henri Pognon war alles andere als ein ungeduldiger Mensch. Als französischer Konsul im türkisch verwalteten Aleppo hatte er sich schon lange an das andere, das »morgenländische« Zeitmaß gewöhnt, das hier den Rhythmus des Lebens bestimmte. Für ihn, den hochgebildeten Feingeist aus Frankreich, lag sogar ein atemberaubender Reiz in der Begegnung mit dieser neuen und zugleich uralten Welt, dieser »Wiege der Menschheit«, die alle Geheimnisse ewiger Mythen, ja selbst die Botschaften der Bibel selbst zu bergen schien. Schon seit seinen Kindertagen hatte sich die Sehnsucht nach dem Orient in sein Herz eingegraben, seit man ihm vom großen Feldzug Napoleons durch Ägypten erzählt hatte; von einem Feldzug, der vor allem zu einem Siegeszug der Wissenschaftler wurde, der Schriftgelehrten, der Archäologen, der Kulturwissenschaftler, der Historiker, die alle unter das Tuch zu blicken versuchten, das die Geschichte über alle Schätze der antiken Welt gebreitet hatte. Der Orient und seine Verheißungen – was gab es da nicht alles zu entdecken und zu erahnen! Das geheimnisvolle Wissen versunkener Kulturen – war es nicht überall wiederzufinden? Lag es nicht aufgeschrieben vor aller Augen, an Pyramidenwänden und auf Schrifttafeln, die der Wüstensand überweht hatte? Es galt nur, den Code ferner Zeiten zu entschlüsseln! Henri Pognon wurde Altphilologe, ein Fachmann für die ältesten Schriftzeichen der Welt, für die Keilschrift.

15 (Vorhergehende Doppelseite) Die Bibel berichtet im zweiten Buch der Könige von der Belagerung Jerusalems im Jahr 587 v. Chr. durch Nebukadnezar. Der militärisch-politische Sieg sollte ihn in der Überlieferung zur rächenden Hand Gottes machen. Kupferstich von Merian 1625/27.

Die Reise in die Welt des Orients war ein einziges Abenteuer, das war dem gelehrten Franzosen klar. Ein großes Abenteuer, für das man gerne alle Strapazen in Kauf nahm. Die unsägliche Hitze, die beschwerlichen Reisewege, ja sogar die Krankheiten, die überall lauerten. Schon dem ersten archäologischen Erforscher Babylons, dem Engländer James

Rich, war es schlecht ergangen: Im blühenden Alter von nur 33 Jahren hatte ihn 1821 die Cholera dahingerafft.

So gesehen waren die vielen Fehlschläge bei der Suche nach archäologischen Sensationen eher das kleinere Übel, dachte sich Henri Pognon und lächelte sanft in sich hinein. Gleichmütig hatte er an diesem Morgen des 16. Oktobers 1883 auf seiner Reise durch den Libanon hingenommen, daß die geheimnisvollen Inschriften an den Ufern des Orontes, zu denen ihn sein einheimischer Begleiter führen wollte, offenbar gar nicht existierten. Und auch die Tatsache, daß sich die uralten Ruinen, zu denen ihn dann, wie zum Trost, sein Führer in stundenlangem Fußmarsch geleitete, als Reste eines relativ modernen Dorfes entpuppten, erschütterte ihn nicht. Was war denn auch von seinem Begleiter, einem einfachen Mann aus dem Dörfchen el-Hirmel, der weder lesen noch schreiben konnte, zu erwarten? Ein Orientale, der im Hier und Jetzt lebte und der für ein wenig Geld die Fremden an alte Orte brachte, deren Wert für ihn ganz und gar im Dunkeln liegen mußte; an verfallene Plätze, die von Einheimischen höchstens aufgesucht wurden, wenn sie Baumaterialien für ihre Dörfer benötigten; nutzlose Ruinen, die bestenfalls als Wegmarkierungen im gleichförmigen Braun der Wüste taugten.

16 Die einzigen erhaltenen zeitgenössischen Abbildungen Nebukadnezars II. (um 605–562 v. Chr.), gefunden im libanesischen Wadi Brisa, sind nur noch mit Mühe zu erkennen und sind auch nicht als naturgetreue Portraits zu verstehen. (Zeichnung: B. Seiß).

Der Tag war noch gut für einen dritten Versuch. Vielleicht würde er heute doch ein wenig Glück haben, sagte sich Pognon und tupfte sich mit seinem parfümierten Taschentuch den Schweiß von der Stirn, als wollte er die kleinen Enttäuschungen schnell wegwischen. In Wadi Brisa, einem kleinen Tal des östlichen Libanonabhangs, gut 80 Kilometer nordöstlich von Beirut, sollte sich eine gewaltige Inschrift an einer Felswand befinden, außerdem »Darstellungen von Männern und Frauen«, wie der einheimische Begleiter begeistert beteuerte. Er selbst habe sie gesehen, »große Inschriften und große Skulpturen«.

Längst ist es Mittag geworden, und der Weg ist sehr steinig. Äußerst beschwerlich für den Lastesel, der jetzt nur widerspenstig einen Huf vor den anderen setzt. Pognon und sein Begleiter tasten sich mühsam aufwärts, den unzähligen Windungen entlang, die das enge, tiefe Tal beschreibt, vorbei an einer Quelle, in deren Nähe ein paar Einwohner kaum mannshohe Lehmhütten errichtet haben. Ackerbau ist an diesen steinigen Hängen nicht mehr möglich, die Einheimischen leben von ihren wenigen Schafen und Ziegen. Eine ärmliche Einöde, mag der französische Konsul während seines schweißtreibenden Fußmarsches abschätzig denken – und doch wird er schon zehn Minuten später staunend vor einer archäologischen Sensation stehen, »um derentwillen allein diese weltverlassene Gegend von zahllosen europäischen Gelehrten aufgesucht worden ist«, wie 20 Jahre später begeistert der deutsche Wissenschaftler Franz Heinrich Weißbach schreibt: Henri Pognon wird zwei meterhohe Abbildungen des großen Königs Nebukadnezar II. erblicken, die einzigen Darstellungen des babylonischen Herrschers, die jemals gefunden worden sind!

Genie und Wahnsinn

Größenwahnsinnig soll er gewesen sein. Ein Verrückter, von grenzenlosem Machthunger zerfressen. Einer, der im Eiltempo alle möglichen Völker unterwirft und der auf Dutzenden von Inschriften maßloses

17 *War Nebukadnezar wahnsinnig – so wie ihn William Blake und andere sehen? Die prahlerischen Textzeugnisse des Herrschers und die Bibel-Texte verschließen sich der psychologischen Deutung.*

Eigenlob verbreitet: »Was keiner vor mir tat, tat ich. Der Erhabene, der Unermüdliche, der erlauchte Machthaber, der tapfere Kämpfer – das bin ich!« Nebukadnezar, der als Nebukadnezar II. in die Geschichte einging, weil schon zuvor, im 12. Jahrhundert v. Chr., ein unbedeutenderer Vorgänger diesen Namen trug, war offenbar kein Mann der leisen Töne.

Sein Vater Nabopolassar, ein General der Chaldäer, eines aramäischen Volksstammes in Südmesopotamien, hatte sich, nachdem er sich mit Hilfe des Volkes der Meder an die Macht geputscht hatte, noch bescheiden »Sohn eines Niemand« genannt, wohl um deutlich zu machen, daß er in keinerlei dynastischer Beziehung zur gestürzten Herrscherschicht stand. Sein Sohn Nebukadnezar, das heißt »Gott Nebu schütze meinen Sohn«, ist da ganz anders. Seit der Zeit, als er 605 v. Chr. für 45 Jahre die Macht im babylonischen Reich übernommen hat, reißen die unzähligen Inschriften nicht ab, in denen er sich mit blumigen, klangvollen Worten als Idealtyp eines Herrschers preist.

Derart entfesselte Selbstbejubelung hat noch zweieinhalb Jahrtausende später die erst junge psychologische Wissenschaft zur Forschung angeregt. Kurz vor dem Ersten Weltkrieg beschäftigt sich der russische

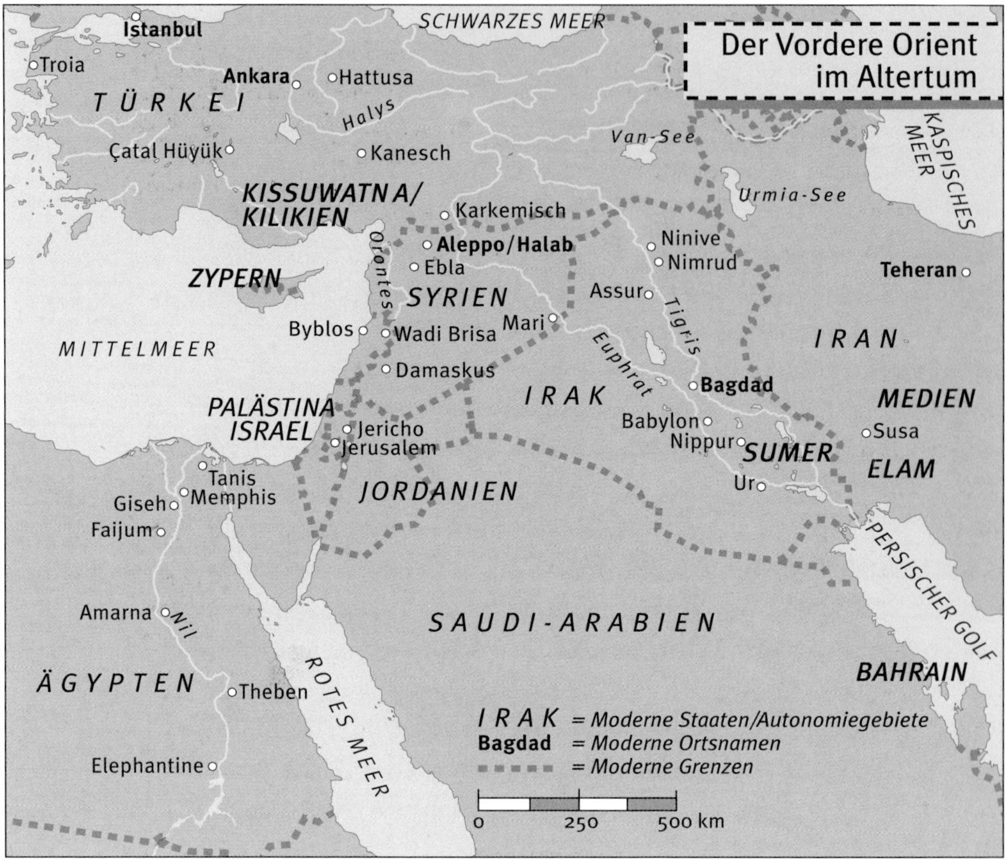

Psychologe Kowalewskij in seinem Buch »Wahnsinnige als Herrscher und Führer der Völker« ausführlich mit Nebukadnezar und kommt zu einem vernichtenden Urteil – genau wie die Bibel 2000 Jahre zuvor. Im Buch des Propheten Daniel, um 165 v. Chr. verfaßt, wird Nebukadnezar als König beschrieben, dessen Größenwahn jeden Rest von Verstand benebelt und alle Demut vor Gott hinweggefegt habe. Rasender Hochmut kommt natürlich vor dem Fall, über kurz oder lang, und so weiß denn auch der Prophet Daniel in seinem vierten Kapitel Schreckliches über das Schicksal des babylonischen Herrschers zu berichten: »Der König hob an und sprach: ›Ist dies nicht das großartige Babel, das ich mir als königliche Residenz erbaut habe in der Stärke meiner Macht und zum Ruhme meiner Pracht?‹ Noch war dem König das Wort nicht entflohen, da ertönte eine Stimme vom Himmel: ›Dir, König Nebukadnezar, sei gesagt: Das Königtum ist von dir gewichen. Aus der menschlichen Gesellschaft wird man dich verstoßen, bei den Tieren des Feldes wird dein Aufenthalt sein, Gras gibt man dir zu essen wie Rindern‹ ... Und noch in der gleichen Stunde erfüllte sich der Spruch an Nebukadnezar: Aus der menschlichen Gesellschaft wurde er ausgestoßen, er nährte sich von Gras gleich den Rindern, sein Körper wurde vom Tau des Himmels benetzt, bis seine Haare wuchsen wie Adlerfedern und seine Nägel wie Vogelkrallen.«

Die biblische Vision, daß sich der mächtige Herrscher gleichsam über Nacht in ein furchtbares Tier verwandelt habe, hat die Phantasie der Nachwelt angestachelt. Von Nebukadnezar als Prototyp eines »Werwolfs«, eines Menschen, der sich des Nachts in eine reißende Bestie verwandle und sein Unwesen treibe, wurde gemunkelt; von einem scheintoten Monster, einer Dracula-Variante, war die Rede, kurzum: Die wirkliche historische Gestalt wird in der Überlieferung immer undeutlicher.

Vor allem ist es wohl ein historisches Faktum, das den jahrtausendelangen Sturm der Entrüstung gegen den Herrscher vom Euphrat grundlegend entfesselt hat: Auf seinen zahlreichen Feldzügen gelangt Nebukadnezar auch nach Jerusalem und erobert gleich zweimal, 597 und 587 v. Chr., die heilige Stadt der Juden. Unbotmäßigkeit und Rebellion, insbesondere die offenen Versuche des Königs von Judäa, sich mit Hilfe der Ägypter gegen die babylonische Vorherrschaft aufzulehnen, hatten zunächst Belagerung und Einsetzung eines neuen Königs mit Namen Zedekia zur Folge, dem Nebukadnezar »bei Gott den Eid abgenommen hatte«, wie die Bibel vermerkt. Erst als auch dieser »Vertragskönig« im Geheimen gegen den Herrscher von Babylon mobil macht, folgt ein drastisches Strafgericht: Die Wohnhäuser und der Königspalast werden zerstört, der Tempel Salomons in Brand gesteckt, die Bevölkerung deportiert. Nach den Angaben im 2. Buch der Könige 20,17 ist zu vermuten, daß bei dieser Gelegenheit auch sämtliche Wertgegen-

18 Der Prophet Jeremias – hier vor Nebukadnezar – wird zum erklärten Feind des Eroberers. Miniatur aus einer spanisch-mozarabischen Bibel von 960 n. Chr.

stände des Landes weggeschleppt wurden, wahrscheinlich auch die heilige Bundeslade, in der die steinernen Tafeln mit den zehn Geboten aufbewahrt worden sein sollen und um deren Verbleib sich bis heute die abenteuerlichsten Legenden ranken.

Nach diesen drakonischen Maßnahmen war der Staat Judäa wirtschaftlich und kulturell bankrott. Der Jerusalemer Prophet Jeremia, der die ägypterfreundliche Bündnispolitik immer schon mit Skepsis betrachtet hatte, sollte mit seinen ständigen Unkenrufen recht behalten: »Und sie werden wiederkommen und gegen diese Stadt streiten und sie gewinnen und mit Feuer verbrennen!« (Jer. 37,7–9). Nebukadnezar wurde in den Augen der Opfer zur »rächenden Hand Gottes« stilisiert.

Weltpolitisch betrachtet war dieses Ereignis nur eine Fußnote, »nicht mehr als das landläufige Schicksal eines kleinen Herrschaftszentrums im Machtbereich einer altorientalischen Großmacht«, wie der Theologe Martin Noth in seiner »Geschichte Israels« schreibt. In der jüdischen Glaubenswelt aber erzeugte diese lokale Apokalypse ein

19 Die Hängenden Gärten Babylons gelten als eines der Sieben Weltwunder der Antike. Bis heute fehlt von ihnen jeder archäologische Hinweis. So macht sich von ihnen jede Zeit ihre eigene Vorstellung: Kupferstich, um 1700.

Trauma, das die Gläubigen einerseits zwar theologisch mit ihrer Vorstellung, in Nebukadnezar sei der »Arm Jahwes« erschienen, der die gerechte Strafe für ihren Abfall vom wahren Gottesglauben austeile, auffangen konnten; andererseits aber wurde der Herrscher von Babylon zur bösen Symbolfigur einer fundamental existenzbedrohenden Krise verteufelt, und zwar so sehr, daß noch über Jahrhunderte hinweg jeder Gegner Jerusalems mit dem Namen »Nebukadnezar« belegt wurde.

Die christliche Tradition wiederum, die alle biblischen Geschichten weitgehend als Tatsachenberichte aufnahm, hat an dem negativen Bild des Herrschers vom Euphrat munter weitergestrickt, über 2000 Jahre lang. Mit der historischen Wirklichkeit hat diese biblisch geprägte Personenbeschreibung aber eigentlich gar nichts zu tun.

Nebukadnezar ist »Babylon«

Es gibt auch andere Zeugen, glaubwürdigere. Nicht jeder hat die Peitsche der altorientalischen Zentralmacht gespürt; und nicht jeder hatte ein Hühnchen mit dem Herrscher vom Euphrat zu rupfen. Vor allem nicht die antiken griechischen Historiker und Reisenden, die von der Königsmetropole Babylon fasziniert waren und die in »dieser Perle unter allen Städten« gleich zwei Weltwunder ausmachten: Die gewaltige Doppelmauer von Babylon, 18 Kilometer lang und aus Abermillionen von Ziegeln aufgeschichtet, und die Hängenden Gärten der Prinzessin Semiramis, ein offenbar künstlich bewässerter Paradiesgarten.

Gewiß, nicht alle, die in klingenden Worten Ausmaß und Schönheit der Stadt Nebukadnezars besangen, hatten die Pracht mit eigenen Augen gesehen. So ist es nicht sicher, ob etwa Herodotos, der Vater der antiken Geschichtsschreibung, oder auch sein jüngerer Kollege Ktesias, der die Befestigungsanlagen, den Palast und die Hängenden Gärten überschwenglich lobte, jemals die Stadt selbst betreten haben. Am ehesten darf noch der babylonische Priester Berossos, der eine dreibändige Geschichte des Landes, die »Babyloniaka«, verfaßt hat, als ortskundig gelten; aber er schreibt um 250 v. Chr. – also gut 300 Jahre nach Nebukadnezars Tod. Vieles ist da schon in den mythischen Nebel glanzvoller Erinnerung getaucht.

Aber wie auch immer: Die Stadt Babylon, die noch vor der Herrschaft des Königs Hammurabi im 18. Jahrhundert v. Chr. kaum mehr als ein armseliger Dorfplatz war, hatte sich vor allem unter der Herrschaft Nebukadnezars zur größten Metropole der ganzen altorientalischen Welt gemausert – und alle Besucher, die durchreisten, trugen ihr Staunen und ihre Bewunderung hinaus in die Welt. Ihre Erzählungen bildeten den fruchtbaren Boden für ein ganz anderes, freundliches Fabulieren, durch das der Bauherr Nebukadnezar zur genialen Lichtgestalt erhöht wurde. Eine kraftvolle Legendenbildung, deren Wirkung noch weit in die römische Antike hineinreichte, in eine Zeit also, in der die Stadt am Euphrat längst in die Bedeutungslosigkeit gestürzt war und dennoch Autoren wie Diodorus, Strabon oder Flavius Josephus nicht müde wurden, von »dieser Stadt der Fülle« zu schwärmen.

Wie atemberaubend muß dieses Werk Nebukadnezars, sein grundlegend neu gestaltetes »Bab-ili«, dieses »Tor der Götter«, vor 2500 Jahren auf die Menschen gewirkt haben. Eine orientalische Stadt mit bis zu einer Million Einwohnern, wie man heute schätzt! Eine Riesenmetropole unter antiken Bedingungen, bei denen es uns heute schleierhaft erscheint, wie überhaupt ein Großstadtleben organisiert werden kann. Eine Supercity ohne Telefon, ohne Motoren, ohne Elektrizität – heute kaum vorstellbar; nirgendwo ein Taxi, kein Notarztwagen, kein öffentlicher Nahverkehr, nicht einmal die Möglichkeit, mit einer Lautsprecherdurchsage gesellschaftliche Abläufe zu koordinieren. Eine Stadt, die in ihrer Größe wohl nur existieren kann, weil sie sich als Ausdehnung eines einzigen großen Gedankens begreift, als Entfaltung und prachtvolle Erweiterung ihres bestimmenden Zentrums, um dessentwillen sie existiert: des Herrscherpalastes, seines königlichen Bewohners und der Götter, die diese Herrschaft segnen und gutheißen.

Und so erstreckt sich denn die 16 Meter breite, mit Asphalt vergossene und mit Steinplatten belegte Prachtavenue, die zugleich Prozessionsstraße ist, östlich vom Herrschersitz aus mitten durch die Stadt,

20 Das große Ischtar-Tor, das um 604–561 v.Chr. erbaut wurde und seit 1936 im Pergamon-Museum in Berlin steht, hat bis heute nichts von seiner großartigen Wirkung eingebüßt.

wie eine glanzvolle Entfaltung des Stadtpalastes selbst. Sven Hedin, der populäre reisende Abenteurer, nannte diesen Hauptverkehrsweg der Stadt »eine der großartigsten Straßen, die es auf Erden je gegeben hat«, als er zur Zeit des Ersten Weltkrieges ein soeben von Archäologen freigelegtes Teilstück besichtigen konnte.

Ein Prachtboulevard, der zu einem noch großartigeren Bauwerk führte: zur Zikkurat, dem legendären »Turm zu Babel«, dem »Hochaltar« des großen Tempels, der dem Stadtgott Marduk geweiht war, dem bedeutendsten Gott Babylons, den auch Nebukadnezar immer wieder inbrünstig anbetete, wie noch heute zahlreiche Inschriften beweisen.

Noch viele andere Tempel besitzt die Stadt. 43 Haupttempel und die enorme Zahl von fast 900 »Zellen«, das sind kleine Kapellen, ergeben sich aus den Angaben der alten Stadtbeschreibung. Sie sind allen möglichen Himmels- und Unterweltgöttern geweiht; Göttern, die irgendwann einmal aus anderen babylonischen Gebieten von den Menschen mitgebracht wurden und die in der Metropole, die ja all diese jahrtausendealten Traditionen umfängt, längst heimisch geworden sind.

Die Pilger, Kaufleute und Touristen, die in die Stadt strömen, finden leicht den Weg zu diesen Göttern und ihren heiligen Stätten. Denn wie auf dem Reißbrett ist die Stadt entworfen: Gerade Straßen durchziehen die rechteckig gegliederten Wohnblöcke mit ihren prachtvollen Häusern. Planvoll werden diese Gebäude errichtet, zu Nebukadnezars Zeiten zunehmend aus gebrannten Ziegeln statt aus luftgetrockneten, die der Witterung nicht so lange standhalten würden. Und die asphaltierten Fundamente der neuen Bauten reichen »bis an die Brust der Unterwelt« heran – modernste Architektur der Superlative.

Die Götter sind allgegenwärtig, und noch mehr ihre mythischen Begleiter: merkwürdige Tiere, »Mischwesen«, wie sie die Archäologen heute nennen und wie sie auf Schritt und Tritt im Stadtgebiet begegnen. Fabeltiere mit Adlerkrallen, Schlangenköpfen, Löwentatzen, Stierleibern, Skorpionschwänzen. An den Fassaden der Ziegelwände sind diese Wesen in gebranntem Ton geformt, geschmackvoll eingefügt in den Verlauf der Mauern, die oft mit blau glasierten Fliesen verkleidet sind. Mit einem leuchtenden himmelfarbenen Blau, der magischen Farbe, die alles Übel abwehrt und die man gewinnt, indem man der Glasur Kobalt- und Kupferverbindungen beimischt. Das große Stadttor, das der Göttin Ischtar geweiht ist und durch das die Prozessionsstraße hinaus führt zu einem Festhaus, ist über und über mit diesen ultramarinblauen Fliesen geschmückt. Noch heute kann man im Pergamon-Museum zu Berlin, in dem seit 1936 das Ischtar-Tor steht, dem tiefen Eindruck nachspüren, den das erfrischende Blau mit seiner spiegelnden Emaille bei allen Besuchern hinterlassen haben mag, wenn sie aus der braunen Staubigkeit der Wüste in diese prachtvolle Stadt eintraten.

Lobpreis der Götter

Nicht nur einen Palast besitzt Nebukadnezar, sondern gleich drei. Die Sommerresidenz liegt im Norden außerhalb der Kernstadt, und der Herrscher läßt sie mittels einer neuen Mauer in seine Stadterweiterung einbeziehen. »Was kein früherer König getan hatte, tat ich«, lobt er selbst sein gigantisches Bauvorhaben: »4000 Ellen Landes an den Seiten von Babylon ... ließ ich durch eine gewaltige Mauer im Osten umgeben. Ihren Graben grub ich, und seine Böschung baute ich mit Erdpech und Ziegelsteinen aus. Eine gewaltige Mauer baute ich am Ufer berghoch; ihre weiten Tore fügte ich ein, und ich errichtete in ihnen Türflügel aus Zedernholz mit einem Überzug aus Bronze. Damit der Feind ... die Seiten von Babylon nicht bedränge, umgab ich (das Stadtgebiet) mit mächtigen Fluten wie mit dem Wogenschwall der Meere ...«

Nebukadnezars Sommerpalast bietet Annehmlichkeiten, wie sie weder der Stadt- noch der Südpalast, der ein großes Verwaltungs- und Repräsentationszentrum darstellt, besitzen: Durch ein besonderes Lüftungssystem haben die Architekten eine Art antike Klimaanlage verwirklicht, der letzte Schrei altorientalischer High-Tech-Entwicklung, der allerdings mit einer anderen technischen Innovation wetteifern muß, die jedem Besucher den Atem raubt: den Hängenden Gärten.

Irgendwo im Palastbereich, gleich in der Nähe des Euphrat-Armes, der die Stadt durchzieht und der von einer großen, wohl 120 Meter langen Steinbrücke überspannt wird, irgendwo dort könnte er gelegen haben: der künstlich bewässerte und terrassenartig aufgeschüttete künstliche Garten. Ungezählte Legenden ranken sich um ihn. War er ein Geschenk des Königs an seine medische Gattin Semiramis, die sich nach den bewaldeten Hängen ihrer Heimat gesehnt haben soll? War er eine monumentalere Kopie orientalischer Gartenanlagen, wie sie schon die Assyrer kannten? Wurde er mit archimedischen Schrauben bewässert, mit korkenzieherartigen Drehspindeln also, die das Wasser aus der Tiefe des Flusses in die Höhe des Gartens transportierten? Oder mit Tonröhren, durch die das Wasser mit Muskelkraft gepumpt wurde? Immerhin fanden überall im Stadtgebiet solche Röhren als Wasserleitung Verwendung, wie die Ausgräber von Babylon entdeckten.

Was die Hängenden Gärten angeht, so ist alles Legende, nichts ist bis heute archäologisch bewiesen. Geschichten wie aus Tausendundeiner Nacht verklären die Historie. Kein Wunder: Die Vorstellung von einem blumenreichen, duftenden Garten, dessen Palmbäume dem weitgereisten Wanderer Kühlung zufächeln, ist eine verführerische Phantasie, die sich rasch weiterspinnt in den Köpfen derer, die sonst von Staub und Hitze geplagt sind. Nicht, daß die Gärten von Babylon eine reine Erfindung gewesen wären – mit größter Wahrscheinlichkeit haben sie wirklich existiert; aber die orientalischen Phantasien fanden in ihnen einen besonderen Anreiz.

Und die Inszenierung von solchen Legenden diente dem exklusiven Ruf der Stadt. Genau wie jedes Haus und jeder Ziegel, den Nebukadnezar mit seinem Namen prägen ließ, einem einzigen Zweck diente: dem Lobpreis babylonischer Herrschaft, so wie sie nach dem Glauben der Alten von den Göttern gewollt war und wie sie eine Einheit bildete mit dem gesamten kosmischen Geschehen.

Die Einheit mit dem Universum – jeder der altorientalischen Bewohner wird sie ganz selbstverständlich empfunden haben – spiegelt sich im Plan der ganzen Stadtanlage wider: Eine Symphonie des Dekors, vom Blau der Fliesen über die bemalten Tierreliefs und gebrannten Ziegeln bis hin zu den Friesen und Zinnen der Mauern – alles paßte da zusammen. Mögen unsere modernen Städte heute durch die Vielfalt verschiedenster Kulturen und Stile, die sie beherbergen, faszinieren, so ist es bei Babylon genau das Gegenteil, das seinen Charme ausmacht. Es ist die eine große Idee, die dieser alten Stadt den prägenden Stempel aufgedrückt hat – und die eine stilistische Einheit geschaffen hat, wie sie später wohl nie mehr erreicht wurde, aber gleichwohl Künstler aller Epochen immer wieder inspirierte.

Die Stadt als Gottesdienst – Nebukadnezar selbst hat innige Worte dazu aufschreiben lassen, wie er sie wohl regelmäßig selbst gebetet hat. Sätze, die in dieser oder ähnlicher Form in den Texten der Zeit immer wieder zu finden sind – viel häufiger übrigens als die markigen Aussagen zu seinen Schlachten und Kriegen: »Marduk, Herr, weisester der Götter, stolzer Fürst! Du schufest mich und vertrautest mir das Königtum über alle Menschen an! Wie das kostbare Leben liebe ich deine hohe Gestalt. Herrlicher als deine Stadt Babylon werde ich unter allen Wohnstätten keine Stadt ausgestalten! ... Mein Herr Marduk, Allerstärkster der Götter, Hocherhobener! Auf deinen Befehl wird die Gottesstadt gebaut, ihr Mauerwerk aufgeführt, die Kapelle erneuert, die Tempel vollendet! Auf dein hocherhabenes Wort, das sich nie wandelt, möge mein Opfer gelingen, das Werk meiner Hände zur Vollendung kommen!«

Zertrümmerte Hoffnung

Henri Pognon, der gelehrte französische Konsul, war zu spät gekommen. Nicht viel zu spät, wenn man bedenkt, daß die zwei steinernen Darstellungen Nebukadnezars an den Felswänden von Wadi Brisa über zwei Jahrtausende geduldig auf ihre Entdeckung gewartet hatten; aber doch gut zehn Jahre zu spät, um dem steingewordenen Nebukadnezar wirklich in die Augen sehen zu können. Denn eine Dekade zuvor, so erklärte ihm achselzuckend sein einheimischer Begleiter, sei in dieser Gegend ein durchreisender Schatzsucher aufgetaucht: ein Nordafrikaner, wahrscheinlich aus Marokko oder Algerien, vielleicht auch aus Ägypten.

Wie auch immer: Der Fremde habe einem Gerücht Glauben geschenkt, von dem man immer wieder höre und an dem sicher auch einiges dran sei. Demnach sollten sich hinter alten Inschriften nicht selten ungeheure Schätze verbergen. Gold, Silber, Edelsteine in großer Menge. Oft habe man ihm schon von solchen Funden erzählt, und angeblich seien schon einige Glückliche sehr reich geworden. Der fremde Maghrebiner jedenfalls habe die Steinreliefs von Wadi Brisa zu sprengen versucht, in der Hoffnung, die Schätze des Alten Orients zu finden. Zuerst habe er es wohl mit Feuer und kaltem Wasser probiert und dann, als er damit gegen den massiven Felsen nicht viel auszurichten vermochte, mit allerlei Werkzeug. Irgendwann habe der Mann aber einsehen müssen, daß sich hinter den beiden Reliefs offenbar niemals eine Hohlkammer befunden habe und daß sich die Aussichten auf schnellen Reichtum an dieser Stelle nicht erfüllen würden.

Der unbekannte Schatzsucher aus dem Maghreb hatte zum Glück nur halbe Arbeit geleistet. »Sowohl die Reliefs als auch die Inschriften haben stark gelitten, einerseits durch die Unbilden der Witterung, dann aber auch durch absichtliche Zerstörung«, schrieb Pognon zwar bitter in sein Tagebuch, machte sich aber sogleich begierig daran, das, was noch zu entziffern war, zu studieren und an Ort und Stelle zu kopieren. Schnell stellte er fest, daß die beiden Inschriften in Alt- und Neubabylonisch vom König Nebukadnezar stammen mußten. In der Mitte der Schrift war eine figürliche Darstellung in den Fels gemeißelt: Eine männliche Person in Lebensgröße, die nach links gewandt vor einem entblätterten Baum steht. Auf dem zweiten Relief hält ein aufrecht stehender Mann an seinem ausgestreckten Arm ein Tier, wahrscheinlich

21 Die hochentwickelte Kunst und Geisteswelt machen das Mesopotamien der Zeit Nebukadnezars zu einer Wiege der Kultur, deren Wirkung bis in die Gegenwart ausstrahlt. Relief vom Ischtar-Tor aus Ziegeln, die in Fadenemailletechnik glasiert wurden. 6. Jahrhundert v. Chr.

handelt es sich um einen Löwen. Ausgerechnet das Gesicht der Person war in beiden Fällen stark zerstört, offenbar von einem metallenen Werkzeug, wie Pognon vermerkte. Wie böser Hohn mußten ihm angesichts dieses Vernichtungswerkes die letzten Worte Nebukadnezars klingen, die er am Ende des Textes noch halbwegs entziffern konnte: »Damit niemand Schaden stifte, (habe ich) ein ewiges Bild meiner Majestät (hergestellt) ...«.

Pognon besuchte ein gutes halbes Jahr später noch einmal »seine« Reliefs. Die französische Regierung, sein Arbeitgeber, hatte die sensationelle Bedeutung dieser einzig bekannten Darstellungen Nebukadnezars schnell erkannt und unterstützte den abenteuerlustigen Konsul. Fotografien wurden angefertigt, die Inschriften sorgfältig abgepaust. Die genaue Übersetzung des Textes machte noch einmal mehr deutlich, daß die Darstellung des Mannes mit dem Baum tatsächlich Nebukadnezar abbildet, und zwar als siegreichen Feldherrn, der auf einem Kriegszug im Jahre 599 v. Chr. den Libanon befriedete und für die Lieferung des begehrten Zedernholzes nach Babylon sorgte: »Mit der Kraft des Nebu und des Marduk, meiner Herren, schickten sie mich zum Libanon. Seinen Feind verjagte ich ..., und ich beglückte das Land. Seine verstreuten Bewohner sammelte ich und führte sie an ihren Ort zurück. Was kein früherer König getan hatte, tat ich. Hohe Berge durchbrach ich, Gebirgssteine spaltete ich, Zugänge öffnete ich, einen Weg für Zedern bahnte ich, hin zu Marduk, dem König. Mächtige, hohe, starke Zedern, deren Güte überaus kostbar und deren angemessene Schönheit hervorragend ist ..., ließ ich gleich Rohr den Fluß hinab. Den Arachtu (gemeint ist der Wasserlauf, der Babylon durchfließt) ließ ich duften ...«

Die Rache Gottes?

Große Worte – so ist man es von fast allen Inschriften Nebukadnezars gewohnt. Es klingt wie schreiende Angeberei, protzig und schrill. Auch der Fahrer meines Bagdad-Taxis verhält sich noch ganz so wie seine Vorfahren, denke ich lächelnd, während sein Fahrzeug über staubige

Wüstenpisten dahinjagt. Mit großspurigem Gehabe gibt der Fahrer dem klapprigen Chevrolet die Sporen, so daß die maroden Stoßdämpfer bei jeder Bodenwelle krachend aufsetzen. Ein wilder Ritt durch die Wüste, wie ihn die kämpferischen Reiterscharen Nebukadnezars wohl nicht temperamentvoller hätten vollführen können.

»Man kommt aber den altorientalischen Menschen nicht näher, wenn man ihre schriftlichen Zeugnisse mit dem Maßstab moderner Psychologie mißt«, ruft Professor Walter Sommerfeld lauthals vom Beifahrersitz nach hinten, um gegen das Fahrgeräusch und den Wind aus vier heruntergekurbelten Fenstern anzukommen. »Nebukadnezar war alles andere als größenwahnsinnig!« Sommerfeld ist Assyriologe, außerdem Präsident der Deutsch-Irakischen Gesellschaft, und wir befahren an diesem heißen Juni-Vormittag die Strecke Bagdad-Babylon.

Ich könnte mir keinen besseren Begleiter wünschen. Sommerfeld ist nicht nur ein exzellenter Kenner altorientalischer Geschichte, sondern auch des modernen Irak. Seit 20 Jahren besucht er regelmäßig mehrmals im Jahr dieses schwierige Land. Seit den beiden Golfkriegen, seit der Isolierung des Landes durch die UN-Sanktionen, seit der Einrichtung von Flugverbotszonen und seit der trotzigen Selbstabschottung Saddam Husseins verwandelt sich das Land, das einst als Wiege der Kultur galt, mehr und mehr in eine Insel, an der alle Schiffe vorbeisteuern. Die »splendid isolation« lähmt jede Entwicklung und wirft das Zweistromland wirtschaftlich und kulturell stetig zurück, zumal gerade heute aller Fortschritt auf weltweiter Kommunikation und dem ständigen Austausch von Ressourcen beruht. Dieser Verlust des Gespräches mit den Völkern wird Folgen haben, die heute noch gar nicht abzusehen sind; und die rückwärtsgewandten Phantasien Saddam Husseins, der sich in der Nachfolge Nebukadnezars wähnt, sind wie traurige Symbole für die verpaßten Chancen eines Landes, das mit seinem Ölreichtum die Wohlfahrt aller seiner Bürger gewährleisten könnte.

»Nebukadnezar hat das Wohl seiner Bürger, aber vor allem die Entsprechung seines Handelns mit dem Willen der Götter immer im Blick gehabt«, ist sich Sommerfeld sicher. »Er war wahrscheinlich vor allem

22 Die kurz zuvor entdeckten Fundamente des Babylonischen Turms verführen Robert Koldewey 1918 zu einem gewagten Rekonstruktionsentwurf. Pergamon-Museum, Berlin.

ein frommer Mann! Und er hatte ein ausgeprägtes Traditionsbewußtsein, wie es seine Nachfolger nie mehr entwickelt haben. So gesehen ist er der letzte seiner Zunft gewesen. Ein Herrscher, der noch einmal das ganze Denken und Fühlen des Alten Orients repräsentiert hat.«

Wir sind inzwischen an der Stätte angekommen, an der sich einst die »Perle unter den Städten« erstreckte und an der rekonstruierte Nachbauten heute nur eine sehr vage Ahnung vom turbulenten Leben der einstigen Großstadt vermitteln. Vorbei an einem Nachbau des Ischtar-Tors, der mit seiner blauen Bepinselung eher an Disneyland erinnert, gehen wir in Richtung Prozessionsstraße, die – durch schwarzes Eisengatter abgezäunt – vor den Fußtritten der heutigen Besucher sicher ist.

23 Neuere Rekonstruktionsmodelle, wie dieses von Hansjörg Schmid von 1991, sind vielleicht realistischer, dennoch bleibt auch bei ihnen vieles Spekulation. Pergamon-Museum, Berlin.

Das heißt vor unseren Füßen, denn wir sind die einzigen Gäste an diesem Tag. Der Tourismus hierzulande liegt brach. Babylon ist derzeit wohl eines der exklusivsten Reiseziele.

Sommerfeld weist auf eine der zahllosen Keilschrifttexte, die Nebukadnezar auf die Ziegel prägen ließ: »Zweifellos wollte Nebukadnezar das Alte, die Vergangenheit, wiederbeleben. Das zeigen besonders die vielen Inschriften, zum Beispiel auch die vom Wadi Brisa: Die Texte werden oft zweimal wiedergegeben, einmal in zeitgenössischer Schrift und gleich daneben in archaisch kalligraphischer Form, uralte Schönschrift sozusagen; als Verbeugung vor der jahrtausendealten Tradition, denn die Keilschrift existiert zur Zeit Nebukadnezars ja schon seit 2600 Jahren. Und an einer Verbindung seiner Gegenwart mit der Tradition war ihm besonders gelegen!«

Der Brückenschlag zur Vergangenheit – er kennzeichnet das Bewußtsein der Menschen von den Anfängen ihrer Kultur bis in die Zeit Nebukadnezars. Die Vorstellung der Zukunft, wie sie das Gesicht unserer Gegenwart so stark prägt, ist erst eine spätere Erfindung und eine Folge der kulturellen Entwurzelung nachfolgender Generationen.

Für unsere Vorfahren vor 3000 Jahren ist »Zukunft« noch etwas Dunkles, zutiefst Beängstigendes. Ein Bild kann das Daseinsgefühl dieser Zeit verdeutlichen: Die Menschen gehen gleichsam rückwärts mit unsicheren Schritten auf die Zukunft zu, während sie den Blick unverwandt auf das Vergangene richten, das ihren Blicken aber nach und nach entschwindet und daher stets der Erinnerung, der Auffrischung im Kult, bedarf.

Man orientiert sich an dem, was war, und regelt nach diesen Vorgaben seine Gegenwart. Man ist stets darum bemüht, sich an den alten Idealzustand zu erinnern und den Ursprung wiederherzustellen, so wie ihn auch später die Bibel in ihrer Paradiesgeschichte preist. Die Zukunft birgt dabei immer Gefahren. Es droht das Vergessen, es droht der Verfall des Ursprünglichen, des letztgültigen Maßstabs.

Mehr noch: Die Menschen der altorientalischen Volksgruppen benötigen überhaupt keine Zukunft, denn sie wissen alles aus der Vergangenheit. Auch ihre Religion ist eine feststehende Größe. Die Priester müssen noch nicht mit Wundergeschichten werben oder mit prophetischen Beschwörungen die Zukunft ausmalen, denn am festgefügten Weltbild und den ehernen Traditionen wird nicht gezweifelt. Die Religion muß noch keine Überzeugungsarbeit unter Zweiflern und Ungläubigen leisten, wie es später die Prediger des Christentums in der verunsicherten Weltbürger-Gesellschaft des Römischen Reiches tun müssen. Und allemal ist es unnötig, die positive Wirkung religiösen Glaubens auf Leib und Seele herauszustreichen, wie die Wellness-Strategen unserer Gegenwart. »Der Bruch mit dieser gesellschaftlichen Identität, wie sie seit der Steinzeit bestanden haben dürfte, fällt wahrscheinlich genau in die Zeit Nebukadnezars«, meint Sommerfeld, »ins 7. und 6. Jahrhundert v. Chr., und dieser Dreh- und Angelpunkt menschlichen Bewußtseins hat offenbar ganz handfeste Gründe!«

Wir sind inzwischen weiter geschlendert, über den großen Grabungsplatz, auf dem der deutsche Archäologe Robert Koldewey Anfang des 20. Jahrhunderts 19 Jahre lang unter sengender Sonne nach den Resten Babylons gegraben hat. »Im Sommer ist es hier so heiß, daß die Vögel vom Himmel fallen«, hatte der Taxifahrer erzählt, »nur Staub und Hitze!« Ganz so, wie es der Prophet Jeremia vorausgesagt hatte: »Wüste, Dürre und Steppe! Ob des Zornes des Herrn bleibt es unbewohnt und wird völlig zur Wüste. Wer immer an Babel vorbeikommt, ist entsetzt und erschaudert über all seine Plagen!« (Jer. 50,12–13). Nicht so Robert Koldewey aus Blankenburg im Harz! Den ebenso hartgesottenen wie verschrobenen Ausgräber konnten die trostlosen Verhältnisse nicht schrecken. Nicht einmal die unsicheren Zeiten des Ersten Weltkrieges dämpften seine Begeisterung und das besessene Engagement für »sein« Babylon.

Vor uns liegt jetzt das schilfüberwachsene Loch, das auch schon Koldewey ähnlich trostlos vorgefunden haben muß, das ihn aber zu Freudentaumeln hinriß – und zu einem gewagten Rekonstruktionsentwurf. An dieser Stelle stand nämlich einst der berühmte Turm zu Babel, in der Bibel als das gotteslästerliche Symbol für menschlichen Größenwahn schlechthin gebrandmarkt.

Als Koldewey hier forschte, waren gerade noch Fundamentreste und ein paar Treppenziegel von diesem Mammutbauwerk zu finden. Denn bereits 2200 Jahre zuvor hatte Alexander der Große auf seinem gewaltigen Feldzug nach Indien in Babylon Station gemacht und ließ das in die Jahre gekommene Bauwunder abreißen – mit der Absicht, den Turm noch gewaltiger und noch prächtiger wieder auferstehen zu lassen. Alexanders früher Tod mit 33 Jahren vereitelte den Plan. So blieb nur das Loch im Boden als schönes Symbol für die Vergänglichkeit allen menschlichen Tuns und als Hinweis darauf, daß selbst die scheinbar solidesten Werte menschlicher Existenz der totalen Veränderung unterliegen können – wie das ganze menschliche Bewußtsein.

»Die große Wende im altorientalischen Bewußtsein wurde durch eine völlig neue Erfahrung im menschlichen Zusammenleben hervorgerufen«, nimmt Sommerfeld den Faden wieder auf. »Eine Erfahrung, wie sie die geschlossenen Kleingesellschaften zuvor niemals gemacht hatten, aber wie sie dann das ganze Denken revolutioniert hat: die Erfahrung der Entwurzelung!«

Die Entdeckung der Zukunft

Es begann etwa im Jahre 1000 v. Chr., in einer Zeit, in der das stabile Neben- und Miteinander der einzelnen Volksgruppen im Vorderen Orient plötzlich ins Wanken geraten war. Die Gründe dafür sind sicher vielfältig, beruhen aber hauptsächlich auf Wander- und Verdrängungsbewegungen vieler Völker, wie sie in der Geschichte immer wieder vorkommen.

Eine Zeit radikaler Umbrüche, ein Epochenwechsel. So werden beispielsweise um 1200 v. Chr. die starken Hethiter in Zentralanatolien, die einst bis nach Babylon vorgestoßen waren, über Nacht von Seevölkern hinweggefegt; aus dem Iran drängen infolge der indogermanischen Ausdehnung im Osten Menschen heran, und Nomadenstämme aus Syrien und Palästina fallen wie Räuberbanden ins Zweistromland ein. Die bisher gültige Ordnung der Völkerfamilien gerät durcheinander.

Angesichts der Instabilität, die um sich greift, schlägt jetzt die Stunde der Assyrer, eines Volkes, dessen namengebende Hauptstadt Assur schon um 2500 v. Chr. existiert haben muß. Sie stoßen mit hochentwickelter Militärtechnik in das politische Vakuum. Mit ihren schnellen Streitwagen, die mit eingespielten Kampfteams besetzt sind, ihren Brandpfeilen und Rammböcken, ihrer Kavallerie und ihren Bogenschützen zu Pferde sind sie bald Vorreiter einer »Kriegskunst«, wie sie bis ins Mittelalter wegweisend wird.

Und noch eine Innovation führen die Assyrer ein. Eine »Erfindung«, die bis dahin als Mittel der Politik niemals genutzt worden war: den blanken, planvollen Terror. Die Assyrer deportieren ganze Völker aus ihrer angestammten Heimat und vollziehen gnadenlose Massaker, um die Besiegten zu unterdrücken und die Einheit des assyrischen Großreichs um jeden Preis zu erhalten. Eine Diktatur des Schreckens, die da neu heranreift: Vom assyrischen König Assurnasirpal II.

(859–853 v. Chr.) etwa wird berichtet, daß er 100 000 Männern das rechte Auge ausstechen ließ, um ihre Kampflust für alle Zeiten zu brechen. Und auf Inschriften rühmte sich der siegreiche Feldherr, gleich Tausenden von Gegnern die Haut abgezogen zu haben.

Die Assyrer agieren als rücksichtslose Machtpolitiker – und sie haben Erfolg damit: Binnen kurzer Zeit können sie ihren Einfluß im ganzen Zweistromland ausdehnen, sie unterwerfen die Nachbarvölker, setzen überall Statthalter ein, die ihre Politik gnadenlos durchsetzen. Und sie bauen ein stehendes Heer auf – das erste in der Menschheitsgeschichte.

Selbst Babylon, die altehrwürdige Kulturstadt, deren Tradition man bislang stets respektvoll würdigte, wird unter dem Assyrerkönig Sanherib 689 v. Chr. dem Boden gleichgemacht und anschließend mit dem Wasser des Euphrats geflutet – als Rache für einen lokalen Putschversuch. »Mit ihren toten Körpern füllte ich die weiten Plätze der Stadt«, rühmt sich der König. »Mitten durch die Stadt grub ich Kanäle ... und machte die Zerstörung vollkommener als durch eine Flut. Damit in kommenden Tagen die Stätte dieser Stadt und ihrer Tempel und Götter nicht mehr wiedererkannt wird, löste ich sie mit Wasser auf und vernichtete sie wie Überflutungsland.«

Das jähzornige Strafgericht des Königs gegen ganz Babylon wurde allerdings selbst von assyrischen Militärs offenbar als schwerer Frevel empfunden, gingen doch von der Stadt am Euphrat seit unvordenklicher Zeit alle geistigen Impulse für die ganze Region aus. Ihre kulturelle Überlegenheit wurde allgemein anerkannt. Während andere Städte auf unzähligen Feldzügen radikal ausgeplündert wurden und man die rebellierende Bevölkerung entweder massakrierte oder komplett deportierte, beschränkten sich die Assyrer im Falle Babylons üblicherweise darauf, es mit Verträgen und Verordnungen ruhig zu stellen. Und manchmal ging die Wertschätzung noch höher, wie eine Legende erzählt, deren Wahrheitsgehalt allerdings nicht erwiesen ist: Demnach heiratete der Sohn des Assyrerkönigs Salmanassar III. (858–824 v. Chr.) eine Babylonierin, die nach dem Tod ihres Mannes sogar für vier Jahre die assyrischen Regierungsgeschäfte übernahm. Als legendenumwobene Prinzessin Semiramis mit ihren Hängenden Gärten lebt die Erinnerung an sie auch in der Sagenwelt Babylons noch lange fort.

Die kulturelle Verquickung der alten Metropole mit dem assyrischen Großreich war zu Sanheribs Zeiten jedenfalls weit fortgeschritten. Und allein die Tatsache, daß in Babylon jetzt die Tempel dem Erdboden gleichgemacht wurden, in denen die gleichen Götter wie in Assur verehrt wurden, muß mancher Soldat als schweren Tabubruch empfunden haben. Ein völliges Vergessen Babylons konnte es nicht geben! Und so machte man sich, nachdem Sanherib von den eigenen Söhnen ermordet worden war, denn auch schleunigst daran, die Stadt wiederaufzubauen.

Ohnehin erschöpfte sich die assyrische Zentralgewalt in diesem 7. Jahrhundert. An allzu vielen Kampfplätzen im riesigen Reich, das jetzt bis Memphis in Ägypten reicht, ermüden allmählich die imperialistischen Kräfte. Es ergeht dem mit Gewalt geschmiedeten Großreich so, wie es jedem diktatorischen Riesenreich früher oder später ergehen muß: Es stürzt über Nacht, es fällt in kürzester Zeit in sich zusammen, es »implodiert«. Kaum ein paar Jahre wird es noch dauern, bis der Babylonier Nabopolassar aus dem kleinen Geschlecht der Chaldäer im Verein mit den Medern aus dem iranischen Hochland das mürbe, assyrische Joch abschütteln kann und seinerseits blutige Rache nimmt, indem er 612 v. Chr. die assyrische Hauptstadt Ninive mit ihren 300 000 Einwohnern vollständig zerstört. Sein Sohn Nebukadnezar wird die von ihm begonnene Erweiterung und prachtvolle Neugestaltung der Stadt Babylon vollenden, die jetzt zur konkurrenzlosen Metropole des Zweistromlandes heranreift.

»Wie gesagt: Nebukadnezar ist im Herzen Babylonier, und er besinnt sich daher viel mehr auf die geistige Tradition des Zweistromlandes, als es die assyrischen Militärs taten. Er regiert wesentlich toleranter und traditionsbewußter«, faßt Sommerfeld zusammen, als wir zurück zu unserem Taxi gehen. »Allerdings übernimmt auch er die neuen politischen Strategien. Er deportiert beispielsweise die Oberschicht des besiegten Staates Judäa nach Babylon, was bei den Juden einen großen Schock auslöst und den Ruf Nebukadnezars für alle Zeiten ruiniert hat.«

Welch enorme Wut und Trauer diese drastische Deportationspolitik ausgelöst haben muß, lassen die Worte des Psalms 137 erahnen, der mit einfühlsamen Trauerversen beginnt, aber dann in einen furchtbaren Fluch mündet, der als Bestandteil der Bibel eigentlich nicht zu ertragen ist: »An Babels Flüssen saßen wir und weinten, wenn wir Zions (d.i. Jerusalem) gedachten. An den Weidenbäumen dort hängten wir unsere Zithern auf. Denn unsere Unterdrücker verlangten von uns Lieder, unsere Bezwinger wollten Freudengesänge hören: ›Singt uns eines der Zionslieder!‹ sagten sie. Aber wie könnten wir die Lieder des Herrn auf fremdem Boden singen? ... Tochter Babel, der Verwüstung verfallen, Heil dem, der dir vergilt, was du an uns verübt! Heil dem, der deine Kinder packt und sie am Felsen zerschmettert!«

Es war die grausame Deportationspolitik, die – von den Assyrern erfunden – bald überall Schule machen sollte und die das Bewußtsein der Menschen so grundlegend verändert hat. Plötzlich waren ganze Völker von ihren heiligsten Traditionen abgeschnitten. Plötzlich war der Urgrund allen Seins radikal in Frage gestellt. Die alten Mythen und Überlieferungen konnten den entwurzelten Menschen jetzt keinen Halt mehr geben. Seit dieser Zeit hat man den entleerten Blick in die Zukunft gerichtet. Man hat in seiner Verzweiflung auf ein kommendes Wunder gehofft, auf zukünftige Erlösung, auf einen Messias, auf Rettung, wie sie aus der Vergangenheit nun nicht mehr zu erwarten war.

»Nachträglich betrachtet ist es das Dilemma Nebukadnezars gewesen, daß er mit seiner Deportationspolitik an dieser neuen Bewußtseinsbildung mitgewirkt hat, obwohl er sich selbst der alten Welt und seiner Tradition verpflichtet fühlte«, sinniert Sommerfeld, während unser Wagen in die mit Fahnen »international« herausgeputzte Auffahrt des Rasheed-Hotels in Bagdad einbiegt. Koldewey hatte für die 90 Kilometer zwischen Bagdad und Babylon, die wir heute in kaum zwei Stunden zurücklegen, noch drei anstrengende Reisetage gebraucht.

»König Nebukadnezar war wahrscheinlich der letzte große Herrscher des Alten Orients und hat sich als Bewahrer der uralten Traditionen empfunden. Aber er hat kräftig an dem Ast gesägt, auf dem er saß – ohne es zu ahnen!«

Computerspiele

Henri Pognon hat niemals erfahren können, was ein Grafikcomputer so alles kann. Als er starb, hatte er mit seinem Werk »Les inscriptions babyloniennes du Wadi Brissa« alles getan, was in seinen Augen der wissenschaftlichen Auswertung seines Fundes diente. Sogar die vier Schwarzweißfotografien, die er 1884 unter schwierigsten Licht- und Temperaturbedingungen angefertigt hatte, ließ er in seinem Büchlein abdrucken, allerdings nur sehr klein. Spätere Besucher schossen bessere Fotos, und erst vor ein paar Jahren machte sich die Archäologin Jutta Börker-Klähn daran, unter Verwendung aller verfügbaren Dokumente eine äußerst genaue Nachzeichnung der beiden Reliefs von Wadi Brisa zu schaffen.

Der Computer surrt, die Tastatur klappert – wir befinden uns in einem Grafiklabor, in dem üblicherweise Trickfilme, Animationen und »lebendige« Landkarten hergestellt werden. Neben mir der archäologisch geschulte »Operator« und Rosel Pientka, Altorientalistin der Universität Marburg.

Wir wollen versuchen, unter Einbeziehung aller Materialien ein dreidimensionales Modell der Gestalt des Königs Nebukadnezar zu berechnen. Vielleicht, so hoffen wir, gelingt es uns, die fehlenden Teile zu ergänzen und die schweren Beschädigungen der Felsdarstellungen elektronisch »auszubügeln«.

Kleinste, eben noch sichtbare Andeutungen bekommen bei diesem Rekonstruktionsversuch große Bedeutung. Und mit dem ganzen Hintergrundwissen der erfahrenen Altorientalistin läßt sich darüber hinaus trefflich spekulieren. Aus Ägypten, etwa aus der Zeit Echnatons und Nofretetes, sind ja beeindruckende Plastiken bekannt, die geradezu dazu einladen, über die Portraitierten Mutmaßungen anzustellen. Und auch die archäologischen Grabungen im Zweistromland haben interessante Darstellungen von frühen Herrschergestalten geliefert. Etwa das 4100 Jahre alte Portrait König Gudeas, des Stadtfürsten von Lagash, mit seiner Glatze und seinem vieldeutigen Lächeln. Oder der etwa 4200 Jahre alte Bronzekopf eines Fürsten aus Ninive – vielleicht handelt es sich um den legendären König Sargon – mit dem typisch gespaltenen Bart und den vollen Lippen, heute im Irak-Museum zu Bagdad anzusehen.

Im British Museum zu London ist das Bildnis des grausamen Assurnasirpal zu bewundern, mit vornehmen Herrscherzügen und seinem beeindruckenden assyrischen Bart. In Berlin steht ein jahrtausendealter Grenzstein, der die Gestalt des auch in der Bibel erwähnten babylonischen Königs Merodach-baladan verrät. Den Assyrer Asarhaddon, den Sohn von Sanherib, zeigt ein Relief aus dem Jahre 670 v. Chr. – alles Anhaltspunkte dafür, wie die altorientalischen Künstler ihre Herrschergestalten portraitierten.

»Es ist leider nicht zu erwarten, daß man ein naturalistisches Bild des Königs erhält. Die Bildhauer dieser Zeit haben nicht fotografisch genaue Momentaufnahmen herstellen wollen, sie haben auch nicht Seelenzustände realistisch abgebildet wie beispielsweise die holländischen Barockmaler des 17. Jahrhunderts, sondern sie sind einem bestimmten Typus gefolgt«, wehrt Pientka allzu hochfliegende Erwartungen ab. »Im Vorderen Orient wird das Portrait auch ganz anders ausgeführt als in Ägypten. Die assyrischen Herrscher sind alle mit typischen, einheitlichen Merkmalen ausgestattet.«

Diese »typischen Merkmale« aber verstellen in gewisser Weise den Zugang zur Interpretation des Individuums: Da ist das lange Faltengewand, das jede figürliche Ausprägung verdeckt; da ist der dichte Bart, der den Blick ins Gesicht erschwert, ebenso wie die lange Haartracht mit ihren typischen Löckchen. Eine »Tiara«, eine helmartige Kopfbedeckung, nimmt jedem Kopf seine individuelle Form; ein breiter Gürtel vereinheitlicht die Darstellung des Leibes. Auch die Körperhaltung der Könige läßt im allgemeinen nicht auf ihre Persönlichkeit schließen:

Üblicherweise haben die Herrscher einen langen Stab als Zeichen ihrer Würde in der Hand und stehen aufrecht. Im Falle der Reliefs von Wadi Brisa sind Elemente hinzugefügt, die an die konkrete historische Situation erinnern sollen: Über die Zeder, die Nebukadnezar umfaßt, wird alles im Text gesagt, und der Löwe, den der König offenbar erlegt hat, ist ein gängiger Topos erfolgreicher Herrscher – bis in die Neuzeit.

Der strenge Formenkanon, dem die Künstler vor 2600 Jahren folgten, hat natürlich auch einen Vorteil: Er erleichtert die halbwegs sichere Rekonstruktion der Nebukadnezar-Reliefs gerade auch an den Stellen, wo die Zerstörung sehr weit fortgeschritten ist. So können wir eine durchaus realistische Rekonstruktion des Herrschers vom Euphrat liefern. Für eine psychologische Beurteilung der Physiognomie aber geben die Steinreliefs nichts her.

Erinnerung aus Stein

Und der Text der Inschrift? »Er bezieht sich auf eine wirkliche historische Situation«, glaubt Pientka. »Und die Großspurigkeit der Worte beruht auch weniger auf persönlicher Eitelkeit als auf dem traditionell gültigen Verständnis vom König und seiner Würde. Die Lobhudelei hat vor allem die Aufgabe, den Göttern nachhaltig ins Bewußtsein zu rufen, welche schönen, gottgefälligen Werke der König geleistet hat.«

Die Götter werden in dieser Epoche der Menschheitsgeschichte noch sehr anthropomorph, das heißt menschenähnlich, vorgestellt. Ähnlich wie in der Glaubenswelt der Alten Griechen der Himmelsberg Olymp von einer Göttergesellschaft bewohnt ist, in der »weltlicher« Zank, Streit und Intrige an der Tagesordnung sind, so stellen sich auch Babylonier und Assyrer ihre Götter sehr lebensnah, sehr menschlich vor. »Vor allem: Die Götter sind vergeßlich wie Menschen! Und wenn man sie nicht mit möglichst dauerhaften Mitteln immer wieder an die eigenen Verdienste erinnert, besteht die Gefahr, daß all diese Leistungen von ihnen nicht gewürdigt werden. Mit der Folge, daß die Götter die Wohlfahrt des ganzen Staates aus dem Auge verlieren und sich zuletzt vielleicht gar nicht mehr interessieren. Das aber wäre für die ganze Gesellschaft eine Katastrophe. Vor diesem Hintergrund muß man die Worte Nebukadnezars verstehen.«

Es ist die bedeutsame Rolle der Tradition, die in der Vorstellungswelt Babylons auch hier durchschlägt. Der kleinste Verstoß gegen das uralte Ritual, der geringste Mißton zwischen Herrscher und Göttern würde den Fortbestand des ganzen Staates in Frage stellen, das muß für Nebukadnezar sonnenklar gewesen sein.

Das tragische Schicksal seines vierten Nachfolgers, des Königs Nabonid, wirft ein grelles Licht auf die zwingende Notwendigkeit solcher »Götterpflege«. Nabonid nämlich begeht einen tödlichen Fehler: Seine religiöse Rechtgläubigkeit läßt in den Augen der babylonischen Bevölkerung zu wünschen übrig – und so empfinden es alle als gerechte Strafe und nur folgerichtig, als Kyros von Persien den babylonischen König besiegt. Der feindliche persische Usurpator wird kampflos in die große Stadt einziehen – mit Unterstützung der Priesterschaft und von den Babyloniern begeistert bejubelt.

Vergessen zu sein, in den Nebel der Vergangenheit zu versinken, das bedeutet Tod. Sich durch lärmendes Erinnern im Bewußtsein der Nachkommen und der Götter zu halten, das heißt Leben. Ständige Traditionspflege ist der Schlüssel zur Wohlfahrt des ganzen Staates. Und der König hat die Vermittlungsarbeit zwischen Menschen und Göttern zu leisten. Er ist der »Priesterfürst«. Seine Worte im Kult repräsentieren die Ordnung der ganzen Welt und berühren die Ewigkeit des Seins. Welches Medium für diese göttliche Erinnerungshilfe würde sich besser eignen als betonharter, ewiger Fels, wie er in der Schlucht von Wadi Brisa zu finden ist? »Dem Herrscher Nebukadnezar war das so wichtig, daß er den Text bestimmt selbst Wort für Wort autorisiert hat«, meint Pientka. Ein Schreiber hat dann die Sätze mit Tusche auf den Fels übertragen, und ein Steinmetz hat den ganzen Text dann mit Hammer und Meißel nachgearbeitet.

»Selber schreiben konnte Nebukadnezar wohl nicht. Er war höchstwahrscheinlich Analphabet«, vermutet die Assyriologin. »Aber das galt in keiner Weise als Makel, denn Schreiben und Lesen war damals einfach eine besondere Wissenschaft. Wie Astronomie oder Medizin. Ein Job für Spezialisten eben.«

SIEGER UND BESIEGTE

Ein Leben wie auf der Achterbahn: Kaum hat der junge Kronprinz Nebukadnezar im Jahre 605 v. Chr. bei Karkemisch die Ägypter in die Flucht geschlagen (eine ungeheure militärische Leistung in einem brutalen Stellungskrieg, über den auch der biblische Prophet Jeremia im 46. Kapitel berichtet und der das Ende der ägyptischen Vorherrschaft in Syrien-Palästina bedeutet), da wird ihm die Eilmeldung überbracht, daß soeben sein Vater Nabopolassar im 1000 Kilometer entfernten Babylon verstorben sei. Babylon ist jetzt ohne König – und in unglaublichen 11 Tagen reitet der trauernde Nebukadnezar in die große Stadt zurück, um den Thron zu besetzen – ehe es etwa einer seiner zwei namentlich bekannten Brüder tut.

Das strenge Traditionsbewußtsein bestimmt auch die Zeremonie der Krönung, seit frühesten Zeiten ein unbedingt notwendiger Akt im Haupttempel der Stadt, im Tempel Esagil: Nebukadnezar »ergreift die Hand Gottes«, die Hand der meterhohen Statue des Gottes Marduk. Jetzt erst ist er König von Babylon, »der demütige, der ergebene, der Ehrfurcht hat vor den großen Göttern, der erlauchte Stadtfürst, der Erhalter der Tempel Esagil und Ezida, der Sohn Nabopolassars«, wie ihn nun die alten Texte nennen. Zwei Dinge wird er in seinem weiteren Leben hauptsächlich tun: Er wird sich dem Ausbau Babylons widmen – und er wird kämpfen. Der blutige Streit um die Vorherrschaft – dieses ewige Thema kennzeichnet den Alltag der vielen Völker und Volksstämme in dieser Menschheitsepoche.

24 (Rechte Seite) Anders als viele seiner Vorgänger, setzt Nebukadnezar politischen Terror nicht blind und skrupellos ein. Deshalb wird inzwischen von vielen Historikern die Wegführung der Juden in die Babylonische Gefangenschaft differenzierter betrachtet. Buchmalerei, Mainz, Mitte 13. Jahrhundert.

Dem jungen Herrscher liegt das Kriegshandwerk, aber er scheint es nicht zu lieben. Er ist aufgewachsen in einem Klima ständiger Selbstbehauptung. Kampf ist da die Grundlage für das Überleben. Über Jahrhunderte haben die Assyrer ein blutiges Beispiel gegeben, erfolgreich zwar,

Et post transmigratione
babylonis iechonia gen
salathiel. S alathiel
autem genuit zorobabel
Zorobabel autem ge
nuit abiud. A biud
autem genuit elya
chim.
Elyachim aut genuit
azor. A zor autem
genuit sadoch.

aber nicht immer heroisch. Es wird mit allen Tricks rücksichtslos gekämpft. Der Zweck heiligt die Mittel.

Nebukadnezar ist anders. Nicht blind und skrupellos setzt er politischen Terror ein, wie viele seiner Vorgänger. Die Tatsache etwa, daß er mit der Bestrafung Jerusalems zögert und erst nach neuerlichem Verrat die Stadt im Jahre 587 v. Chr. zerstört, deutet der Historiker Ernst Vogt als Beweis dafür, daß Nebukadnezar eher »von Natur aus zur Milde« neigte. Und auch die Deportation der jüdischen Bevölkerung, die der Komponist Verdi in seiner Oper »Nabucco« herzzerreißend schildert, bezog sich in Wirklichkeit nur auf die jüdische Oberschicht und auf Facharbeiter, die für den Aufbau Babylons gerade recht kamen – im ganzen 4600 Personen, wie der Prophet Jeremia am Ende von Kapitel 52 buchhalterisch genau festhält.

Zudem waren die Bedingungen im babylonischen Exil keineswegs unerträglich: Auf vier Tontafeln, die Koldewey in Babylon ausgrub, sind Proviantrechnungen des exilierten judäischen Königs Jojachin überliefert, aus denen hervorgeht, daß selbst die Versorgung mit Luxusgütern, wie etwa Salböl, gewährleistet war. Sogar die Wahl eines Ältesten aus ihren Reihen hatte Nebukadnezar den Exilierten zugestanden. Und das Versammlungsrecht, das offenbar an Gedenktagen regelmäßig genutzt wurde: »An den Wassern zu Babel saßen wir und weinten ...« Alles in allem kein Horrorszenario.

Die Wissenschaftsautorin Petra Eisele kommt in ihrem Buch »Babylon« in Hinblick auf die Exilierten zu dem Schluß: »Schlecht ging es ihnen sicherlich nicht; ihr Schicksal war keineswegs mit dem harten Los ihrer Vorfahren in Ägypten zur Zeit Moses zu vergleichen. Sie lebten in Babylon nicht als Gefangene oder Sklaven, sondern als ›Halbfreie‹ ..., die es zudem rasch lernten, sich mit den übrigen ›Untertanen‹ des Königs zu verständigen ... Nebukadnezar hatte weder die Absicht, die Besiegten physisch auszurotten, noch wollte er ihr kulturelles Leben zerstören.«

Ganz sicher ging es den Exilierten, was den Lebensstandard betraf, besser als den Menschen, die in Judäa zurückgeblieben waren. Aus ihrem durch Nebukadnezars Feldzug verwüsteten Land war aller Reichtum gewichen, und die Nachkriegswirren brachten Unsicherheit und Anarchie. Ja, hatte es nicht letztlich sogar der jüdische König Jojachin, der schon 597 v. Chr. nach Babylon deportiert worden war und 37 Jahre im Exil lebte, besser als der Herrscher Nebukadnezar selbst, der alle politische Verantwortung für das Großreich tragen mußte und der ständig in gefahrvolle Kriege verwickelt wurde? Das 2. Buch der Könige erzählt an seinem Schluß von Jojachins angenehmem Lebensabend und daß »der König von Babel ihn aus dem Gefängnis entließ. Er redete mit ihm freundliche Worte und gab ihm seinen Sitz oberhalb des Sitzes der anderen Könige, die bei ihm in Babel waren ... Sein Lebensunterhalt wurde ihm als dauernde Gabe vom König täglich geliefert, solange er lebte.« Eine bequeme Exil-Existenz auf Staatskosten.

Dagegen nimmt sich die Biographie Nebukadnezars weniger sorgenfrei aus. Von seinen 45 turbulenten Regierungsjahren lassen sich die ersten elf sehr gut rekonstruieren. Denn auf Keilschriftplättchen ist eine »Babylonische Chronik« der Jahre 605 bis 594 v. Chr. überliefert, die ihr moderner Herausgeber, der Kanadier Albert Kirk Grayson, für »ziemlich objektiv und unparteiisch« hält. Sie vermittelt einen anschaulichen Eindruck vom streßreichen Leben eines altorientalischen Monarchen: Danach bricht Nebukadnezar noch im Jahre 605 zu Kämpfen in Syrien auf – kaum daß er den schweren Feldzug gegen die Ägypter und seine Thronbesteigung hinter sich gebracht hat. 604 erobert er Askalon und unterwirft den König von Judäa. 603 muß der Herrscher von Babylon Aufstände unter seinen eigenen Soldaten befrieden; vielleicht sind seine zum Wehrdienst zwangsverpflichteten Bauern des Kämpfens müde, vielleicht ist es auch Nebukadnezars rivalisierender Bruder, der den Konflikt anheizt. Anschließend zieht die babylonische Armee Richtung Ägypten, um in schwerer Schlacht zu vollenden, was sie 605 begonnen hat: die endgültige Befreiung des Großreichs von ägyptischem Einfluß.

Nach den verlustreichen Kämpfen muß Nebukadnezar in den letzten zwei Jahren des Jahrhunderts seine Armee reorganisieren. Eine Zeit momentaner Schwäche, die der König von Judäa sogleich nutzt, um sich aus dem babylonischen Joch zu lösen. Die fällige Strafexpedition gegen

25 Der jüdische König Jojachin, der im Jahr 597 v.Chr. nach Babylon deportiert worden ist und dort 37 Jahre im Exil lebt, genießt im Zweistromland besondere Privilegien.

Jerusalem muß jetzt aber noch warten: 599 fällt Nebukadnezar zunächst in die syrische Wüste ein, um marodierende Araberstämme abzuwehren und den Libanon zu befrieden: Von diesem Feldzug berichtet die Inschrift im Wadi Brisa.

Im folgenden Jahr endlich wird das rebellische Jerusalem belagert und erobert. König Jojachin wird mit Teilen seines Hofstaats nach Babylon deportiert – und trifft dort auf eine ganze Gruppe bereits exilierter Könige: die ehemaligen Herrscher von Tyros, Gaza, Sidon, Arwad, Asdod und Mir. Sie alle müssen in der Metropole des Großreichs ruhiggestellt werden.

Im Jahr 597 v. Chr. zieht Nebukadnezar an der Spitze seiner Truppen gegen Karkemisch, gegen den alten ägyptischen Brückenkopf in Syrien-Palästina, wo es immer wieder zu Aufständen kommt. Im folgenden Jahr sichert er vorläufig die unruhige Ostgrenze seines Reiches.

26 In diesen Nischen in Sippar, heute der Ruinenhügel Abu Habba, überdauerten rund 400 Schrifttafeln die Jahrtausende.

Vielleicht ist es die dauernde Abwesenheit des Herrschers von Babylon, die 595 v. Ch. eine »Rebellion« in der Hauptstadt losbrechen läßt. Die Überlieferung berichtet von einem Hochverratsprozeß gegen einen gewissen Babu-aha-iddina, der den Treueid auf den König gebrochen habe. Der Rebell wird exekutiert. Noch im selben Jahr muß die Armee wieder nach Syrien aufbrechen.

Hier endet die babylonische Chronik. Aber gäbe es eine Fortsetzung, dann wäre sie sicher nicht weniger ereignisreich ausgefallen. Nebukadnezar ist ein Herrscher mit randvollem Terminkalender!

Botschaft aus der fernen Welt

Palmen fliegen am Autofenster vorüber. Kleine Kanäle durchziehen das fruchtbare Land. Fröhliche Kinder baden in einem brusttiefen Tümpel, den zugleich ein Esel als Tränke nutzt. Alles grünt und sprießt zwischen sanften Hügeln. Ein liebliches Land. Ein Geschenk zweier Flüsse, des Euphrat und des Tigris.

»Mesopotamien« – Land in der Mitte zwischen den Flüssen, so nannten die Griechen dieses Gebiet. Hier sollte nach alter Überlieferung das Paradies sein. Und eine zärtliche Erinnerung an den Mythos ursprünglichen Heils schwingt auch in den Zeilen mit, die Koldewey gleich nach seiner Ankunft schrieb: »Hier sitzen wir jetzt dicht am Flusse, am alten lieben Euphrat, dessen Wasser wir mit Behagen schlucken.« Mesopotamien – das ist der alte Nabel der Welt. Hier ist irgendwie alles mit mythischer Historie aufgeladen.

Es war das warme Klima und das Wasser der Flüsse, das schon früh das wirtschaftliche Wohlergehen der Menschen hierzulande beförderte. Reichtum und Überproduktion erlaubten es, dann und wann von der harten Feldarbeit aufzublicken und dann den Sinn auf das zu richten, was man landläufig »Kultur« nennt. Ähnlich wie in Ägypten, wo der Nil den Menschen alljährlich fruchtbare Schlammassen zum Geschenk machte, war das Leben in diesem Land vor 5000 Jahren nicht mehr nur ein Kampf ums tägliche Brot; Leben – das hieß hier auch Musik, Architektur, Poesie – und hieß auch »Schrift«.

Früh am Morgen sind wir losgefahren und haben die Stadtgrenze von Bagdad eben hinter uns gelassen. Unser Ziel ist jetzt kaum noch ein paar Kilometer entfernt: Sippar. Wir sind unterwegs zu einer archäologischen Sensation.

Zur Zeit Nebukadnezars war Sippar eine große Stadt, deren Gebiet sich über mehrere Quadratkilometer erstreckte. Eine Stadt, die eine lange Tradition seit uralter Zeit bewahrte. Daher ist es nur naheliegend, daß sich die Archäologen schon lange für diesen kulturhistorischen Schatz interessierten. Vor allem belgische Wissenschaftler waren es, die sich bereits vor vielen Jahren mit großem Enthusiasmus an die Arbeit machten, um die Vorstadt von Sippar, Tell ed-Dea, auszugraben. Der Golfkrieg aber machte alle ihre Hoffnungen zunichte. Buchstäblich über Nacht wurde bei Kriegsbeginn alles stehen und liegen gelassen,

27 *Das babylonische Gilgamesch-Epos ist eines der ältesten Literaturdenkmäler der Welt. Dieser Rollsiegelausschnitt aus dem 23. Jahrhundert v. Chr. zeigt einen der Helden des Epos, Enkidu, im Kampf mit dem Löwen Chumbaba. Manche wollen in diesem Werk den verschlüsselten Mythos vom Lauf der Gestirne durch den Jahreskreis sehen. (Zeichnung: R. Winkler).*

und als man Jahre später wiederkam, hatten sogar die massiven Konstruktionsteile des Grabungshauses längst neue Besitzer gefunden.

Kaum vier Kilometer vom ehemaligen belgischen Standort entfernt, legen aber Wissenschaftler der Universität Bagdad zur Zeit ein Gebäude frei, das die Aufmerksamkeit der Fachwelt aufs Höchste erregt. Es birgt eine Besonderheit, die die Assyriologen noch für Jahrzehnte beschäftigen wird: In dieser Bibliothek aus der Zeit Nebukadnezars warten nämlich 400 Keilschrifttafeln darauf, wieder gelesen zu werden. »Eine wahre Fundgrube für die Wissenschaft, denn die Texte enthalten die wichtigsten Werke der altorientalischen Kultur«, ist Sommerfeld überzeugt. »Das Besondere an den Kulturen im Zweistromland ist eben, daß es unendlich viele Schriftzeugnisse gibt. Damit könnten wir alles über das Leben und das Wissen dieser Menschen erfahren. Wenn wir nur genügend Mittel für die Forschung hätten!« fügt er etwas resigniert hinzu. Wie so viele andere Wissenschaften leidet besonders auch das »Orchideenfach« Assyriologie unter der deutschen Universitätsmisere: zu wenig Geld, zu wenig Mitarbeiter.

Zum ersten Mal in meinem Leben halte ich an diesem Tag eine Keilschrifttafel in der Hand. Eine Botschaft, die ein menschliches Wesen vor mindestens 2500 Jahren aufzuschreiben für wert erachtete; ein Gedanke, den sein Verfasser seinerzeit für so wichtig hielt, daß er ihn über sein Leben hinaus konservieren wollte. Gilt die Mitteilung seinen Nachkommen? Oder späteren Generationen? Oder uns? Mir wird das Ungeheure dieser menschlichen Erfindung, der Schrift, bewußt: Seit diesem 3. Jahrtausend v.Chr. können die Menschen über ihren physischen Tod hinaus miteinander kommunizieren. Sie haben damals eine Form der Unsterblichkeit entdeckt …

Zeichen in Ton

Als der italienische Kaufmann Pietro della Valla 1616 von einer seiner vielen Reisen auch Keilschriftziegel aus Babylon mitbrachte, hielten seine Zeitgenossen die »Nagelzeichen« auf den Bausteinen für mehr oder weniger geschmackvolle Ornamente, denen keinerlei weitere Bedeutung zukomme. Was hätten sie auch anderes vermuten sollen? Bereits seit der Zeit der größten Ausdehnung des Römischen Reiches, Anfang des 2. Jahrhunderts n.Chr., hatte niemand mehr Kenntnis über diese älteste Schrift der Welt – wie ja auch das Wissen um die ägyptische Hieroglyphenschrift schon damals verlorenging. Im Zuge der »Globalisierung«, wie sie die römische Weltmacht betrieb, blieben viele Völker mit ihren besonderen Kulturtraditionen auf der Strecke. Über das reiche Wissen der altorientalischen Welt senkte sich langsam, aber unaufhaltsam der Schleier des Vergessens. Und dieser tiefe Dornröschenschlaf währte fast zwei Jahrtausende.

28 Keilschrift. Ein Ziegel aus der Mauer des Südpalastes, der die Keilschrift zur Zeit Nebukadnezars zeigt. Die Sätze, in denen der König seine Bauleistungen preist, wurden mit einem Rollstempel auf den noch ungebrannten Lehm geprägt und finden sich auf Hunderttausenden von Ziegeln.

Erst im Jahre 1802 gelang dem Gymnasiallehrer Georg Friedrich Grotefend, was ein paar Jahre zuvor schon viele andere Gelehrte vergeblich versucht hatten: Er entschlüsselte eine kurze, altpersische Keilschrift aus Persepolis, der »Perserstadt«, die Alexander der Große 330 v. Chr. zerstört hatte. Diese Inschrift über die verwandtschaftliche Herkunft zweier Könige war zugleich in zwei weiteren Sprachen, ebenfalls in Keilschriftzeichen, abgefaßt: Neu-Elamisch und Babylonisch. Auch wenn es Grotefend zunächst nur gelang, elf Keilschriftzeichen der altpersischen Variante richtig zu deuten, so war mit seiner Übersetzung doch ein echter Anfang gemacht, der die wissenschaftliche Neugier anstachelte.

Spätestens mit der atemberaubenden Entdeckung des Engländers Henry Layard war das Interesse der Wissenschaft, die geheimnisvolle Schrift zu enträtseln, vollends entfesselt. Layard, der Ausgräber der assyrischen Metropole Ninive, fand nämlich Mitte des vorigen Jahrhunderts über 20 000 (!) beschriebene Tontafeln aus der Keilschriftsammlung des Königs Assurbanipal. Das ganze vergessene Wissen des Alten Orients lag nun offen vor aller Augen: das Gilgamesch-Epos zum Beispiel, der »Bestseller« in der altorientalischen Erzähltradition, oder alle möglichen Arten von Verträgen und Besitzurkunden, die vom Alltag der Menschen im Zweistromland berichteten. Dann das Weltschöpfungsepos »Enuma elisch«, das verblüffende Parallelen zu biblischen Berichten aufweist und daher sogleich die Theologen auf den Plan rief, und nicht zuletzt jede Menge »Omina«, Orakel – genaue Schilderungen von Naturerscheinungen, die von den Menschen zu den Entwicklungen ihrer Zukunft in Bezug gesetzt wurden.

Die gesamte Kulturtradition des Alten Orients lag also bereit – allerdings mußte sie erst noch gelesen werden! Und es bedurfte vieler Jahrzehnte und der akribischen Entschlüsselungsarbeit von Gelehrten in aller Welt, bis die Keilschrift, die in den frühen Texten bis zu 2000 verschiedene Zeichen umfaßt, weitgehend gedeutet werden konnte. Im Zuge dieser noch heute andauernden Knobelei wurde im 19. Jahrhundert eine neue Wissenschaft geboren: die Assyriologie, die Wissenschaft, die sich im weitesten Sinne mit allen Keilschrift-Kulturen des Alten Vorderen Orients befaßt.

Aufmerksam betrachte ich das Keilschriftplättchen, das so klein ist, daß es gut in meine Handfläche paßt. Mit etwa 4,5 mal 5 Zentimeter entspricht es einer »Normaltafel« und enthält wahrscheinlich eine knappe geschäftliche Mitteilung oder eine kurze Notiz – weniger wichtig als ein literarisches Werk oder ein inhaltsschweres Gerichtsprotokoll, das Tafeln von der Größe von etwa DIN A4 beanspruchen würde, denn der Umfang des Textes und seine inhaltliche Bedeutung bestimmen üblicherweise die Dimension eines Keilschriftdokuments: Für kurze »Memos« reicht auch mal ein nur briefmarkengroßes Tonplättchen.

Warum begann das geheimnisvolle Volk der Sumerer, das seit dem 4. Jahrtausend im Zweistromland lebte und über dessen Herkunft wir heute so gut wie nichts wissen, um etwa 3200 v. Chr. zu schreiben? Schön wäre es, so überlege ich, wenn irgendein literarisches Bedürfnis, ein poetischer oder religiöser Impuls, den Keil geführt hätte, damals, in dieser ersten Sekunde der Besinnung auf das geschriebene Wort. Dem ist aber leider ganz und gar nicht so, wie die Wissenschaftler längst festgestellt haben.

Die ersten Schriftstücke der Menschheit enthalten nichts anderes als nackte Wirtschaftsdaten. Geschäftliche Sachlichkeit ist angesagt. Und zunächst sind die Zeichen der Sumerer reine Bilddarstellungen, die erst im Laufe von Jahrhunderten durch Verwendung eines Prägegriffels aus Schilfrohr zu »Buchstaben« stilisiert werden. Ohne künstlerische Absicht, ohne Zeileneinteilung und ohne einheitliche Anordnung sind die Schriftelemente in dieser ersten Phase auf ein eckiges oder rundes Tonplättchen geprägt. Was einzig zählt, ist die »Info«. Ein Schaf etwa ist abgebildet – und soll sachlich knapp dokumentieren, daß ein Hirte ein Schaf erhalten hat, vielleicht um es zu scheren oder um es in seiner Herde zu versorgen; ausführlichere »Hirtenverträge« aus jüngeren Zeiten beweisen, daß es sich hier offenbar um eine gängige Praxis handelte. Eigentumsverhältnisse wurden also festgeschrieben – darin liegt der ganze Sinn dieser ersten literarischen Regung!

Fließend verwandelt sich in den ersten 600 Jahren des Schriftgebrauchs Gestalt und Bedeutung der Zeichen: Aus einem Bild, beispielsweise dem eines Rindes, wird ein Symbol, das mit einem Keil einfacher auszuführen ist und zugleich den Gegenstand gut bezeichnet, zum Beispiel ein Horngriffel.

Später werden solche Zeichen dann auch auf komplexere Begriffsinhalte übertragen: ein Pflug etwa, mit dem Keilgriffel gut darzustellen, meint »Bauer«. Noch später erfolgt auch die Übertragung auf Lautwerte, wobei die Sumerer immer ganze Silben, nicht wie in unserer Schrift nur Einzellaute, bezeichnen. Die Vielfalt an möglichen Silben hat allerdings einen enormen Zeichenkanon zur Folge: Sogar die hochentwickelte Keilschrift zu Zeiten Nebukadnezars kennt immerhin noch über 500 verschiedene Einzelzeichen – enorm kompliziert im Vergleich zu den bescheidenen 26 Buchstaben unseres Alphabets.

Den großen, geradezu revolutionären Auftrieb erfährt das neue Medium offenbar ab 2600 v. Chr. Plötzlich findet sich unter den Keilschrifttexten auch »gehobene Literatur«: Die altsumerischen Königsinschriften etwa sind als echte historische Texte zu interpretieren, als die ersten, die jemals verfaßt worden sind.

Auch das Schriftbild gewinnt in dieser Zeit System: Einheitlich von links nach rechts werden jetzt die Keilschriftprägungen gereiht, und die schier unüberschaubare Menge von 2000 Zeichen wird auf etwa 800 reduziert. Die sumerische Schrift wird zu einem leistungsstarken Kommunikationsmittel, von dessen Vorteilen auch andere Völker schnell überzeugt sind. So übernehmen die semitischen Akkader, die um 2350 v. Chr. nach Mesopotamien vordringen, die Schrift der Urbevölkerung, wie später auch die Perser und Aramäer. Nicht ganz ohne Probleme allerdings, denn die ganz anderen Sprachen sind mit den sumerischen Silbenbezeichnungen nicht immer in Einklang zu bringen. Neue Laute müssen bezeichnet werden, andere wiederum werden überflüssig.

Gleichwohl bringen die Semiten mit ihren Traditionen noch einmal frischen Wind in die literarische Keilschriftproduktion: Eine Fülle von Weisheitstexten entsteht jetzt, ganze Sammlungen von Tempelhymnen, von Beschwörungsgedichten und historischen Abhandlungen, von Gesetzen und großen Epen, die die Welt und das Leben von ihrem Anbeginn her erklären wollen. Weltschöpfungsmythen: »Als droben die Himmel noch nicht erschaffen waren ...«

Irgendwann in dieser Zeit hat sich wahrscheinlich ganz selbstverständlich das Bedürfnis ausgeprägt, das auf haltbare Tontafeln gespeicherte Wissen aus Jahrhunderten zu sammeln. Auf Geheiß der mächtigen Herrscher werden jetzt Bibliotheken eingerichtet. Zuerst sind es die Assyrer, die die Zentralisierung des Wissens per Befehl landesweit durchsetzen. So versammelt die berühmte Bibliothek des Königs Hammurabi bereits um 1700 v. Chr. Tausende von Texten, darunter eine bedeutende Sammlung von Gesetzen, die, auf einem Doritblock eingemeißelt, erst 1902 wiederentdeckt wurde und heute im Pariser Louvre zu bewundern ist. Dieser »Codex Hammurabi« versetzte gleich nach seiner Entdeckung vor allem Bibelforscher in Aufruhr, machten die Parallelen zu Formulierungen der Bibel doch einmal mehr deutlich, welche Bedeutung die frühen Kulturen des Zweistromlandes für die

Entstehung des »Buches der Bücher« gehabt haben müssen. Daß die Bibel sich offenbar aus dem Überlieferungsbestand noch älterer Kulturen bediente, wollten aber viele Menschen zu Anfang des 20. Jahrhunderts nicht wahrhaben, denn für sie war die Heilige Schrift sozusagen vom Himmel gefallen und nicht historisch herzuleiten. Und so war die Entfaltung der jungen assyriologischen Forschung vor über 100 Jahren alles andere als eine akademische Liebhaberei. Sie wurde damals vielerorts als Kampfansage aufgenommen, als Mobilmachung gegen den heiligen Grundstein der christlichen Kirche, die in dieser Zeit ohnehin den gesellschaftlichen Einfluß gefährlich schwinden sah. Als Bibel-Babel-Streit ist diese hitzige Diskussion in die Geschichtsbücher eingegangen und hat vor allem auch die moderne, historisch-kritische Exegese nachhaltig geprägt. So gesehen haben die ersten Schriften der Menschheit eine ganz neue Bedeutung erlangt: Sie waren Geburtshelfer bei der Entwicklung unserer modernen, kritischen Gesellschaft.

Sterne und Feste

Henry Pognon, der Entdecker der Wadi-Brisa-Inschriften wußte genau, warum er sich so sehr für die altorientalische Kultur begeisterte. Gewiß, die griechischen und lateinischen Schriftsteller des klassischen Altertums lagen ihm eigentlich näher. Denn schon seit Hunderten von Jahren wurden ihre Werke immer wieder gelesen, und in den humanistischen Gymnasien wurden die Schüler ebenso mit Platons Schriften wie mit Caesars »De bello gallico« gequält. Die griechische Sagenwelt lieferte den Stoff für die unzähligen Gemälde, mit denen das gehobene Bürgertum seine Wohnstuben ausstaffierte, und Studienreisen nach Rom gehörten allgemein zum »guten Ton«. Wieviel ferner waren da die altorientalischen Kulturen entrückt, von denen man noch zu Beginn des 19. Jahrhunderts kaum etwas wußte.

Darin aber lag ja gerade die unwiderstehliche Attraktion. Die Keilschrifttafeln der Sumerer, der Akkader, der Assyrer, der Perser und Babylonier förderten sozusagen über Nacht Erkenntnisse zutage, die

die konventionelle Geschichtsschreibung revolutionierten. Atemberaubend Neues gab es da zu entdecken, in diesem bislang verborgenen Kosmos des Wissens!

Und dann war da noch eine Besonderheit, eine merkwürdige Paradoxie, die Henri Pognon zu denken gab: Das Wissen der uralten Kulturen war zwar jahrtausendelang verborgen geblieben; zuletzt aber hatte es sich besser in die Gegenwart retten können als mancher jüngere Gedanke, der – auf Pergament oder Papier – oft zum Raub der Flammen oder Opfer der natürlichen Zersetzung geworden war. Über die Keilschrifttafeln von Ur, Ninive und Babylon war nicht nur die Zeit hinweggegangen, sondern sie hatten auch Kriege, Katastrophen und Feuerstürme überstanden. Brennende Hitze und jahrtausendelange Lagerung hatten den Lehm der Tontafeln nur noch fester gemacht. Das allereinfachste Material, Lehm, entpuppte sich als der Stoff, der den Kontakt zu den versunkenen Kulturen und zu den fernen Vorfahren ermöglichte!

Was aber war es für ein Wissen, das die alten Kulturen angehäuft hatten und dessen Offenbarung Ende des 19. Jahrhunderts zum Greifen nahe schien?

Vom Umfang her betrachtet, war es tatsächlich eine ungeheure Textmenge, deren Aufarbeitung bis heute andauert. Und noch über Jahrzehnte, vielleicht über Jahrhunderte werden die Assyriologen damit beschäftigt sein, die Keilschrifttexte zu sichten, zu übersetzen, zu deuten. Immer wieder werden neue Funde hinzukommen – wie die Texte aus der alten Bibliothek von Sippar. Sieht man auf die große Menge von noch nicht bearbeiteten Keilschriften, dann wird verständlich, warum die Wissenschaftler heute eher gelassen zur Kenntnis nehmen, daß vermutlich auch unter den Trümmern des einstigen Babylon noch Tausende von Keilschrifttafeln auf ihre Entdeckung warten: Koldewey hatte nämlich aufgrund des hohen Grundwasserspiegels Grabungen in den Tiefenschichten der Stadt unterlassen.

Was die inhaltliche Qualität der Botschaften betrifft, so ist festzustellen, daß die Keilschriften zwar der Forschung weitreichende Kenntnisse über die Kulturen des Alten Orients bescherten und bescheren, daß sie aber zugleich ein weites Feld phantastischer Spekulation eröffnet haben. Vom »geheimen Sternenwissen der Babylonier« ist da ebenso die Rede wie »von verschlüsselten Welträtseln« oder »geheimer, orientalischer Heilkunst«. Insbesondere die von den Babyloniern – gerade unter Nebukadnezar – systematisch betriebene Beobachtung von Gestirnen und anderen Himmelserscheinungen erregt die Phantasie unserer Gegenwart, die für alle Arten von »Geheimnissen« so empfänglich ist.

Vor diesem modernen Hintergrund werden selbst die klaren, babylonischen Epen wie der Schöpfungsmythos »Enuma elisch« oder das Gilgamesch-Epos von vielen Interpreten noch einmal ganz anders – marktschreierisch – bewertet. So heißt es etwa in dem Bestseller »Die Sterne von Babylon« des Altorientalisten Werner Papke: »Kopernikus, ... Kepler ..., Hipparch von Nikaia ... – neu waren ihre Entdeckungen jedoch keineswegs. Denn die babylonischen Chaldäer besaßen diese Erkenntnisse als Geheimwissen bereits in der Mitte des dritten Jahrtausends vor Christus.« Und das vielleicht bedeutendste literarische Werk der Babylonier, jenes Epos, das auf 12 Tafeln von den Erlebnissen des sumerischen Königs Gilgamesch erzählt, sei laut Papke »ein verschlüsselter astronomischer Bericht. Jahrtausende war dieses Wissen verschollen.« Ergo: »Mit seiner Wiederentdeckung müssen die Anfänge der Zivilisation neu überdacht werden!«

»Ganz so, wie es sich mancher Bestsellerautor ausmalt, wird es dann doch nicht kommen«, wehrt Walter Sommerfeld allzu sensationelle Verheißungen ab. Ihm macht Sorge, daß die babylonische Kultur heute halbwissenschaftlichem Geraune zum Opfer fallen könnte und daß die New-Age-Bewegung billiges Kapital aus den vielen offenen Fragen zu schlagen trachtet. »Die Assyriologie ist eine seriöse Wissenschaft, und ihre Aufgabe ist es nicht, die Menschen mit der dubiosen Entlarvung zweifelhafter Geheimnisse zu unterhalten!«

»Aber dennoch«, beharre ich am Ende unserer Reise auf einer Antwort, »dennoch: Was läßt sich über das Wissen der Babylonier sagen?

29 Die Babylonier besitzen eine hochentwickelte astronomische Wissenschaft. Vermutlich werden die Tempeltürme, die Zikkurats, auch als »Sternwarten« eingesetzt. Babylonisches Siegel aus dem 1. Jahrtausend v. Chr.

Und was war der Grund für die literarische Sammelwut, die zur Einrichtung der großen Bibliotheken führte?«

»Tatsächlich kann man wohl behaupten, daß die Anfänge der modernen Wissenschaft im Alten Babylon liegen.« Babylon – die »Wiege der Wissenschaft«, ein solcher Superlativ scheint auch dem Professor noch angemessen. »Allerdings erweist sich diese frühe Wissenschaft noch als reines Sammeln von Beobachtungen. Eine abgeleitete Theorie oder ein systematischer Aufbau von Denkmodellen durch die Verknüpfung von Erkenntnissen, etwa im Bereich der Physik, ist in dieser Zeit noch nicht zu erkennen.«

Das frühe wissenschaftliche Verhalten, Beobachtungen aufzuschreiben und zu sammeln, hat in altbabylonischer Zeit um 1750 v. Chr. einen rein religiösen Grund und entspringt dem neuen Bedürfnis, die Zukunft aus der Gegenwart heraus zu entschlüsseln. »Alles, was irgendwie ominös ist, was irgendwie auffällt, wird da notiert, denn es repräsentiert göttliches Handeln.«

Ob Blitz, Regen, Wind und Wetter, ob Sonne, Mond und Sterne – alles ist von Bedeutung, weil es Ausdruck der Götter ist. Wie jemand aussieht, was er träumt, was ihm zustößt – alles wird in Relation zum Geschehen gesetzt, das sich zeitgleich ereignet. »Bis in unsere Gegenwart hat sich diese ›Suche nach Zeichen‹ erhalten«, erklärt Sommerfeld lächelnd. »Etwa wenn ein schwarzer Kater den Weg kreuzt und dann angeblich Unglück bringt. Oder in Horoskopen, die ja in jeder Zeitung zu finden sind: Aus dem Lauf der Sterne wird da auf die persönliche Zukunft geschlossen. Das ist echt babylonisch gedacht: Alles, was passiert, hängt miteinander zusammen, denn alles ist gemeinschaftlicher Ausdruck des Willens der Götter ...«

Die Beobachtungskultur der Babylonier entwickelt sich im Laufe der Jahrhunderte geradezu exzessiv und verfeinert sich im Detail. Das Studium des Laufes der Sterne, wohl auch von den Tempeltürmen aus, den Zikkurats, wird zur täglichen Praxis. Es entstehen umfangreiche Kompendien, die es vor allem der mächtigen Priesterschaft erlauben, für jede Erscheinung, jedes Wetterereignis, jeden Traum Beispiele aus der Geschichte aufzufinden, die auf die Entwicklung der Zukunft schließen lassen.

Der Glaube an die zeichenhafte Verknüpfung aller Weltereignisse bewirkt andersherum aber auch die Vorstellung, das Staatsglück herbeizwingen zu können, etwa wenn es gelingt, bestimmte Voraussetzungen künstlich zu schaffen, beispielsweise im Ritus. Auf diesem Hintergrund sind die peinlich genau festgelegten Kulte zu verstehen, zum Beispiel beim alljährlichen Neujahrsfest: »Selbst ein Nebukadnezar muß sich da genauesten Regeln und rituellen Gesetzen unterwerfen – und wehe, er würde nur ein Jota abweichen vom genau vorgezeichneten Weg, das wäre sein Untergang!

Die sorgfältige Beobachtung aller Vorgänge des Lebens – sie hat in ihrer Methodik zweifellos etwas zu tun mit »Wissenschaft«, mehr aber noch mit »Religion«. Von einer Wissenschaftstheorie gar, wie sie die aufgeklärte Neuzeit entwickelt hat, sind die Babylonier noch gute 2000 Jahre entfernt. Mögen der König und seine Priester auch noch so sehr die Sterne beobachten und ihren Lauf beschreiben: Immer bleiben die Gestirne für sie Götter, niemals werden sie zu meßbaren Materieklumpen in der Leere eines Weltenraumes!

Und Nebukadnezar? Wie ist er zu sehen? War er die »Rache Gottes«, wie es die Bibel will, deren Bericht ihn in der jüdisch-christlichen Tradition jahrtausendelang zu einer der zentralen Figuren des Bösen gemacht hat? War er der menschenverachtende Barbar, als der er verteufelt wurde, der die assyrische Politik des Terrors weiterführte? Oder war er vielmehr ein frommer, traditionsbewußter und in seiner Machtpolitik äußerst erfolgreicher Herrscher, die bedeutendste Herrschergestalt auf dem Gebiet des heutigen Irak, auf die man sich dort gerne beruft? Und hat er nicht Babylon zu einem Zentrum kultureller und zivilisatorischer Ausstrahlung gemacht, wie es kaum eine Stadt je wieder erreicht hat?

Fest steht, daß Nebukadnezar seine Politik mit der Härte durchzusetzen wußte, die seine ganzen Epoche kennzeichnet – zum Schaden des jüdischen Staates und damit zur Beschädigung seines Nachruhms. Fest steht aber auch, daß er, der sich deutlich von der noch brutaleren Barbarei seiner assyrischen Vorgänger abgewendet hatte, an einem Wendepunkt der Zeit stand, einem Wendepunkt, dessen Auswirkungen bis heute zu spüren sind. In der Tradition verwurzelt, beförderte er mit seinem Handeln das Lebensgefühl einer neuen Zeit, die ihren hoffnungsvollen Blick in die Zukunft richtete und die an Entwicklung und Fortschritt zu glauben beginnt. Nebukadnezar ist damit zum Wegbereiter einer modernen Welt geworden – ohne selbst von dieser Wirkung je etwas geahnt zu haben.

Literaturhinweise

Bezold, Carl: Ninive und Babylon. Leipzig 1926.
Delitzsch, Friedrich: Babel und Bibel (drei Vorträge). Stuttgart 1903, 1904, 1905.
Eisele, Petra: Babylon. München 1980.
Hedin, Sven: Bagdad, Babylon, Ninive. Leipzig 1918.
Jepsen, Alfred: Von Sinuhe bis Nebukadnezar. Dokumente aus der Umwelt des Alten Testaments. Berlin 1975.
Koldewey, Robert: Das wieder erstehende Babylon. Leipzig 1913.
Kowalewskij, Pjotr: Wahnsinnige als Herrscher und Führer der Völker. München 1910.
Layard, Henry: Ninive und Babylon. Leipzig 1856.
Ley, Willy: Die Himmelskunde. Düsseldorf 1965.
Noth, Martin: Geschichte Israels. Göttingen 1969.
Papke, Werner: Die Sterne von Babylon. Bergisch Gladbach 1989.
Schott, Albert / Wolfram v. Soden: Das Gilgamesch-Epos. Stuttgart 1969.
Seipel, Wilfried (Hg.): Von Babylon bis Jerusalem (Ausstellungskatalog). Mannheim 1999.
Strommenger, Eva (Hg.): Sumer, Assur, Babylon (Ausstellungskatalog). Mainz 1978.
Strommenger, Eva / Kay Kohlmeyer: Wiedererstehendes Babylon (Ausstellungskatalog). Berlin 1991.
Weißbach, Franz Heinrich (Hg.): Die Inschriften Nebukadnezars II. im Wadi Brisa und am Nahr el-Kelb. Leipzig 1906.
Woolley, Leonard: Ur und die Sintflut. Leipzig 1931.

König Artus und die Suche nach dem Gral

Von Jens-Peter Behrend

Ewige Mythen in der Traumfabrik

Bekanntlich läßt sich Hollywood keinen Stoff entgehen, der ein Kassenschlager zu werden verspricht. »Indiana Jones und der letzte Kreuzzug« – ein verheißungsvoller Titel für einen Abenteuerfilm, der eigentlich nichts mit den Kreuzzügen zu tun hat. Und Indiana Jones ist ein moderner Glücksritter auf der Suche nach dem Heiligen Gral. Eine mittelalterliche Inschrift bringt den Stein ins Rollen. Dr. Jones, ein renommierter Archäologe, soll dem reichen Unternehmer Donovan, dem Besitzer der Steintafel, fachmännischen Rat geben.

»Können Sie die Inschrift übersetzen?«

Jones, in diesem Moment ganz Wissenschaftler, liest die ersten lateinischen Worte, dann überträgt er: »Wer das Wasser trinkt, das ich ihm geben werde, spricht der Herr, dem wird in seinem Inneren die Quelle des ewigen Lebens sprudeln. Bring mich zu deinem Heiligen Berg, an den Ort, wo du zu Hause bist. Durch die Wüste, durch die Berge, zur Schlucht des sichelförmigen Mondes, zum Tempel, wo die Schale bewahrt wird, die das Blut Jesu Christi enthält und für alle Zeiten ruht.«

Ewiges Leben, Schale, Tempel, Blut Jesu Christi – was soll damit gemeint sein?

30 (Vorhergehende Doppelseite) Einer der Ritter der Tafelrunde wird von dem Eremiten an den Tisch geführt. Die französische Buchillustration aus dem 12. Jahrhundert zeigt die Tafelrunde nach dem Vorbild des Abendmahls.

»Der Heilige Gral, Dr. Jones. Der Kelch, der von Jesus gereicht wurde beim Abendmahl. Der sein Blut aufgefangen hat während der Kreuzigung und der dann Josef von Arimathia anvertraut wurde«, lautet die Antwort.

Donovan ist ergriffen. Doch unser Held Dr. Jones ist skeptisch. »Die Artus-Legende. Wir alle haben uns schon an diesen Gutenachtgeschichten erfreut.« Jones' Ironie empört Donavan.

»Ewiges Leben, Dr. Jones! Die Gabe der ewigen Jugend demjenigen, der aus dem Gral trinkt. Das ist wahrhaftig eine Gutenachtgeschichte, die ich gern erleben würde.«

Im Hollywood-Schnellkurs erfahren wir in weniger als einer Minute alles, was wir wissen müssen, um Indiana Jones' rasanter Gralssuche folgen zu können. Es ist erstaunlich, wie einfach das ist. Am Ende des Films wird es dann richtig philosophisch: Nach dem endgültigen Verlust des Grals fragt Jones junior seinen Vater: »Und was hast du gefunden, Vater?« Mit verklärtem Blick antwortet Sean Connery: »Ich?« – und dann macht er eine lange Pause – »Ich glaube, Erleuchtung.«

Ewiges Leben, erlangt durch Erleuchtung? Endlich wissen wir, worauf es ankommt. Die Suche nach dem Gral beherrscht die Menschen seit vielen Jahrhunderten. Der Wunsch, ihn zu finden, ist tief im Bewußtsein der Völker verankert. Wen wundert es da, daß die amerikanische Filmindustrie ihre Hoffnung auf den Gral setzt? Die Antwort liegt im Streben der Menschen nach den »letzten Dingen«, in der Sehnsucht nach Transzendenz und überirdischer Erfahrung in einer immer schnellebigeren Zeit. Doch Hand aufs Herz: Was wissen wir wirklich über die Grals-Legende, um die sich so viele widersprüchliche Geschichten ranken? Welche Rolle spielen König Artus und die Ritter seiner Tafelrunde, und was haben sie mit dem Gral zu tun? Was ist der Gral, und welches Geheimnis birgt er?

Liebe, List und Eifersucht

Wir stehen am Anfang einer spannenden Reise, auf der wir in wundersame Welten eintauchen und von deren Ende wir uns erhoffen, einem der größten Geheimnisse der Geschichte ein Stück näher gekommen zu sein.

Die Artus-Erzählung beginnt mit einem bösen Verrat: Artus' Vater, König Uther Pendragon, hat sich unsterblich in die Ehefrau des Herzogs von Cornwall verliebt und scheut kein Mittel, sie zu besitzen. Uther nutzt die Abwesenheit des Herzogs für einen üblen Trick: Mit Hilfe des Zauberers Merlin schlüpft er in die Haut des Herzogs und macht sich mit eindeutigen Absichten auf zur Herzogin Ygerne, die ohne Argwohn den vermeintlichen Gatten empfängt. In der erschlichenen Liebesnacht wird ein Sohn gezeugt: Artus. Das Schicksal trifft den betrogenen Herzog besonders hart: Er fällt im Kampf gegen seinen Nebenbuhler Uther. Die Herzogin ist entehrt, doch sie weiß es nicht und wird es nie erfahren. Uther dagegen ist am Ziel seiner Träume: Er spielt den großherzigen Ritter und nimmt die unschuldig schuldige Witwe zur Frau. Das in Sünde gezeugte Kind ist niemand anders als Artus. Der zukünftige Herrscher Britanniens wird noch als Säugling dem Zauberer Merlin zur Erziehung übergeben. Als Artus 15 Jahre alt ist, begibt er sich zu den Fürsten des Reiches. Seinen rechtmäßigen Anspruch auf den Thron macht er, einer Prophezeiung folgend, dadurch deutlich, daß es ihm als einzigem gelingt, das sagenhafte Schwert Excalibur, das auf der Feeninsel Avalon geschmiedet worden sein soll, aus dem Stein zu ziehen. Auf der Klinge steht: »Wer dieses Schwert aus dem Stein zieht, ist der wahre König Englands.« Nach einer anderen, früheren Überlieferung ist es die Dame vom See, eine feengleiche Göttin, die ihm Excalibur überreicht haben soll.

Mit Hilfe des magischen Schwerts schlägt Artus erfolgreich viele Schlachten und befriedet die aufsässigen Stämme in England, Irland und Schottland. Nach anderen Quellen ist er außerdem in Island, Norwegen, Dänemark und Gallien siegreich, ein mächtiger König und Herrscher über halb Europa! Ein goldenes Zeitalter von zwölf Jahren beginnt. Artus heiratet die Frau seines Herzens, Guinevere, und lebt mit ihr viele Jahre friedlich in Camelot, dem sagenhaften Schloß, von dem aus er die Tafelrunde einberuft, eine Versammlung der edelsten Männer seines Reiches, die als Gleiche unter Gleichen das Ideal einer Welt ritterlicher Tugenden verkörpern. Zur Lebensaufgabe der Ritter wird die Suche nach dem Heiligen Gral.

Auf Camelot, Artus' Schloß, nimmt die Geschichte der Tafelrunde eine dramatische Wende: Lancelot, einer der engsten Vertrauten von Artus, hat ein Verhältnis mit Königin Guinevere und flieht mit ihr vom Hof. Artus verfolgt ihn bis nach Frankreich. Mordred, der Sohn des

Königs und designierter Nachfolger, nutzt die Situation aus und reißt in Artus' Abwesenheit die Macht über Britannien an sich. Das Ende ist für alle Beteiligten schrecklich: Guinevere wird als Ehebrecherin zum Tode auf dem Scheiterhaufen verurteilt, doch Lancelot rettet sie mit einem Trupp Bewaffneter. Die Kämpfe zwischen seinen Anhängern und denen des Königs führen zum Untergang der Artus-Welt. Guinevere zieht sich in ein Kloster zurück, und Lancelot beschließt sein Leben als Einsiedler. Auch zwischen Artus und seinem Sohn Mordred gibt es keine Versöhnung. Im Zweikampf, in dem keiner von beiden die Identität des Gegners erkennt, tötet Artus seinen eigenen Sohn. Der alte König erhält selbst aber eine schwere Wunde, an der er nicht sterben kann, die aber auch nicht heilen will. Am Ende wird er auf einer Barke zur mythischen Insel Avalon gebracht und der Fee Morgane übergeben, die den König pflegen soll, bis er von seinem Leiden erlöst wird. Soweit die Grundzüge des Artus-Romans, wie er über die Jahrhunderte von mehreren Autoren in unterschiedlichen Varianten überliefert ist. Doch wo liegen die Wurzeln dieser Erzählung, und gibt uns die Geschichte Anhaltspunkte für einen wahren Kern?

Die Geburt eines Helden

Auf der Suche nach der ältesten verbürgten Überlieferung der Artus-Geschichte stoßen wir auf ein Buch von Geoffrey von Monmouth aus dem 12. Jahrhundert. Er ist es, der um das Jahr 1137 zum ersten Mal das Leben König Arthurs, lateinisch Artus, niederschrieb. Seine »Historia Regum Britanniae«, »Geschichte der Könige Britanniens«, geht auf Quellen aus dem 10. oder gar 9. Jahrhundert zurück. Die in vielen Teilen frei erfundene Lebensgeschichte des Artus ihrerseits wurde zum Vorbild vieler Artus-Romane. Der Titel der »Historia« läßt vermuten, daß das Buch nicht als phantastische Erzählung gedacht war. Geoffrey von Monmouth wollte die historische Vergangenheit Englands zeigen, wie man sie zu seiner Zeit sah: als eine Abfolge von Herrschern, Dynastien und Kriegen. Dem Geschmack seines Publikums entsprechend,

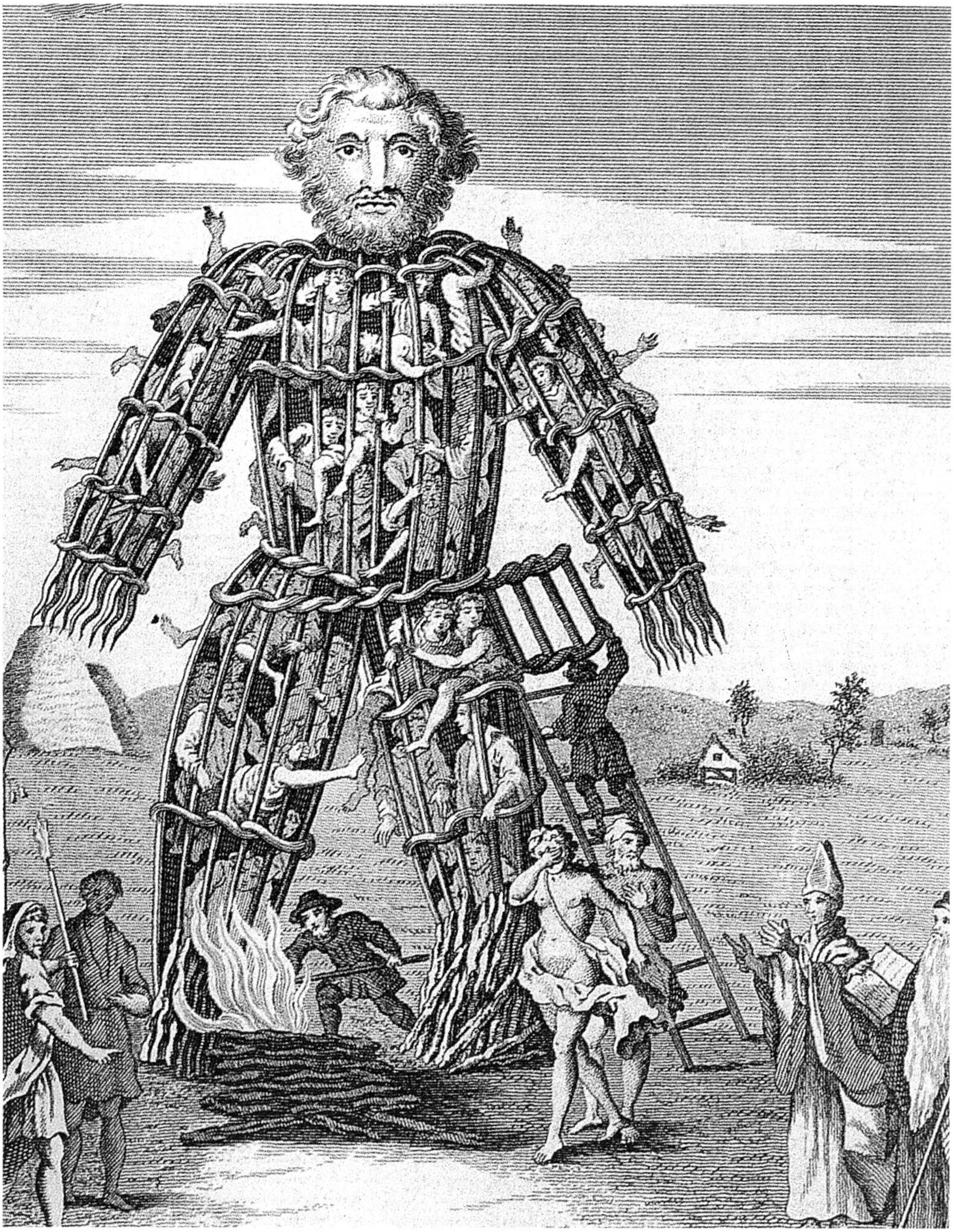

schmückte er die heroische Geschichte von Artus mit vielen heldenhaften Taten aus, für die es aber keine wissenschaftlichen Belege gibt. Folgt man Geoffrey, so lebte König Artus in der zweiten Hälfte des 5. Jahrhunderts, also über 600 Jahre vor der Niederschrift und 1500 Jahre vor unserer Zeit. Wir begeben uns in eine Epoche, von der historisch wenig überliefert ist und von der wir uns unendlich weit entfernt haben.

Im Geschichtsunterricht wird das 5. Jahrhundert n.Chr. in der Regel unter dem Stichwort »Völkerwanderung« schnell abgehakt. Seit dem Ende des 18. Jahrhunderts gilt die Zeit von Krise und Verfall des Römischen Kaiserreichs als eine Epoche der Degeneration, die Jahrhunderte des frühen Mittelalters als »dark ages«, als »dunkles Zeitalter«. Was war geschehen?

Das römische Imperium war innenpolitisch von religiösen und politischen Kämpfen zerfressen, und an den Grenzen brodelte es. Die fernen Provinzen lösten sich von Rom, auch Britannien, das über vier Jahrhunderte römischer Besatzung erlebt hatte. Die Einwohner Britanniens waren Nachfahren der Kelten, die lange vor Cäsars Eroberung das Bild Europas geprägt hatten. Der griechische Geschichtsschreiber Herodotos erwähnt sie schon im 5. Jahrhundert v.Chr., und Diodoros von Sizilien schreibt 400 Jahre später: »Sie haben tiefe, scharfe Stimmen, ihr Aussehen ist furchterregend.« Übereinstimmend berichten die Geschichtsschreiber von der Brutalität der Kelten und von ihrer Furchtlosigkeit – übrigens auch der Frauen, die als Kriegerinnen mit in die Schlacht zogen. Dieses »wilde« Volk wurde von den Römern erst romanisiert und dann christianisiert, doch lebten die heidnischen Traditionen ungebrochen in ihnen fort.

Nach dem Abzug der römischen Truppen gerieten die Briten in eine mißliche Lage, denn sie waren nicht mehr darauf eingerichtet, sich selbst zu verteidigen. So wundert es nicht, daß beim Einfall der Sachsen, Angeln, Jüten und Pikten die Briten bis in die Westprovinzen und nach Wales zurückgedrängt wurden. Das ist ungefähr die Zeit, in der Artus die Bühne der Geschichte betritt.

31 (Linke Seite) Nicht immer entsprach das, was die Römer über die Kelten verbreiteten, der Wahrheit. So ist die Behauptung, daß die Kelten ihre Feinde in gigantische hölzerne Puppen steckten, um sie dann zu verbrennen, wohl eher eine Erfindung.

SPURENSUCHE

32 (Rechte Seite oben) Seit Generationen wird Schloß Camelot gesucht, von wo aus Artus regiert haben soll. Obwohl Archäologen keine Hinweise dafür fanden, daß Cadbury Castle in der englischen Grafschaft Somerset dieser Ort war, halten viele die alte Wallanlage für Camelot.

33 (Rechte Seite unten) Unterhalb der Burg von Tintagel an der Nordküste Cornwalls liegt Merlin's Cave (Merlins Höhle). Hier soll der Zauberer, der die Geschicke des Landes lenkte, gehaust haben.

Leider wissen wir nicht genau, welche Quellen Geoffrey von Monmouth für seine »Historia« benutzt hat. Chroniken über das 5. Jahrhundert wurden erst in späterer Zeit von Mönchen verfaßt, und eine keltische Überlieferung gab es über Jahrhunderte fast nur in mündlicher Form. Inwieweit können wir also Geoffrey trauen? Hat Artus überhaupt gelebt, oder entspringt er nur der Phantasie mittelalterlicher Schriftsteller?

Auf der Suche nach Beweisen für seine Existenz werden wir in der British Library in London fündig. Hinter dem Katalogeintrag »Harley 3859« verbergen sich bedeutende Abschriften aus dem frühen 11. Jahrhundert. Darunter ist die »Historia Brittonum«, die »Geschichte der Briten«, ursprünglich verfaßt von einem Mönch namens Nennius, der im frühen 9. Jahrhundert lebte. Nennius erwähnt als erster den Namen des britannischen Heerführers Arthur, der in zwölf Schlachten gegen die Sachsen siegreich geblieben sei.

Eine andere Spur führt in die walisische Nationalbibliothek in der Stadt Aberystwyth. In der als »Book of Taliesin« bekannten Handschriftensammlung aus dem 14. Jahrhundert, deren Erzählungen bis ins 6. Jahrhundert – also bis in die Epoche von Artus – zurückgehen, stoßen wir auf keltische Sagen, in denen heroische Schlachten, aber auch übernatürliche Eigenschaften der Helden erwähnt werden, die erstaunlich mit dem Bild von Artus übereinstimmen. Diese Epen waren im Umlauf, lange bevor Geoffrey seine »Historia« verfaßte, und es gibt kaum einen Zweifel, daß sie ihm als Quelle dienten. So läßt sich erklären, warum bereits das erste als Geschichtswerk über König Artus anzusehende Buch vielfach von Sagen und Legenden durchsetzt ist.

In der Artus-Welt geschehen wundersame Dinge. Zauberer und Feen existieren gleichberechtigt neben sterblichen Menschen – entsprechend der keltischen Vorstellung von zwei nebeneinander bestehenden Welten. Der Druide Merlin ist in der Artus-Legende in erster Linie Ratgeber und Zauberer. Er wacht über den König und steht ihm mit seinen übernatürlichen Kräften zur Seite. Merlin verleiht Uther die Gestalt des

Herzogs von Cornwall, sorgt für Artus' Erziehung und verschafft ihm das magische Schwert.

Druiden hatten in der keltischen Gesellschaft eine enorme Bedeutung. Sie waren Priester, Gelehrte, Barden, Ratgeber, Ärzte, Hellseher und Magier in einer Person und verantwortlich für das Stammesglück. Ihre Kenntnisse und Fähigkeiten, die sie in jahrzehntelangem Unterricht erworben hatten, müssen unglaublich gewesen sein. Vom Druiden Merlin nimmt die Artus-Forschung an, daß er tatsächlich gelebt hat, wenn auch sein wahrer Name unbekannt ist. Dieser Merlin, eine Art Oberpriester, hat die Eigenschaften eines Druiden, ist also mit Zauberkräften ausgestattet. Zugleich ist er ein christianisierter Romano-Brite. In seiner Person spiegelt sich die Situation Britanniens des frühen Mittelalters wider. Die römischen Besatzer haben das Land bereits verlassen, die christliche Religion aber, von den Römern eingeführt, ist noch mit der Naturreligion der Kelten verschmolzen. So sehr uns Merlin heute als märchenhafte Erfindung erscheinen mag, so sehr entspricht seine Rolle als Priester, Berater und weiser alter Mann, eine Art Seneschall des frühen Mittelalters, dem historischen Selbstverständnis seiner Zeit.

Schloss Camelot

Wie die Quellen zeigen, existieren – wenn auch nur wenige – Beweise, daß es um 500 n.Chr. einen keltischen Heerführer wie König Artus gegeben hat, der mit Erfolg gegen die in England gelandeten Angelsachsen kämpfte. Die Forscher sind sich heute darüber einig, daß Arthur nicht sein Geburtsname gewesen sein kann, vielleicht aber sein Bei- oder Ehrenname. Der Namensbestandteil »Arth« könnte einen Hinweis darauf geben, denn es bedeutet Bär. Das würde mit der Praxis keltischer Feldherren übereinstimmen, für Kriege den Beinamen eines Tieres anzunehmen. Über den wahren Namen von Artus wird immer noch gestritten. Klar ist jedoch, daß er, entgegen dem Bild, das im 12. Jahrhundert Verbreitung fand, nicht in glänzender Ritterrüstung gekämpft und prächtige Turniere an seinem Hof abgehalten hat. Artus und seine »Ritter« sind vielmehr keltische Krieger mit ledernen oder metallenen Helmen, die mit Nasen- und Seitenschutz versehen sind, und sie wehren sich mit dicken Holzschilden. Die Lanze, weit weniger teuer als jedes Schwert, ist wohl die verbreitetste Waffe. Die Krieger sind in den warmen Jahreszeiten halbnackt und auch im Winter eher dürftig bekleidet. Im Gegensatz zum Heer der Römer erscheint die Streitmacht der Kelten als ein bunt gescheckter Haufen aller Altersgruppen. Als Sproß einer Adelsfamilie kann sich Artus aber wahrscheinlich auf das römische Wissen um Kampftaktik stützen.

Der Legende nach erblickte Artus im Schloß von Tintagel an der Nordostküste Cornwalls das Licht der Welt. Zugegeben, Merlins Zauber liegt noch heute über der ins Meer ragenden Landzunge von Tintagel und der dortigen Burgruine. Eine Meereshöhle darunter trägt sogar seinen Namen: Merlin's Cave. Wir befinden uns aber leider im Reich der Legende, denn die Reste der Burg, die heute zu sehen sind, stammen aus dem 12. Jahrhundert.

Bei Camelot, dem sagenhaften Stammschloß, in dem Artus die Ritter der Tafelrunde versammelt haben soll, stehen wir vor einem Rätsel, denn es gibt keinen Ort dieses Namens. Und doch war Camelot der Ausgangspunkt eines der größten Abenteuer der Geschichte: die Suche nach dem Heiligen Gral. Einige Artus-Forscher vermuten, daß sich Camelot auf Caerleon in Südostwales bezieht, eine der großen, von den Römern verlassenen Siedlungen. Über 5000 Soldaten waren hier stationiert, wie Archäologen anhand von Grabungen berechnet haben.

Andere Forscher siedeln das legendäre Schloß in Cadbury Castle in Somerset an. Cadbury Castle liegt, durch den umgebenden hohen Wall, der eine kleine Hochebene umschließt, wie ein künstlicher Hügel weithin sichtbar in der ansonsten eher flachen Landschaft. Grabungen haben zwar ein auf die Römerzeit zurückgehendes Palisaden-Fort, nicht aber einen Zusammenhang zu Artus nachgewiesen. Ob Camelot wirklich existiert hat oder, wofür vieles spricht, als mythisches Zentrum der Gralssuche eine literarische Erfindung ist, läßt sich nicht mit Bestimmtheit sagen. Aber wenn es Camelot gab, hatte es nichts mit den Steinbauten des Hohen Mittelalters zu tun, wie sie auf den Buchillustrationen des 19. Jahrhunderts dargestellt wurde.

Ähnliches gilt für Dinas Bran Castle in Nordwales, das viele Artus-Anhänger für die Gralsburg halten. Hier soll an Pfingsten – in Anlehnung an das Erscheinen des Heiligen Geistes – der Gral vor den Augen der Ritter der Tafelrunde, von Sonnenstrahlen umgeben, erschienen sein. Der Weg zur Ruine ist ausgesprochen steil und selbst für geübte Bergwanderer eine Anstrengung – mehr noch für ein Filmteam, das an einem regennassen Tag die Ausrüstung sicher die matschige Anhöhe hinaufbringen muß. Aber die Mühe lohnt sich: Hoch über dem Tal des Dee und der Stadt Llangollen gelegen, bieten die kleine zerfallene Festungs-

34 Die alte Benediktinerabtei in Glastonbury ist der Legende nach der Ort, an dem der Gral aufbewahrt wurde. Hier wollen im Mittelalter Mönche das Grab von Artus und seiner Frau Guinevere gefunden haben.

anlage und die kaum besiedelte Umgebung einen unvergeßlichen Anblick, und man kann sich gut vorstellen, daß hier einst die Gralsburg gestanden haben mag. Ob Dinas Bran je wirklich etwas mit Artus und seinen Rittern zu tun hatte, sei dahingestellt. Der britische Archäologe Raleigh Radford konnte jedenfalls keine Verbindung zwischen Dinas Bran und König Artus feststellen.

In den Nebeln von Avalon

Der Bestseller »Die Nebel von Avalon« von Marion Zimmer Bradley löste Anfang der achtziger Jahre einen wahren Kelten-Boom aus und rückte die Artus-Geschichte in ein völlig neues Licht. Es ist die Fee Morgane, die aus ihrer Perspektive die wundersamen Dinge von Avalon aus erzählt.

Dem geheimnisvollen und mythischen Avalon, der Insel der Unsterblichen, gehört bis heute wohl das größte Interesse aller traditionellen wie legendären Orte aus der Artus-Geschichte. Nach Avalon bringt ein Fährmann den kranken König, damit dort seine Wunden behandelt werden. Geoffrey von Monmouth ortet die Insel in seiner »Historia Regum Britanniae« jenseits des Meeres. Da Britannien eine Insel ist, könnte Avalon überall im Meer zu finden sein, auf einer der Inseln zwischen England und Irland oder zwischen England und Frankreich. Genannt werden immer wieder die Inseln vor Cornwall, die Isle of Man zwischen England und Irland und die Isle d'Aval vor der Bretagne. Die Beschreibung Avalons als Insel im Nebel trifft mehr oder weniger auf alle zu.

In Frankreich, in Burgund, gibt es noch heute die Stadt Avallon mit einer Insel in einem See. Es ist durchaus möglich, daß britische Familien, die auf der Flucht vor den Sachsen in die heutige Bretagne übergesetzt waren, bis nach Burgund kamen. Auf dem Weg ins Exil gelangten die alten Heldensagen und die mythische Vorstellungswelt der Kelten auf das europäische Festland und wurden dort verbreitet.

Für viele Artus-Anhänger liegt das sagenhafte Avalon aber in Glastonbury, in der südenglischen Grafschaft Somerset, wo die Ruinen einer alten Benediktinerabtei das Stadtbild bestimmen. Und wie zum

Trotz gegen Andersdenkende verweisen Tafeln mit der Aufschrift »The Ancient Avalon«, »das alte Avalon«, am Ortseingang auf die größte Touristenattraktion der Region. Tatsächlich war hier einst das ebene Land von Wasser bedeckt, und nur der Hügel lag wie eine Insel im See. Doch was hat Glastonbury mit Avalon zu tun?

Die einzig sinnvolle Erklärung findet man vor Ort. Die imposanten Ruinen der mittelalterlichen Abtei erinnern daran, daß, so die Urkunden, die Vorgängerabtei bereits 1184 bei einem Brand zerstört wurde. Nun scheint es, als habe den Mönchen das Geld für den Wiederaufbau gefehlt. Aus der Not machten sie eine Tugend und behaupteten, sie hätten das Grab des Königs Artus und Guineveres entdeckt. Die Artus-Legende war damals bereits so populär, daß eine große Pilgerschar angelockt wurde, der man die fehlenden Mittel für den Wiederaufbau der Kirche aus der Tasche zog – eine im Mittelalter, einem Zeitalter des schwunghaften Reliquienhandels, nicht ungewöhnliche Praxis cleverer Kirchenmänner. Tatsächlich fand der Archäologe Raleigh Radford 1962 an der angeblichen Stelle des Königsgrabs Spuren einer Bestattung. Ob dies allerdings, wie heute noch eine Hinweistafel angibt, wirklich das Artus-Grab war, ist eher unwahrscheinlich. Es heißt auch, daß der Heilige Gral in der Kirche der Abtei aufbewahrt worden wäre. Doch diese Behauptung gehört ebenfalls ins Reich der Legende. Die Suche nach dem geheimnisvollen Avalon gleicht der Suche nach dem untergegangenen Atlantis. Vielleicht liegt genau darin ihr Reiz.

König gesucht!

Wie schon in der Frage des Namens fehlen auch alle überprüfbaren Angaben über die tatsächlichen Aufenthaltsorte von Artus. Es scheint fast, als habe man bewußt einen Schleier über die Ereignisse aus dem Leben von Artus gelegt. Aber wieso erweckt ein keltischer Krieger 600 Jahre nach seinem Tod so große Aufmerksamkeit?

Einer der Gründe, warum Geoffrey von Monmouth Artus eine so herausragende Rolle einräumte, liegt vermutlich in einem ganz direkten

Interesse: Artus wurde zu Propagandazwecken mißbraucht. Nach der Schlacht von Hastings,1066, waren die Normannen die neuen Herren von England. Um ihren Machtanspruch zu untermauern, benötigten sie dringend den Nachweis, daß sie von einem früher in England herrschenden Königsgeschlecht abstammten. Um diesen Nachweis zu führen, brauchte man die Kirche, denn nur der Klerus war gebildet und des Schreibens kundig. In Artus fand der Gelehrte Geoffrey den geeigneten Vorfahren, einen herausragenden Kämpfer, dessen Familie, so die Legende, während des 5. und 6. Jahrhunderts vor den Sachsen in die Normandie floh und dort die normannische Linie begründete. Für die Zeitgenossen war eine solche Flucht aufs Festland Frankreichs, dem jenseits des Ärmelkanals gelegenen Stammland der Normannen, jedenfalls nachvollziehbar. Claudine Glot, die Leiterin des französischen Forschungszentrums zur Artus-Geschichte in der Bretagne, die wir interviewen, stellt die erstaunliche Mobilität der Menschen zur Artus-Zeit heraus. Die Überquerung des Kanals war eine Angelegenheit von 24 Stunden. Nicht zuletzt kann die beachtliche Tradition der Artus-Geschichte in der Bretagne, der Nachbarprovinz zur Normandie, als Beweis für den engen Zusammenhang gelten und das »Verbiegen« der historischen Sachverhalte Geoffreys von Monmouth verständlich machen. Eine bessere Legitimation, als sich von Artus herzuleiten, konnte es für die neuen Herren der Britischen Insel nicht geben.

Eine Legende wandelt sich

Was aber machte Artus im 12. Jahrhundert über die englischen Grenzen hinaus so berühmt, daß man von einer wahren Artus-Euphorie sprechen kann? Den ersten bekannten Artus-Roman hat Chrétien aus der französischen Stadt Troyes verfaßt – nur wenige Jahrzehnte nach der Entstehung der englischen Chroniken, als Frankreich seine gemeinsame Vergangenheit mit England wiederzuentdecken begann. Wir wissen, daß Chrétien die »Historia« von Geoffrey von Monmouth kannte. Unzweifelhaft ist auch, daß Chrétien de Troyes über bretonische, walisische und normannische Geschichtenerzähler, die von Hof zu Hof reisten, Zugang zur britannischen Sagenwelt hatte. Die entscheidenden Impulse erhielt er an den berühmten »Liebeshöfen« von Eleonore von Aquitanien, der Gattin des englischen Königs Heinrich II., und deren Tochter Marie von Champagne. Bei Eleonore, der »Königin der Troubadoure«, lernte er die keltische Mythologie und höfische Poesie kennen. Im Auftrag von Marie von Champagne verfaßte Chrétien seine ersten Artus-Romane. Zwischen 1160 und 1180 schuf er in seinen Büchern »Erec«, »Lancelot« und »Yvain« einen ganz neuen »Artus«, den Prototypen aller nachfolgenden Artus-Geschichten. Die Erzählungen bestehen im wesentlichen aus Abenteuern, die der Held, ein Ritter der Tafelrunde, bestehen muß. Mal geht es darum, einen Drachen zu töten, mal ist der Ritter dazu auserkoren, einer bedrohten Königin gegen einen Feind beizustehen. Vom Artus-Hof auf Camelot nehmen die Abenteuerfahrten ihren Ausgang, und zum Artus-Hof kehrt der Ritter nach bestandener Prüfung innerlich geläutert zurück.

Von der ursprünglichen Artus-Legende ist in den französischen Varianten wenig geblieben: Chrétien degradiert »seinen« König Artus zur bloßen Randerscheinung. Die eigentlichen Helden sind nun die Ritter der Tafelrunde, die stellvertretend für den König aktiv werden. Das »Personal« der Artus-Geschichten versetzt Chrétien in seine eigene Zeit: Aus den Kriegern macht er höfische Ritter, aus den Feen höfische Damen. Und doch bleiben bei ihm viele Motive aus der keltischen Sagenwelt erhalten, so etwa im verwunschenen Zauberbrunnen des »Yvain«, der das Land veröden ließ. Wasserquellen wie Brunnen und Seen hatten bei den Kelten eine wichtige Funktion als »Übergang« von der dies- zur jenseitigen Welt. So überrascht es nicht, daß in vielen Seen rituell versenkte Gefäße, Münzen, Schwerter und sogar Menschenschädel gefunden wurden. Nach keltischer Vorstellung war es gleichbedeutend mit der Überwindung des Todes, wenn es einem Menschen gelang, ins Totenreich hinabzusteigen und diesem die geweihten Gefäße zu entreißen. Geheiligte Gefäße sollten dem, der daraus trank, Weisheit und das ewige Leben verleihen. Die Verwandtschaft zwischen den

Eigenschaften des Grals und der keltischen Ideenwelt ist nicht zu übersehen. Ein altes Dokument aus der walisischen Nationalbibliothek von Aberystwyth erwähnt einen König, dem die Reise in die Unterwelt gelang. Liegt in dieser Überlieferung vielleicht die Wurzel zur Geschichte von König Artus und der Gralssuche?

Die Suche nach dem ewigen Heil

Über den Ursprung der Gralslegende ist viel gerätselt worden. Bekannt gemacht hat die Geschichte jedenfalls derselbe Chrétien de Troyes, der auch die Artus-Romane schrieb. Mit seiner »Erzählung vom Gral«, dem Kernstück einer umfangreichen Gralsliteratur, brachte er das Motiv der Suche als erster in einen engen Zusammenhang mit der Artus-Legende. Was seine Erzählung aber von den übrigen Artus-Romanen unterscheidet, ist der religiöse Hintergrund: Ihm geht es vor allem um die Suche nach dem Gral.

Die Gralsromane trafen genau den Nerv der Zeit, in der die Menschen hohen ritterlichen Idealen anhingen, dem Streben nach geistiger und spiritueller Vervollkommnung. Es war das Zeitalter der Kreuzzüge, des Kampfes, der im Zeichen des Kreuzes gegen die »Ungläubigen« geführt wurde. Der Auftraggeber der ersten bekannten französischen Gralserzählung, Philipp von Flandern, war selbst ein begeisterter Kreuzfahrer und scharfer Gegner der aufkeimenden Ketzerbewegungen. Man kann sich vorstellen, welchen Einfluß er auf den Inhalt des Gralsromans ausübte. Rund 40 Jahre zuvor hatte Philipps Vater Thierry eine Ampulle mit den Blutstropfen Jesu vom Kreuzzug mit nach Flandern gebracht – damals eine ungeheure Kostbarkeit. Die Ampulle liegt noch heute in der Kapelle vom Heiligen Blut in Brügge.

Die Kreuzfahrer brachten aber nicht nur begehrte Reliquien mit in die Heimat. Viele Kämpfer im Zeichen des Kreuzes waren für islamisches Gedankengut empfänglich. Der neu gegründete Orden der Templer etwa beschäftigte sich so intensiv mit der arabischen Kultur, daß man ihn später sogar der Häresie bezichtigte.

Nachdem Jerusalem, die Heilige Stadt, wieder in die Hände der Ungläubigen gefallen war, versank Europa gleichsam in einer schweren Depression. Wiederholte Versuche, die Stadt zurückzugewinnen, scheiterten auch daran, daß die Führer der christlichen Heere untereinander zerstritten waren. Und in der Kirche wie in ihrer Hierarchie stand nicht alles zum Besten. Der Papst selbst soll seine Priester »als Schweine in einem Pfuhl« bezeichnet haben. Kein Wunder also, daß viele Menschen in eine tiefe Sinnkrise gerieten und sich in ihrem Streben nach Heil und Erlösung den neuen Reformbewegungen anschlossen. Immer mehr Zulauf bekamen darunter zum Beispiel die als Häretiker verfolgten Katharer, eine religiöse Gemeinschaft im Süden Frankreichs, die sich der Armut und dem Gebet verschrieben hatte und die katholische Kirche als Werk des Teufels sah, das mit dem wahren Glauben nichts zu tun hatte. Rom sah durch diese Gedanken seine jahrhundertealte Herrschaft bedroht und rief zu einem Kreuzzug gegen die Katharer auf.

Zur Krise der Kirche gesellte sich eine Krise der Gesellschaft: Durch die Mißerfolge im Heiligen Land, aber auch durch immer stärkere Reglementierungen im Ständestaat wurden die Ritter aus ihrer alten Funktion als Krieger mehr und mehr verdrängt. Viele, die ausgezogen waren, das Heilige Land von den »Heiden« zu befreien und Ruhm und Glorie des Christentums zu verbreiten, verkamen zu armseligen Wegelagerern. Andere rotteten sich zusammen und überzogen das Land mit Raubüberfällen. Das alte Ritterideal hatte ausgedient. Wie sollte man die ehemaligen Kreuzritter, deren Handwerk der Eroberungskrieg war und die nun keine Daseinsberechtigung mehr hatten, wieder in die Gesellschaft integrieren?

Ideologisch gesehen kam da der Rückgriff auf die Übergangszeit von der heidnischen zur frühchristlichen Welt, wie Artus sie verkörperte, sehr gelegen. Die Helden einer längst vergangenen Zeit, deren armselige Lebensbedingungen keiner mehr kannte, wurden aus der Versenkung hervorgeholt und in den Artus-Romanen idealisiert und verklärt. Schon die britannischen Krieger hatten mit der Befriedung der feindlichen Stämme ihre eigentliche Aufgabe erfüllt und sich genauso überflüssig gemacht wie die Ritter des Hochmittelalters. Aus dieser mehr oder weniger willkürlich gezogenen Parallele schöpften die großen Mythenmacher.

Die französische Gralserzählung, die heute als unterhaltsamer Abenteuerroman erscheint, ist also die Antwort auf ein zentrales religiöses und gesellschaftliches Bedürfnis der Menschen im 12. Jahrhundert: Der Ritter, dem Abenteuer und Eroberung in der realen Welt versagt bleiben, begibt sich auf die Suche nach dem Gral. Er zieht nicht mehr als Teil einer großen, politisch und religiös motivierten Streitmacht in die Fremde, sondern bleibt zu Hause, um sich als Einzelner im Kampf gegen die dunklen Mächte zu bewähren.

DIE HELDEN EINER SERIE

Nicht zufällig kommt es in den folgenden 40 Jahren auf der Grundlage der Werke Chrétiens de Troyes zu einem wahren Boom an Artus- und Gralsromanen. In Deutschland macht Wolfram von Eschenbach die Geschichte der Gralsritter und der Suche nach dem Heiligen Gral populär. Zwischen 1200 und 1210 schreibt er seinen Gralsroman »Parzival«, der bis heute von Schriftstellern und Komponisten als Vorlage benutzt wird. Für unsere Gralssuche ist Wolframs »Parzival« von elementarer Bedeutung.

Wolframs Roman ähnelt der französischen Gralslegende von Chrétien de Troyes, ist aber in vielen Angaben zum Gral selbst, zu den Familienverhältnissen und den Schauplätzen sehr viel konkreter: Parzivals Vater Gahmuret zieht in den Orient und heiratet die schwarze Königin Belakane. Als sie ihren schwarz-weiß-gescheckten Sohn Feirefiz zur Welt bringt, hat Gahmuret sie schon wieder verlassen, um in seine Heimat zurückzukehren. Dort ehelicht er Herzeloyde, die Schwester des Gralskönigs Anfortas, und stirbt im Kampf, bevor sein zweiter Sohn Parzival geboren wird. Herzeloyde zieht Parzival in der Wildnis auf, um ihn vor den Gefahren des Ritterdaseins zu bewahren. Als er eines Tages im Wald von den Rüstungen dreier Ritter geblendet wird, hält er sie

35 Im »Parzival« von Wolfram von Eschenbach begegnet der Held seinem Halbbruder Feirefiz, der ein halb weißer, halb schwarzer Mensch ist. Parzivals Vater hatte auf seinem Kreuzzug ins Heilige Land ein Verhältnis mit einer »Mohrin«. Buchillustration aus dem 13. Jahrhundert.

zunächst für Gott. Parzival will nun auch unbedingt Ritter werden. Seine unglückliche Mutter steckt ihn in ein Narrenkostüm und gibt ihm ein altes klappriges Pferd, in der Hoffnung, daß er bald zu ihr zurückkehren werde. Schon bei der Abreise Parzivals stirbt sie jedoch an gebrochenem Herzen. Am Artus-Hof in Nantes wird er wegen seiner lächerlichen Kleidung ausgelacht. Obwohl es ihm niemand zugetraut hätte, tötet er Ither, den Roten Ritter, und legt dessen rote Rüstung an. Auf seiner Reise kommt er nach Belrepaire und heiratet die Königin Condwiramurs. Doch schon nach wenigen Monaten bricht er wieder auf. Fünf Jahre dauert es, bis er sie wiedersieht. Auf Umwegen gelangt er zur Gralsburg Munsalvaesche und lernt den kranken Fischerkönig Anfortas kennen. Anfortas leidet, ähnlich wie Artus, der nach Avalon gebracht wird, an einer nicht heilenden Wunde an den Genitalien. Die Figur des

Artus ist allerdings, wie schon beim französischen Vorbild von Chrétien, gegenüber der früheren Fassung der Artus-Legende von geringerer Bedeutung.

In Munsalvaesche erlebt Parzival die wundersame Gralsprozession, ohne den König nach seinem Leiden und dem Gral zu fragen, obwohl man viel getan hat, um ihn zum Fragen zu bewegen. Am nächsten Morgen ist die Burg menschenleer. Auf dem Weg zum Artus-Hof erfährt Parzival, daß er auf der Gralsburg gewesen ist und daß Anfortas hätte geheilt werden können, wenn er die erlösende Frage gestellt hätte. Deprimiert erreicht Parzival den Artus-Hof, an dem er freundlich empfangen wird. Das abendliche Festessen endet abrupt, als die häßliche Gralsbotin Cundrie, eine tierische Gestalt mit Eberzähnen und Schweinsborsten, vor der Hofgesellschaft erscheint und Parzival wegen der nicht gestellten Frage verflucht. Zutiefst erschüttert verläßt Parzival den Artus-Hof und schwört, nicht eher zu ruhen, bis er den Gral wiedergefunden hat. Nach viereinhalb Jahren Suche begegnet er dem Einsiedler Trevrizent, der ihm die Augen über seine begangenen Sünden öffnet. Trevrizent weiht ihn auch in die Geheimnisse des Grals ein. Später trifft Parzival auf einen fremden Ritter, und zum ersten Mal unterliegt er im Kampf. Der Gegner ist sein Halbbruder, der schwarz-weiß-gescheckte Feirefiz, der den Spuren seines Vaters gefolgt ist. Parzival erkennt, daß er fast eine schwere Sünde begangen hätte. Die Brüder versöhnen sich und reisen gemeinsam zum Artus-Hof. Überraschend erscheint dort wieder die Gralsbotin Cundrie und verkündet, daß Parzival der neue Gralskönig sei. Parzival macht sich mit Feirefiz auf den Weg nach Munsalvaesche, das er jetzt problemlos findet, und stellt Anfortas die erlösende Frage, woran er leide und wem der Gral diene. Condwiramurs kommt als neue Gralskönigin mit ihrem Sohn Lohenagrin nach Munsalvaesche. Bei der Gralsprozession verliebt sich der »Heide« Feirefiz in die Gralsträgerin Repanse de Schoye, Anfortas' Schwester. Er läßt sich taufen, heiratet Repanse und kehrt mit ihr in den Orient zurück. In Indien kommt der gemeinsame Sohn, der Priesterkönig Johannes, zur Welt. Der neue Gralskönig Parzival kann in Munsalvaesche durch die

Beständigkeit seiner ehelichen Liebe zu Condwiramurs die von Gott bestimmte Ordnung wiederherstellen und das zuvor verödete Land zu neuem Leben erwecken.

Wolfram von Eschenbach hat die unvollendet gebliebene Erzählung von Chrétien de Troyes nicht nur weitergeführt, er geht sogar weit über diese hinaus. Zudem läßt er seine Geschichte an realen Orten stattfinden. Neben der höfischen Artus-Welt, die sich im Niedergang befindet, schafft Wolfram einen zweiten Gesellschaftskreis, die Gralswelt, in die nur besonders edle Ritter und reine Jungfrauen Zutritt haben. Aus Camelot in Wales wird der Hof zu Nantes, und die Gralsburg liegt bei ihm in Munsalvaesche. In Wolframs »Parzival« dreht sich alles um die Suche nach dem Gral, den nur wenige Auserwählte zu Gesicht bekommen. Was aber steckt hinter dem geheimnisvollen Gral? Ist er nur eine literarische Erfindung der französischen Troubadoure, oder hat es ihn tatsächlich gegeben? Und wie hat der Gral ausgesehen?

WAS IST DER GRAL?

In der französischen Dichtung erscheint der Gral als eine kostbare goldene Schale, die bei der festlichen Mahlzeit im Schloß des reichen Fischers zusammen mit der Blutenden Lanze in feierlicher Prozession herumgetragen wird und von der ein übernatürliches Licht ausgeht. Eine reine Jungfrau bringt dem alten Vater des Fischerkönigs in einer Schale eine geweihte Hostie, die ihn am Leben erhält. Perceval, der Held der Gralserzählung, ist Zeuge des Gralsumzugs, versäumt aber, die erlösende Frage zu stellen. Die Funktion der Schale wird nicht näher erklärt, was daran liegen mag, daß die Erzählung in der Mitte abbricht.

Bei Wolfram von Eschenbach erfahren wir dagegen Genaueres über den Gral. Der Gral ist hier ein Stein, ein Edelstein, der wie im Märchen vom Tischlein-deck-dich alle Speisen und Getränke hervorbringt und der jugenderhaltende und lebensverlängernde Kraft besitzt. Wer den Gral gesehen hat, lebt noch mindestens eine Woche. Jeden Karfreitag kommt eine Taube mit einer Oblate vom Himmel und legt sie auf den

Gral; die Oblate verleiht ihm »die hôhste kraft«. Auch bei Wolfram – wie in der französischen Vorlage – wird der Gral von einer Jungfrau getragen. Durch seine Kraft verbrennt der Phönix und entsteht aus der Asche neu. Und manchmal erscheint auf dem Gral eine wunderbare Inschrift, die den Willen Gottes offenbart. Für »Heiden« ist der Gral jedoch unsichtbar. Zum Gral gelangt nur der Auserwählte, und das auch nur unbewußt; wer ihn sucht, findet ihn nicht. Die Auserwählten müssen keusch sein, nur der Gralskönig darf heiraten. Es gibt ein besonderes Geschlecht, aus dem die Gralskönige stammen. Die übrigen männlichen Berufenen dienen als Gralsritter und werden als »templeise« bezeichnet. Wie in der Artus-Gesellschaft versammeln sich die Auserwählten in der Runde der Gralstafel. Der Gral befindet sich in Munsalvaesche in einem »tempel«, aus dem er nur zu besonderen Anlässen geholt und in einer feierlichen Prozession herumgetragen wird. Wolfram nennt den Gral auch »lapsit exillîs« und verweist auf den »Heiden« Flegetanis, der als erster den Namen des Grals in den Sternen gelesen hat.

Neben Schale und Stein finden wir eine dritte Gestalt des Grals in der Legende von Joseph von Arimathäa, die Ende des 12. Jahrhunderts vom Franzosen Robert de Boron aufgeschrieben wurde. Der Gral erscheint hier als Passionsreliquie: Es ist der Kelch, den Christus beim letzten Abendmahl mit seinen Jüngern benutzt hat und mit dem Josef von Arimathäa das Blut Jesu bei der Kreuzigung aufgefangen haben soll.

36 (Folgende Seite) Christliche Ereignisse, wie die Erscheinung des Grals zu Pfingsten, gehören neben heidnisch-keltischen Elementen zur Gralsgeschichte. König Artus und die Ritter der Tafelrunde, obwohl Romanfiguren, sind seit dem 12. Jahrhundert Wegbereiter einer neuen Spiritualität.

Im frühen 13. Jahrhundert vermerkt der Mönch Helinandus aus Froidmont in seiner Chronik, in der er sich auf einen Bericht aus dem 8. Jahrhundert beruft, daß der Gral ein tiefer Teller sei, von dem Christus beim letzten Abendmahl gegessen habe. In der Schilderung des Grals gibt es auffällige Parallelen: Der Gral in Form einer Schale, eines Steins, Tellers oder Kelches wirkt nahrungsspendend, lebenserhaltend und beseligend. Außerdem verbreitet er eine wundersame Helligkeit. Wo liegen aber nun die Ursprünge all dieser Gralslegenden?

WOHER KOMMT DER GRAL?

Der Ursprung des Grals ist bis heute nicht eindeutig zu belegen. Wir besuchen den wohl größten Experten auf dem Gebiet der Gralsforschung, den Bretonen Jean Markale. Er empfängt uns in seiner Pariser Wohnung. Seine weißen, wild abstehenden Haare und die blitzenden Augen lassen uns sofort an eine der sagenhaften Gestalten aus der Gralsgeschichte denken. Und in der Tat hat er, wie er später verrät, in einem Film einmal den Zauberer Merlin gespielt. Markale weist darauf hin, daß die ältesten Wurzeln des Grals aus dem Orient stammen. Diese Gralsvorstellungen gelangten erstmals, so Markale, mit den Muslimen

auf die iberische Halbinsel und spätestens mit den Kreuzfahrern ins restliche Europa. In den indisch-vedischen Traditionen berauschten sich Brahmanen an einem Trank, dem »Soma«, der übernatürliche Kräfte verleihen und unsterblich machen sollte. Auch im alten Iran wurde ein zauber- und heilkräftiger Trank im Ritual genossen, das »Haoma«, das bei Opferungen eine wichtige Rolle spielte und sich bei den Parsen bis heute erhalten hat. In der arabischen Dichtung gibt es Hinweise auf einen funkelnden Stein, in dem das Wissen der gesamten Welt festgehalten sein soll.

Unabhängig von den orientalischen Vorstellungen berichten die auf die Kelten zurückgehenden irisch-walisischen Sagen von phantastischen Reisen der Helden zu Inselreichen und den Palästen der Götter und Unsterblichen, in denen die Krieger mit erlesenen Speisen aus nie versiegenden goldenen Schüsseln bewirtet werden. Die Bewohner dieser Reiche scheinen nicht zu altern, außerdem tauchen magische Kessel und Füllhörner auf, die an das Märchen vom Tischlein-deck-dich erinnern. Zu Merlins 13 Schätzen Britanniens zählt eine breite, vertiefte Schale mit übernatürlichen Eigenschaften, denn »jedwede Speise, die man sich wünscht, erschien sogleich darauf«. Andere Erzählungen berichten von wundersamen Kesseln mit Heilkräften, in die man tote Krieger tauchte, um sie wieder zum Leben zu erwecken. Die Idee der Wiedergeburt finden wir auch im christlichen Glauben. Ebenso haben die vier heiligen Gralsinsignien, das Schwert, die silberne Schale, die Lanze und der Gral, ihre Entsprechung in den vier Schätzen Irlands. Und auch die Erzählung von dem an einer geheimnisvollen Verwundung leidenden König Anfortas hat sein Pendant in der keltischen Sagenwelt.

37 Der französische Schriftsteller Jean Markale. Er hat mehr als zehn umfangreiche Studien zur Artus- und Gralslegende geschrieben. In seinem letzten, gerade erschienen Werk untersucht er die besondere Rolle der Frauen wie Feen, Gralshüterinnen und Königinnen.

Für die Kelten war ein verletzter König ein unwürdiger Regent, weil seine Krankheit, die Impotenz im Fall des Gralskönigs, die Verödung des Landes zur Folge hatte.

Viele Forscher meinen, daß der Bedeutungswandel des Grals vom magischen Gegenstand der Kelten zur wundertätigen Reliquie auf einem Übersetzungsfehler des Wortes »cors« beruht, das im Altfranzösischen sowohl »Horn« als auch »Leib« bedeuten konnte. Aus dem »cors benoit« für das keltische Füllhorn wurde so in der klösterlichen Schreibstube des 12. Jahrhunderts das »cors benoiz«, der heilige Leib Christi, und aus dem wundersamen Kessel der Kelten der Kelch Christi.

Im Evangelium Nicodemi, einem bis heute wegen seiner historischen Glaubwürdigkeit umstrittenen apokryphen Text aus dem 5. Jahrhundert, finden wir die ersten Hinweise auf die Gralslegende. Joseph von Arimathäa, ein wohlhabender Händler und heimlicher Anhänger Jesu, soll Pilatus nach der Kreuzigung um den Leichnam Christi gebeten haben. Pilatus ließ Joseph den toten Jesus vom Kreuz nehmen und ihn ins Grab legen. Soweit die Evangelisten im Neuen Testament. Das »Evangelium des Nikodemus« setzt hier an und schreibt die Geschichte fort. Als der Leichnam verschwunden ist, wird Joseph verhaftet und wegen angeblichen Leichenraubs zu 40 Jahren Gefängnis verurteilt. Im Kerker erscheint ihm Jesus mit dem Kelch und macht ihn zum Hüter der Reliquie. Die magische Kraft des Kelches, so heißt es weiter, sichert Joseph im Kerker das Überleben, denn jeden Tag erscheint eine Taube und legt Brot in den Kelch. Im Jahr 70 unserer Zeitrechnung soll der greise Joseph aus dem Gefängnis entlassen worden sein. Nach der Legende kehrt er seiner Heimat den Rücken, reist durch das Mittelmeer und geht bei Marseilles an Land, um in der römischen Provinz Gallien seinen Lebensabend zu verbringen. Hier nun gehen die Überlieferungen auseinander.

Nach einer Version werden ein Tempel und ein Schloß in der unzugänglichen Region am Fuß der Pyrenäen gebaut. Auf dem Berg Muntsalvach, Mont Salvat, dem Berg des Heils, wird fortan der Gral gehütet. Nach einer anderen Überlieferung, die von den Mönchen von Glastonbury in Umlauf gebracht wurde, ist Joseph von Arimathäa mit dem Abendmahlskelch in Begleitung einer christlichen Gemeinde, unter ihnen die Gottesmutter Maria und Maria Magdalena, über Frankreich bis nach Glastonbury geflohen, um dort die erste christliche Kirche auf englischem Boden zu gründen. Hier soll der Legende nach der Gral aufbewahrt und beim Gottesdienst als rituelles Gefäß benutzt worden sein. Historisch läßt sich diese Version nicht belegen. Wo aber könnte der Heilige Gral, wenn es ihn tatsächlich gibt, heute liegen? Wo finden wir den Schlüssel zu seinem Geheimnis?

Die Suche nach dem Gral

Über den Verbleib des Grals ist mindestens soviel gerätselt worden wie über seine Gestalt. Doch unsere Recherche, die wir in der Bretagne, in England und Wales begonnen haben, zeigt uns, daß die Hinweise, die uns die Autoren des Hohen Mittelalters geben, schwerer wiegen als die folkloristischen Überlieferungen der teilweise sehr widersprüchlichen Artus- und Gralslegenden. Wir kommen also nicht umhin, die Spuren, die eindeutig nach dem Südwesten Europas weisen, aufzunehmen, um in Südfrankreich und Spanien weiteren Indizien nachzugehen. In Südfrankreich, dem wilden Land am Fuß der Pyrenäen, suchten die Katharer ein strenges Leben nach ursprünglichen Geboten des Christentums in weltlicher Abgeschiedenheit zu führen. Von den mit Rom Verfeindeten glaubte man, daß sie den Gral gehütet hätten. Ihre schier uneinnehmbare Bastion Montségur in den Pyrenäen halten noch heute so manche für die Gralsburg. Nachdem Papst Innozenz III. im Jahr 1208 zum Kreuzzug gegen die Ketzer aufgerufen hatte, weil er die kirchliche Autorität Roms von der immer stärker werdenden Armutsbewegung in Frage gestellt sah, hatten sich die letzten überlebenden Katharer hier vor den feindlichen Truppen verschanzt. In der Wahl der Mittel hatten sich die Vertreter des Papstes als wenig zimperlich erwiesen. Allein in Toulouse wurden, so die zeitgenössischen Quellen, zu den Klängen des Tedeums an einem einzigen Tag 60 000 Menschen verbrannt. Die Belagerung der

38 Kein Ort birgt so viele Geheimnisse wie die Burg Montségur am Rand der Pyrenäen in Frankreich. Hier wurde angeblich über Jahrhunderte der Gral versteckt. Die Katharer sollen ihn von hier im 13. Jahrhundert als Teil ihres Schatzes in Sicherheit gebracht haben.

Burg Montségur dauert zehn Monate. Schließlich müssen sich die Katharer der Übermacht der Gegner ergeben. Nach der unbarmherzigen Verfolgung sind die Waffenstillstandsbedingungen erstaunlich milde: Generalpardon für alle begangenen Verbrechen sowie freies Geleit für diejenigen, die ihrem Glauben abschwören und die Sünden der Inquisition beichten. Anstatt die Bedingungen sofort anzunehmen, wie zu erwarten gewesen wäre, erbitten die Katharer einen zweiwöchigen Waffenstillstand. Nach Ablauf der Frist lehnen 205 Katharer die Bedingungen ab, obwohl das den sicheren Tod bedeutet. Über dieses rätselhafte Verhalten wurde später viel spekuliert. Was war in den zwei Wochen des Waffenstillstands geschehen, und warum wollten die Vertreter Roms den Ketzern freien Abzug gewähren, nur um in die Burg zu gelangen? Angeblich hatten die Katharer dort einen Schatz verborgen, der aus Gold und Silber, aber auch aus religiösen Schriften und Reliquien bestand und der in zwei Etappen aus der Burg herausge-

39 Der Eingang zur Kirche des kleinen französischen Ortes Rennes-le-Château, überschrieben mit dem lateinischen Spruch »Hic locus terribilis est« (Dieser Ort ist schrecklich). Viel wurde über den Pfarrer, der dies schreiben ließ, und den Anlaß spekuliert.

schmuggelt worden sein soll. Was, wenn diese Geschichte stimmt, war so wichtig, daß die Katharer das Leben aller Glaubensbrüder und -schwestern aufs Spiel setzten? Kann sich hinter diesem Geheimnis der Heilige Gral verborgen haben? Bis heute gibt es keinen Beweis, daß es sich beim Katharer-Schatz um den Gral gehandelt hat, auch wenn es viele glauben möchten.

Noch eine andere Spur führt nach Südfrankreich, nach Rennes-le-Château, unweit von Montségur. Dort fand der Pfarrer Saunière 1887 bei Restaurierungsarbeiten in seiner Kirche drei alte Pergamente mit verschlüsselten Hinweisen auf einen geheimen Schatz. Nach einigem Zögern berichtet er seinen Vorgesetzten in Paris von der Entdeckung. Unbekannte Geldgeber müssen ihm in der Folgezeit zu ungeahntem Reichtum verholfen haben. Kassierte er etwa Schweigegeld? Als der Bischof den Pfarrer Saunière wegen seiner verschwenderischen Lebensweise suspendierte, widerrief Rom die Absetzung. Was hat Saunière gefunden, das ihm den höchsten kirchlichen Schutz einbrachte? Moderne Gralssucher versuchten akribisch nachzuweisen, daß in den Pergamenten ein Geheimcode mit dem Lageplan des Grabes Christi verzeichnet sei. Diese Theorie stützt sich auf die Legende von Joseph von Arimathäa, der in der Nähe von Montpellier gelandet und dann nach Rennes-le-Château gekommen sein soll. Die Geschichte wird von den Gralssuchern dahingehend ergänzt, daß er nicht nur die Schale, die das Blut Christi aufgefangen hatte, mitbrachte, sondern auch den Leib Jesu, der schließlich im nahen Berg Pech Cardou bestattet wurde. Hierbei spielt die Annahme eine große Rolle, daß der Begriff »Heiliger Gral« ursprünglich auf »sang real« zurückgehe, was soviel bedeutet wie »königliches Blut«. Mit »königlichem Blut« sei nicht nur das Gefäß, das dieses Blut bei der Kreuzigung aufnahm, gemeint, sondern auch der Leib Jesu selbst. Bisher hat die französische Regierung noch keine Genehmigung erteilt, den Berg abzutragen und den Gral sowie den Leib Christi zu suchen – zum Ärger der »Schatzsucher«.

Andere Vermutungen gingen sogar soweit, daß Maria Magdalena ein Kind von Jesus erwartet habe, als sie aus dem Heiligen Land nach Frankreich floh. Spinnt man diese Geschichte weiter, dann könnte der Jesus-Sohn mit dem »königlichen Blut«, also »sang real«, Ahnherr einer ganzen Dynastie geworden sein, die in direkter Blutlinie vom Heiligen Gral symbolisiert wird. Verweist der verschlüsselte Text, den Saunière fand, auf diese Abstammung?

Saunière hat das Geheimnis nie gelüftet, nur seine Haushälterin wußte offensichtlich Bescheid. Ihr vermachte er auch seinen umfangreichen Besitz. Wie seine »Entdeckung« waren die Umstände seines Todes mysteriös: Fünf Tage vor seinem Ableben bestellte Saunière einen Sarg. Ahnte er seinen bevorstehenden Tod, oder für wen war der Sarg gedacht? Wir wissen nur, daß er an einem Herzinfarkt verstarb. Und die verschwiegene Haushälterin wurde wenige Monate vor ihrem Tod – sie starb in den fünfziger Jahren – gesehen, wie sie im Pfarrgarten Bündel von Geld in Feuer aufgehen ließ. Saunières Grab, der Seite an Seite mit der Haushälterin bestattet liegt, wurde zubetoniert, um es vor Gralssuchern zu schützen, die glauben, daß er dem Geheimnis auf die Spur gekommen ist.

EIN »PYRENÄISCHER« GEHEIMCODE

Die Fährte zu den Katharern, das mehr als zweifelhafte Grab Jesu und das sonderbare Verhalten des Dorfpfarrers von Rennes-le-Château haben uns einer Erklärung für das Geheimnis des Grals keinen Schritt nähergebracht. Es sind Nebenwege, auf denen heute vor allem Esoteriker wandeln, denen die historischen Gegebenheiten gleichgültig sind.

Was wir besitzen, in vielen alten Abschriften und kommentierten Ausgaben, sind die Gralsromane aus Frankreich und Deutschland. Sie sind im Grunde unsere einzige Hoffnung, Licht in das Dunkel zu bringen. Nach der Devise »ad fontes«, zurück zu den Quellen, studieren wir noch einmal die Werke von Chrétien de Troyes und Wolfram von Eschenbach. Ist es denkbar, daß die umfangreichen Romane, deren Niederschrift Jahre in Anspruch nahm, allein der Phantasie entsprungen sind? Oder steckt in ihnen selbst die Lösung verborgen?

Lange gingen die Forscher davon aus, daß die französische »Erzählung vom Gral« von Chrétien de Troyes die ursprüngliche Gralsgeschichte sei, von der alle späteren Autoren abgeschrieben haben. Aus welchem Grund aber hat Wolfram von Eschenbach sechsmal in seinem »Parzival« auf seine Hauptvorlage, das Buch eines gewissen »Kyot«, hingewiesen? Und warum beklagt er sich über »den Meister« Chrétien, weil dieser von der Vorlage abgewichen sei? »Wenn Meister Chrétien von Troyes dieser Geschichte unrecht getan hat, so darf Kyot, der uns die rechte Geschichte überliefert hat, darob wohl zürnen.«

Der Vergleich der beiden bekannten Gralsromane zeigt, daß zwar die Handlung im wesentlichen übereinstimmt, die Angaben über Orte, Personen und Verwandtschaftsverhältnisse bei Wolfram aber weitaus detaillierter und genauer sind. Woher bezog er seine Informationen, wenn nicht aus einer gemeinsamen Vorlage, dem »Urparzival«, der später verlorenging?

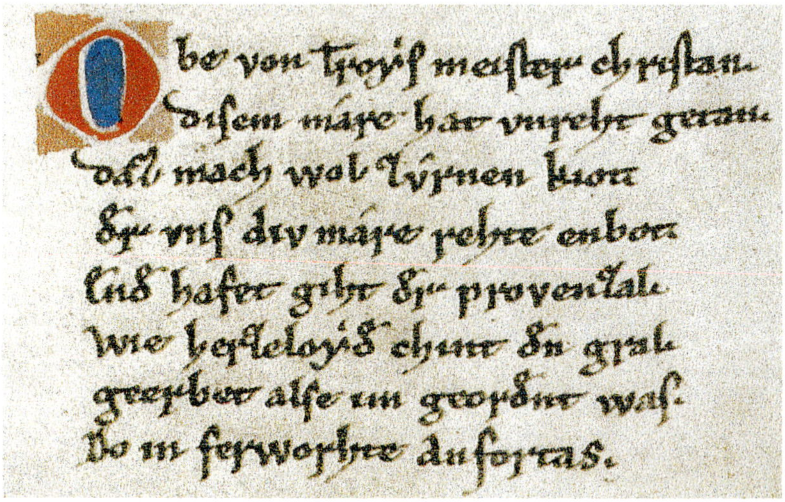
Obe von Troys meister christan
disem mære hat vnreht getan.
daz mach wol zvrnen kiot
der vns diu mære rehte enbot
Endehaft giht der provenzale
wie herzeloyde chint den gral
gerbet alse im gebot.
Do in verworhte anfortas.

40 Wolfram von Eschenbach übt heftige Kritik an denen, die vor ihm die Gralsgeschichte aufgeschrieben haben. Er beruft sich in dem abgebildeten Textausschnitt auf eine Schreiber namens »Kyot«, der die wahren Hintergründe gekannt haben soll.

Die entscheidende Wende in der neueren Gralsforschung verdanken wir denen, die sich aus dem engen Denken in Fachdisziplinen hervorgewagt haben und die neben den Literaturwissenschaften auch die Ergebnisse anderer Wissenschaftszweige wie der Geschichte des Mittelalters, der Orientalistik und Arabistik, der Astronomie oder auch der Medizingeschichte berücksichtigten. Der Ansatz, den Autoren wie Hans-Wilhelm Schäfer oder André de Mandach verfolgen, ist einfach. Sie nehmen die Angaben in der Dichtung ernst und tun das Unerklärliche nicht einfach als Phantasie ab. Im Ergebnis führt dies zu einer geradezu sensationell neuen Einsicht in die tatsächlich existierende Geschichte des Heiligen Grals.

EIN SCHLÜSSELROMAN?

Die Parzival-Sippe bei Wolfram hatte ein reales Vorbild: die herrschenden Familien von Aragón und Navarra, Katalonien, Okzitanien und Kastilien. Wie schon in der arthurischen Zeit waren sogenannte Ehrennamen, verschlüsselte Bezeichnungen für prominente Personen, im 12. Jahrhundert ausgesprochen in Mode. Das erklärt, weshalb die im Roman angegebenen Namen keine direkte Entsprechung in der Wirk-

41 *Das Kloster von San Juan de la Peña am Jakobsweg in Spanien. Hier wurde viele Jahrhunderte ein Kelch aufbewahrt, der von den Pilgern als das Abendmahlsgefäß Jesu verehrt wurde.*

lichkeit finden. Es handelt sich vielmehr um eine Art Code, der im unbekannten »Urparzival« vorgelegen haben muß. Wir erinnern uns daran, daß auch der Name Artus aller Wahrscheinlichkeit nach nicht der eigentliche Name des britisch-bretonischen Hochkönigs war.

Wolframs kranker Fischerkönig Anfortas hat demnach sein Vorbild im wohl 1073 geborenen Alfons I., König von Aragón und Navarra, der in lateinischen Urkunden Anfortius genannt wird. Die Namen Anfortius und Anfortas liegen sehr dicht beieinander, und es ist unverständlich, warum aufgrund dieser Ähnlichkeit nicht schon längst der Versuch unternommen wurde, eine Beziehung zwischen beiden herzustellen. Alfons I., ein Bewunderer der drei Ritterorden von Jerusalem, insbesondere der Templer, mit dessen Gründer er verwandt war, vermachte dem Templerorden in seinem Testament ein Drittel seiner Lande. Ist es ein Zufall, daß Wolfram von Eschenbach die Gralsritter »templeise« nennt?

Auch taucht bei ihm die Bezeichnung »rîterlîche bruoderschaft« auf, was einen Zusammenhang mit dem Templerorden nahelegt. Tatsächlich hat man den Orden der Templer, dessen ursprüngliche Aufgabe die Sicherung der Heiligen Stätten von Jerusalem war, immer wieder mit dem Gral in Verbindung gebracht.

Als Alfons starb, folgte ihm der jüngere Bruder Ramiro I. auf den Thron. Unerwartet wurde der Mönch aus Narbonne in Südfrankreich König von Aragón und später von Katalonien. Ramiros Schwiegersohn Ramón Berenguer IV., Graf von Barcelona, war Herrscher von Katalonien und Markgraf der Provence mit Montpellier als Hauptstadt. Wolfram nennt ihn »Kyot von Katelangen«. Die Nichte Ramiros I., Elisabeth, heiratete schließlich Philipp von Flandern – derselbe, der Chrétien de Troyes »das Buch«, die unbekannte Vorlage des Gralsromans, übergeben haben soll!

Die »Chronica di Alfonso« weiß zu berichten, daß Alfons I. im Jahre 1134 in der Klosterburg von San Juan de la Peña gestorben ist, nachdem man ihn schwer verletzt dorthin gebracht hatte. Erinnert das nicht an König Artus und die Insel Avalon, auf der der verwundete König sein Lebensende erwartete? Es verdichtet sich hier der Eindruck, daß Artus und Anfortas in Teilen ein und dieselbe literarische Figur sind. Wenn nun Anfortas nach dem Vorbild Alfons' geschaffen wurde, können wir dann nicht auch davon ausgehen, daß die Klosterburg von San Juan de la Peña mit der Gralsburg Munsalvaesche identisch ist? Tatsächlich überrascht es, wie genau Chrétiens und Wolframs Beschreibungen der Gralsburg auf San Juan de la Peña in der ersten Hälfte des 12. Jahrhunderts passen: Beide Burgen liegen in einem Wald unterhalb eines Sees. Selbst die Räumlichkeiten der Burg gleichen sich. Von dem See heißt es, daß er zur Zeit Alfons' I. besonders fischreich gewesen sei. Ist das der See, in dem der Fischerkönig Anfortas-Alfonso angelte, wie es bei Chrétien und Wolfram geschrieben steht?

Selbst bei Wolframs Bezeichnung für die Gralsburg, Munsalvaesche, gibt es bei genauerer Betrachtung erstaunliche Übereinstimmungen mit dem offiziellen Namen der Klosterburg: Das schon im Jahr 920 gegründete Felsenkloster San Juan de la Peña lag an einem der Pilgerwege von Frankreich nach Santiago de Compostela und war vielen Heilsuchenden ein Begriff. 1094 wurde die Abteikirche dem Heiland gewidmet und hieß fortan San Salvador, der Erretter. Oberhalb des Klosters erhebt sich noch heute ein steiler Berg, spanisch Monte San Salvador. In der okzitanischen Sprache entspricht dies der Bezeichnung Mont Sant Salvatge oder volkstümlich Mont Salvatge, was Wolfram zu »Munsalvaesche« eingedeutscht hat.

Einen Widerspruch scheint es jedoch zu geben: Munsalvaesche liegt bei Wolfram im »Land der Katelangen«, San Juan de la Peña gehört aber zum Königreich Aragón. Eine logische Erklärung ist, daß das Königreich Aragón und sein Kloster San Juan de la Peña seit August 1137 vom Grafen von Barcelona beherrscht und dieses Gebiet offensichtlich als Katalonien bezeichnet wurde. Erst später hat sich der Ausdruck Katalonien nur auf das katalanische Sprachgebiet bezogen.

Der Kreis schliesst sich

Wer aber steckt hinter der Hauptfigur der frühen Gralsromane? André de Mandach identifiziert Routrou II. von Perche, Graf des Val Perche und Herr von Toledo, einen Vetter des Königs, mit Perceval oder Parzival. Durch ein Wortspiel wurde aus Val Perche offensichtlich der französische Perceval, was vermutlich soviel heißt wie »der durch das Tal geht«. Wie im Roman sterben im wahren Leben des Routrou-Parzival die Brüder im Laufe des ersten Kreuzzugs, sein Vater nur wenig später. Daß Perceval eigentlich der Vetter und nicht der Neffe des Königs ist, hängt vermutlich mit dem in der französischen Epik beliebten Onkel-Neffe-Verhältnis zusammen.

Es ging Wolfram von Eschenbach, so wird langsam klar, nicht um irgendeine versponnene Rittersage, sondern um Ereignisse und Zustände seiner Zeit. Wir sind mit ihm in die spanisch-französisch-katalanische Welt eingetaucht und müssen nun fragen, ob zu der bretonisch-britannischen Welt, in der wir unsere Suche begonnen hatten, noch eine

schwester des
robert von
Gloucester
dienstherr des
Geoffrey von
monmouth
verfasser der historia
regnum brittaniae
um 1135
mathilde
tochter
heinrich I
von
England
Rotrok
de perch
perche val
1100-1144
beatrice
von
Roucy
mutter des
Routrou II
verliert
söhne im
Kreuzzug-
Herzeloyde
bei Wolfram
Guiot um 1120
ist Kyot
bei Wolfram
dem Verfasser
des Urparzival
Urraca
dienstherrin
des
Guillem
de
Narbonne
genannt
Guiot

42 Die verwirrende Vielfalt von Namen und Orten in Wolframs von Eschenbach Gralsroman kann anhand des Stammbaums europäischer Fürsten entschlüsselt werden. Der Gralskönig Anfortas, Parzival und seine Mutter Herzeloyde haben reale Vorbilder. Und die gesamte Gralsliteratur geht auf Auftraggeber zurück, die miteinander in verwandtschaftlichen Beziehungen stehen. (Zeichnung: P. Sohn).

Verbindung besteht. Das ist sehr wohl der Fall: Jenem Routrou von Perche – also dem Parzival-Vorbild – nämlich kommt eine besondere Bedeutung für die Entschlüsselung des Gralsgeheimnisses zu. Routrou ist der ideale Verbindungsmann zwischen den spanisch-pyrenäischen und walisisch-arthurischen Sippen. Er heiratet nämlich die uneheliche Tochter des englischen Königs Heinrich I. von England und wird dadurch der Schwager von Robert, dem Grafen von Gloucester und Herrn zu Caen in der Normandie, ein anderer unehelicher Sohn des Königs. Unter Leitung des Grafen Robert hatte Graf Routrou am Ersten Kreuzzug teilgenommen. Auf unglaubliche Weise schließt sich hier der Kreis zwischen Artus- und Gralslegende: Denn Graf Robert von Gloucester, der Schwager von Routrou-Parzival, gilt als Hauptauftraggeber von Geoffreys von Monmouth »Historia Regum Britanniae«, des Buches also, das die Welle der Artus-Legenden ausgelöst hat.

Wir werden, indem wir den Spuren bis nach Spanien folgen, ganz unfreiwillig an den Ausgangspunkt zurückgeführt. Was dem Betrachter als verwirrender Irrgarten an Namen und Verwandtschaftsbeziehungen vorkommen mag, löst sich auf wie eine nach dem Muster der realen Welt kopierten Anordnung von Orten, Verwandtschafts- und Herrschaftsbeziehungen.

Die Schenkungsurkunde von 1399

Nachdem wir die Gralsburg identifiziert und die sogenannte Gralsfamilie gefunden haben, wenden wir uns dem Gral selbst zu. Wenn die Klosterkirche von San Juan de la Peña das Vorbild von Wolframs Gralsburg ist, muß auch der Gral, wenn es ihn gegeben hat, dort aufbewahrt worden sein. Heute gehört dem Kloster kein Gegenstand, der mit dem Gral in Zusammenhang gebracht werden könnte. Zu unserem großen Erstaunen aber scheint es ihn einmal gegeben zu haben. Im Archiv von Barcelona existiert eine Urkunde, in der San Juan de la Peña erwähnt wird. Das Pergament besagt, daß König Martin, der den Beinamen »der Menschliche« führte, am 26. September 1399 ein besonderes Geschenk gemacht wurde. Nach jahrhundertelangem Aufenthalt in San Juan de la Peña wurde ihm etwas übergeben, das in der Urkunde »Santo Cáliz« genannt wird, der Heilige Kelch, lateinisch »calix lapideus«, der steinerne Kelch, in unseren Worten: der Heilige Gral. In der Urkunde wird seine wechselvolle Geschichte erwähnt. Seither wird er in Valencia aufbewahrt. Der Heilige Gral in Valencia? Die vielleicht höchste der christlichen Reliquien wurde von der katholischen Kirche nie als das Gefäß des letzten Abendmahls oder des Bechers, in dem Jesu Blut aufgefangen wurde, anerkannt. Und doch heißt er Santo Caliz, der heilige Kelch. Ist es Zufall, daß Papst Johannes Paul II. diesen Kelch 1982 aus der Capilla del Santo Cáliz – die Kapelle gehört zur Kathedrale von Valencia – in einer Prozession durch die Straßen von Valencia getragen hat? Wohl kaum, denn es ist derselbe Kelch, der zwischen 1076 und 1399 in San Juan de la Peña aufbewahrt wurde, also während jener Epoche, in der die Gralsromane aufgeschrieben wurden. Viele Menschen in Spanien glauben, daß dieser Kelch der authentische Abendmahlkelch aus Jerusalem ist, den der heilige Petrus nach Rom mitgenommen hat. Seine weitere Geschichte ist abenteuerlich. Von Rom soll ihn der heilige Lorenz in seine Heimatstadt Huesca, eine Stadt in den Pyrenäen, geschickt haben. Huesca liegt nur wenige Kilometer von San Juan de la Peña entfernt. Als die Araber die Stadt belagerten, wurde der Kelch vor den »Heiden« in Sicherheit gebracht und gelangte so auf Umwegen in die römisch-päpstliche Abtei von San Juan de la Peña. Wir wissen, daß der Kelch in der Regierungszeit Alfons' I., Wolframs Vorbild zum Gralskönig Anfortas, in San Juan de la Peña aufbewahrt wurde. Aber reicht das als Beweis?

Eine seltsame Schale

Chrétien beschreibt den Gral als lichtstrahlende Schale, Wolfram dagegen als Stein von sehr reiner Art. Diese Tatsache wurde bisher als zentraler Unterschied zwischen den beiden großen Verfassern angesehen, und unterschiedliche Lager bildeten sich, die jeweils ihre eigene

43 *Dieser heute in Valencia befindliche, uralte Kelch aus Onyx, Gold und Achat heißt in Spanien »el santo caliz« (der Heilige Gral). 1982 hat Papst Johannes Paul II. bei seinem Besuch in Valencia den Kelch geehrt.*

Vorstellung vom Aussehen des Grals hatten. Überraschend aber löst sich dieses Problem in nichts auf. Denn bei der Untersuchung des Kelches von La Peña tritt Erstaunliches zu Tage. Das heutige Gefäß besteht aus drei Teilen: einem durchscheinenden Sockelkelch aus Onyx, dem goldenen Stiel, der den Sockelkelch mit der ebenfalls durchscheinenden Achatschale verbindet. Nach Meinung der Archäologen könnte diese Schale von Jesus benutzt worden sein. Zumindest Alter und Herkunft des Materials lassen diese Annahme zu. Der Kelch ist, so haben archäologische Untersuchungen in Spanien bewiesen, datierbar auf einen Zeitraum zwischen dem 4. vor- und dem 1. nachchristlichen Jahrhundert.

Chrétien erzählt in seiner Gralslegende, daß die 20 Kerzen der Leuchter, die zwei Diener trugen, ihren Glanz verloren, als eine Jungfrau den lichtstrahlenden Gral brachte. Nur literarische Ausschmückung? Keineswegs. Der Domherr der Kathedrale von Valencia, Augustín Sales, erkannte schon im 18. Jahrhundert das merkwürdige Phänomen: »Die Farbe dieses heiligen Kelches ist so seltsam und fremd, daß sich bei einer Drehung verschiedene Gesichter zeigen ..., und sogar beim ersten Anblick besteht der Eindruck, als ob es sich um eine abgeschwächte Glut handle ... Dies entsteht nicht durch ein Wunder, sondern durch die natürliche Eigenschaft des Achatsteins.«

Der Stiel wurde, wie die Experten meinen, frühestens im 12. Jahrhundert gefertigt, vorher war der Kelch also kein Kelch, sondern eine Schale aus Achat. Bei Wolfram erscheint der Gral als Stein – seine

Version läßt sich also mit dem Kelch von San Juan vereinbaren. Was bisher als Unwissen oder Schwäche konstatiert wurde: Wolframs Aussage, es handle sich bei dem Gral um einen Stein, wird im Gegenteil zum Beweis für seine Treue gegenüber seinem Informanten. Denn seine Beschreibung des steinernen Gefäßes stützt die These, daß er mit den Quellen bestens vertraut war. Wie hätte er sonst den Gral von San Juan de la Peña so genau beschreiben können? Und wie steht es mit Wolframs Aussage, daß Buchstaben einer Inschrift auf dem Gral auftauchen und wieder verschwinden mit Namen von Personen, die auserwählt sind, den Gral zu hüten? Der Archäologe Antonio Beltrán Martínez fand beim Auseinandernehmen des Kelches eine kufisch-arabische Inschrift auf dem Sockel, die vom Staub verkrustet und deshalb nicht ohne weiteres sichtbar war. Die Buchstaben wurden als »li-z-zahira«, zu deutsch »die oder der Blühende« entziffert, was auf altfranzösisch dem Namen »Florie« – dem Namen einer Gralshüterin – entspricht!

DER UNBEKANNTE DRITTE

Wer aber hat die Geschichte von Parzival und dem Gral ursprünglich aufgeschrieben? Wolfram nennt uns einen gewissen Kyot, der in Dolet lebt und auf französisch schreibt. Ob Wolfram ihn immer richtig verstanden hat? In seinen Ausführungen über Kyot und den Araber Flegetanis, dessen Werk Kyot übersetzt haben soll, verweist Wolfram auf die Bedeutung der astronomisch-astrologischen Schriften der jüdisch-christlichen Übersetzerschulen in Toledo. Ist es ein Zufall, daß diese Stadt seit 1121 zum Herrschaftsgebiet von Routrou de Perche (Parzival) gehörte? Alfons I.-Anfortas und Routrou II.-Parzival hatten Toledo zu einem großen geistigen Zentrum gemacht. Schriftsteller, berühmte Ärzte, Astronomen, Mathematiker und Alchimisten prägten das kulturelle und wissenschaftliche Leben der Stadt, in der Juden, Christen und Muslime lebten. In Toledo, so schließt der Wissenschaftler Mandach, lebte ein Mann, der der Verfasser des Ur-Parzivals sein gewesen könnte, der von Wolfram von Eschenbach zitierte »Kyot der Provenzal«. Er hieß mit richtigem Namen Guillén de Narbona und war Schreiber der Königin Urraca, der Gemahlin von König Alfons I.-Anfortas. Guillén kam, wie der Beiname »Narbona« besagt, aus Narbonne, der Hauptstadt der vom römischen Kaiser Augustus gegründeten gleichnamigen Provinz. Vieles weist auf ihn als den unbekannten Dritten, den Urheber des »Ur-Parzivals« hin. Dieser Urparzival, die gemeinsame Vorlage sowohl Chrétiens wie auch Wolframs, kann nicht losgelöst von der Artus-Legende gesehen werden, denn erst durch die Verschmelzung mit christlichen Elementen wurde die Artus- zur Gralslegende. Die Auftraggeber entstammten vermutlich sogar einer Familie.

Ob die Gralslegende in früherer Zeit nun als geeignetes Mittel zur spirituellen Erhöhung einer bestimmten Königsfamilie benutzt wurde oder der Erziehung und Reglementierung der ritterlichen Gesellschaft diente – oder beides zusammen –, mag dahingestellt bleiben. Vielleicht sind wir heute auf der Suche nach den Grundlagen der Gralslegende der geschichtlichen Wahrheit ein Stück näher gekommen. Was in den Gralsromanen aber bleibt, ist das geheimnisvolle Dasein des Grals zwischen Himmel und Erde, seine Unauffindbarkeit, seine Verborgenheit vor jenen, die nicht an der göttlichen Gnade teilhaben. Die ewige Suche nach dem Gral beruht auf einem alten Menschheitstraum, den alle Völker gemeinsam haben: der Sehnsucht nach dem Paradies und dem Wunsch nach ewigem Leben. So sehr es glücken mag, der Geschichte hier und da auf die Spur zu kommen, so wenig wird es gelingen, diesem mächtigen und letztlich doch unergründlichen Mythos die geheimnisvolle Kraft und seinen Zauber zu nehmen.

Literaturhinweise

Andrews, Richard/Paul Schellenberger: Das letzte Grab Christi. Die Geometrie des Heiligen Gral. Bergisch-Gladbach 1999.

Ashe, Geoffrey: König Arthur. Die Entdeckung Avalons. Düsseldorf/Wien 1986.

Bumke, Joachim: Wolfram von Eschenbach. Sammlung Metzler Bd. 36. 7. Aufl., Stuttgart/Weimar 1997.

Godwin, Malcolm: Der heilige Gral. Ursprung, Geheimnis und Deutung einer Legende. München 1996.

Goodrich, Norma Lorre: Die Ritter von Camelot. König Artus, der Gral und die Entschlüsselung einer Legende. München 1994.

King, John: Kingdom of the Celts, London 1998.

Lincoln, Henry/Richard Leigh/Michael Baignet: Der Heilige Gral und seine Erben. Ursprung und Gegenwart eines geheimen Ordens. Sein Wissen und seine Macht. Bergisch Gladbach 1984.

Malory, Sir Thomas: Die Geschichten von König Artus und den Rittern seiner Tafelrunde. Übertragen von Helmut Findeisen auf der Grundlage der Lachmannschen Übersetzung. 3 Bde. Frankfurt a.M./Leipzig 1977.

Mandach, André de: Auf den Spuren des Heiligen Gral. Die gemeinsame Vorlage im pyrenäischen Geheimcode von Chrétien de Troyes und Wolfram von Eschenbach. In: Göppinger Arbeiten zur Germanistik. Bd. 596. Göppingen 1995.

Markale, Jean: Die Druiden. Gesellschaft und Götter der Kelten. München 1989.

Markale, Jean: Le Graal. Paris 1982.

Phillips, Graham/Martin Keatman: King Arthur. The True Story. London 1992.

Roquebert, Michel: Les Cathares. De la chute de Montségur aux derniers bûchers (1244–1329). Paris 1998.

Schäfer, Hans-Wilhelm: Kelch und Stein. Untersuchungen zum Werk Wolframs von Eschenbach. Frankfurt/M. und Bern 1983.

Wolfram von Eschenbach: Parzival. Berlin/New York 1998.

Zimmer Bradley, Marion: Die Nebel von Avalon. Frankfurt/M.1983.

Der Traum vom Taj Mahal – Sultane, Moguln und Maharajas

Von Hans-Christian Huf

DIE WUNDER INDIENS

Noch heute bietet Indien dem Besucher das Bild einer fremden und wunderbaren Welt – so wie vor 500 Jahren. Es sind märchenhafte Szenen, auf dem mittelalterlichen Basar von Delhi, der alten Hauptstadt, auf dem großen, alljährlichen Kamelmarkt von Pushkar in der fernen Wüste von Rajasthan oder in den entlegenen Dörfern, in denen die Zeit stehengeblieben zu sein scheint. Fast unverändert geblieben sind die malerischen Gestalten der verschiedenen Völker und Kasten, die überwältigende Vitalität der Menschen, die Würde einer uralten Kultur, die große und furchtbare Armut.

Wenn ein indisches Dorf heute mit dem Sonnenaufgang erwacht, dann unterscheidet es nur wenig von der Siedlung lang vergangener Tage. Die indische Gesellschaft hat nach Meinung vieler Kenner des Subkontinents kaum je bemerkenswerte strukturelle Veränderungen erfahren. Gäbe es eine Zeitmaschine, den meisten der indischen Dorfbewohner von heute fiele es erstaunlich leicht, sich in das Geschehen von vor etwa 500 Jahren hineinzufinden. Im Morgendunst würden ihnen auf dem Lehmweg des alten Dorfes Menschen begegnen, deren Kleidung der ihren gleicht. Und die Gäste aus dem 20. Jahrhundert wären überrascht, wie sehr die Sitten und Gebräuche des Dorfes in der Vergangenheit denen ihres eigenen Dorfes ähneln.

44 (Vorhergehende Doppelseite) Das Taj Mahal, vollendet um 1653, läßt der Mogulkaiser Shah Jahan für seine verstorbene Frau Mumtaz Mahal errichten. Für viele ist es eines der schönsten Bauwerke der Welt.

Über der nächsten, größeren Stadt würde sich ein prachtvoller Palast, ein Wunderwerk wie aus einer anderen Welt, erheben; so wie noch heute. Und obwohl sich die Zeiten geändert haben, obwohl die Großstädte Indiens längst Hochburgen der Computertechnik geworden sind, scheint im Inneren der Paläste die Zeit ebenso stillzustehen wie in jenem entlegenen Dorf. Wenn der gegenwärtige Maharaja (Maharadscha) von Baroda, Ranjit Singh Rao, seine Besucher durch die vielen Räume seines gigantischen Palasts Laxmi Vilas führt, berichtet er, daß er als kleiner Junge wohl ein oder zwei Jahre gebraucht habe, bis er sich in diesem Gewirr zurechtgefunden hatte. Manche der Räume seines Palasts hat er schon seit zehn oder fünfzehn Jahren nicht mehr betreten – es sind einfach zu viele.

Die Maharajas, die indischen Fürsten, haben sich Paläste gebaut, deren unfaßlicher Luxus jede Vorstellungskraft übersteigt. Man hat diese Bauten »Luxuskitsch« genannt oder den Höhepunkt einer »orientalischen Renaissance«. Auf jeden Fall sind sie spektakulär. Im 19. und 20. Jahrhundert wurde ohne Rücksicht auf die Kosten nur das Edelste und Beste aus der ganzen Welt dort verbaut. Allein am wunderbaren Mosaikfußboden des italienisch anmutenden Brunnenhofs im Laxmi Vilas von Baroda arbeiteten zwölf venezianische Steinmetze eineinhalb Jahre. Es waren und sind exzentrische Bauten, ohne den Anspruch auf Nutzen und Gewinn. Wer aber einmal durch ihre märchenhaften Spiegelkammern geschritten ist, wer die goldglänzenden Thronsäle gesehen und die hochglanzpolierten Steine ihrer Wände und Böden gefühlt hat, der wird diese Paläste wie aus Tausendundeiner Nacht nie vergessen.

DER TRAUM DER MOGULN

Es sind Bauwerke wie der Palast von Baroda, die seit Jahrhunderten die vielen Veränderungen der scheinbar unveränderlichen indischen Geschichte abbilden. Wenn sich frühmorgens im nordindischen Agra die Nebelfelder über dem Fluß Yamuna lichten, sieht man ein zartes Gebilde aus weißem Marmor, das nicht von dieser Welt zu sein scheint: das Taj Mahal. Längst ist dieses phantastische Mausoleum zu einem Mythos geworden, losgelöst von seinem wahren Ort und seiner wahren Geschichte. Viele Geschichten sind mit dem Taj Mahal verknüpft, von seinem Erbauer, dem Mogul Shah Jahan, seiner über alles geliebten Frau Mumtaz Mahal, der er ein unvergleichliches Grabmal geschenkt hat.

45 Das dörfliche Leben hat sich in Indien seit der Zeit der Moguln nicht wesentlich geändert.

Als sechzehnjähriger Prinz, so die Legende, verliebte sich der zukünftige »Herrscher der Welt« unsterblich in Mumtaz und verstieß gegen die Bräuche, als er um ihre Hand anhielt – fünf Jahre sollte er auf die Hochzeit warten müssen. In den folgenden 19 Jahren ihrer Ehe schenkte ihm die Königin 14 Kinder und herrschte fast gleichberechtigt an seiner Seite. Als sie jedoch bei der Geburt des vierzehnten Kindes starb, war die Trauer des Herrschers so unendlich, berichtet die Überlieferung, daß sein Haar über Nacht schneeweiß wurde – so weiß wie der Marmor des Taj Mahal. Er war entschlossen, ihrer Liebe ein Monument zu bauen, das in der Geschichte einzigartig bleiben sollte. »Laß die Pracht von Diamanten, Perlen und Rubinen verschwinden wie den magischen Schimmer eines Regenbogens. Laß nur diese eine Träne, dieses Taj Mahal, für immer makellos hell glitzern auf der Wange der Zeit«, schrieb später ein Dichter.

46 Zum Bau des Taj Mahal bietet Shah Jahan die besten Handwerker des Landes auf. Auch heute noch beherrschen die Restauratoren die alten Fertigkeiten, mit denen die kostbaren Steine in die Wand gefügt werden.

Nur ein Herrscher mit nahezu unbegrenzten Möglichkeiten konnte es errichten lassen. Das Taj Mahal ist komplett mit Marmor verkleidet, fein ziseliert und graviert mit den Suren des Koran, von den besten Handwerkern eines ganzen Kontinents mit Intarsien aus Halbedelsteinen und Edelsteinen versehen. Die Bauarbeiten begannen 1631 und sollten rund 22 Jahre andauern. Bis zu 20000 Menschen müssen in dieser Zeit daran gearbeitet haben, unterstützt von 1000 Arbeits- und Transportelefanten. So beeindruckt waren die wenigen europäischen Reisenden, die den kaiserlichen Hof Shah Jahans erreichten, daß sie den Herrscher den »Großen Mogul« nannten – woraus dann später der »Großmogul« wurde.

Der ungeheure Aufwand, der mit dem Bau des Taj Mahal verbunden war, diente dann auch als Vorwand für Aurangzeb, den Sohn Shah Jahans, seinen Vater wegen Verschwendung und somit Gefährdung der Dynastie in einem Turm einzukerkern. Die letzten acht Jahre seines Lebens verbrachte der einstige Herrscher der Welt dort und sah sehnsüchtig hinaus auf die andere Seite des Flusses Yamuna, zum Taj Mahal.

Erst nach seinem Tod sollte er dorthin zurückkehren, und noch heute kann man seinen Sarg neben dem seiner geliebten Frau im Taj Mahal stehen sehen.

Wie das Taj Mahal gehört auch das indische Mogulreich, das seine Voraussetzung war, zu den erstaunlichsten Erscheinungen der Geschichte. In einem Zeitraum von nur etwa 180 Jahren, von 1526 bis 1707, in einer seltenen Aufeinanderfolge fähiger Herrscher, hat das Mogulreich eine Ausdehnung erreicht, Schätze angehäuft, eine Organisation und Verwaltung hervorgebracht, die es zu einem der Wunder der Geschichte machen. Auf dem Höhepunkt seiner Macht dehnte sich das Mogulreich im Norden bis Afghanistan, im Westen und Südwesten bis an die Küste des indischen Subkontinents, im Osten bis ans Meer – nur Südindien sollte für die allmächtigen Moguln stets unerreichbar bleiben. Das Mogulreich ist am Ende zerfallen, zu Fall gebracht von jenen inneren und äußeren Spannungen, von jenen sozialen, religiösen und ethnischen Konflikten, die noch das heutige Indien belasten. Geblieben sind Grabmäler, Festungen, Tempel, Paläste, ganze Städte, Malereien, Bücher, juwelenglitzernde Schmuckstücke und andere Kunstwerke – eine Perlenkette der Wunder.

Zeit der Eroberer

Die Moguln waren muslimische Invasoren turkmenischer Herkunft, Kriegsherren mit einem kleinen, aber zu allem entschlossenen Anhang und moderner Militärtechnik. Mit taktischem Geschick und europäischen Waffen errangen sie einen Sieg nach dem anderen – über afghanische Stammesfürsten, wilde Rajputen-Herrscher und die zerstrittenen indischen Hindufürsten. Ihre kriegerischen Erfolge leiteten sie aus ihrem Stammbaum ab. Ihre Vorfahren waren Dschingis Khan – und Timur Lenk, den der Westen als Tamerlan kannte. In Indien nannte man sie »Moguln«, das heißt »Mongolen«.

Die Stadt Samarkand im heutigen Usbekistan, gelegen an der uralten Seidenstraße, gehörte einst zu den berühmtesten Orten Asiens. Ein

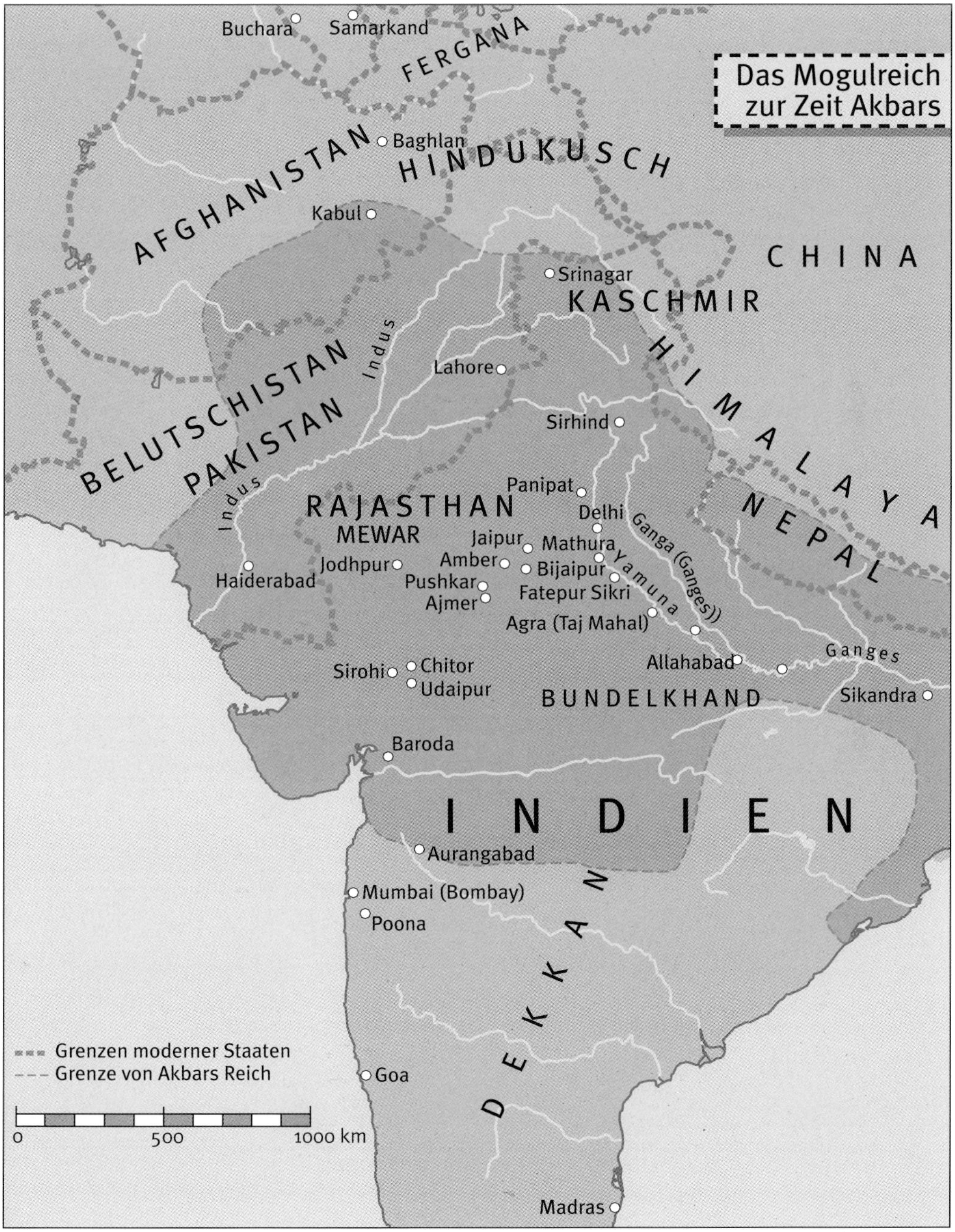
Das Mogulreich zur Zeit Akbars
Buchara
Samarkand
FERGANA
AFGHANISTAN
Baghlan
HINDUKUSCH
Kabul
CHINA
Srinagar
KASCHMIR
HIMALAYA
Indus
Lahore
BELUTSCHISTAN
PAKISTAN
Sirhind
Panipat
Delhi
RAJASTHAN
MEWAR
NEPAL
Ganga (Ganges)
Yamuna
Jaipur
Mathura
Amber
Bijaipur
Jodhpur
Haiderabad
Pushkar
Ajmer
Fatepur Sikri
Agra (Taj Mahal)
Allahabad
Ganges
Sirohi
Chitor
Udaipur
BUNDELKHAND
Sikandra
Baroda
INDIEN
Aurangabad
Mumbai (Bombay)
Poona
DEKKAN
Grenzen moderner Staaten
Grenze von Akbars Reich
Goa
0
500
1000 km
Madras

grüner Gürtel mit bewässerten Feldern, Obsthainen und Gärten zog sich um die Stadt und durch ihre Umgebung, bis fast in die über 200 Kilometer entfernte Oase Buchara. Im Zentrum erzählt noch heute der Registan-Platz, gesäumt von der türkisen Kuppel der Bibi-Khanym-Moschee und den Medresen, den alten und weithin bekannten islamischen Hochschulen, von einer glorreichen, besseren Vergangenheit. Die Geschichte Samarkands ist immerhin ebenso alt und ehrwürdig wie die von Athen oder Rom. Schon früh war es ein Zentrum des Handels und der Gelehrsamkeit. Stolz nannten und nennen ihre Bewohner die Stadt »das Juwel des Ostens«.

Timur, der von Samarkand aus im 14. Jahrhundert sein zusammengeraubtes Reich regierte, hat die Stadt geprägt. Geboren 1366 als der Sohn eines örtlichen Potentaten, war Timur ein bemerkenswerter Herrscher, einer der größten Eroberer der Weltgeschichte, dabei gebildet, kultiviert – und furchterregend brutal, wenn es die Lage gebot. Seine Abstammung vom legendären Dschingis Khan war angesichts der nur sehr entfernten Verwandtschaft klare Geschichtsfälschung – aber der Mythos diente ihm. Wo immer die blitzschnellen Reiter Timurs mit ihren flatternden Fahnen auftauchten, hielten die Menschen den Atem an, flohen oder unterwarfen sich, solange ihnen noch Zeit dazu blieb. Auf der Höhe seiner Macht unternahm Timur mit seinen Kriegern Raubzüge durch ganz Zentralasien, bis nach Rußland, in die Türkei und nach Delhi in Nordindien. Aber so unerwartet wie die Reiter am Horizont erschienen waren, so schnell verschwanden sie auch wieder. Ein wirkliches Reich zu schaffen, die eroberten Landstriche dauerhaft zu unterwerfen, daran hat Timur nie gedacht. Die hastig zusammengerafften Reichtümer ließ er von überall her nach Samarkand bringen. Timur ruht dort in seinem prachtvollen Mausoleum, unter einem massiven Sargdeckel von grüner Jade – man sagt, es sei der größte Stein seiner Art. Sein Reich zerfiel mit seinem Tod 1405 in zahllosen Fraktionskämpfen um die Macht. Seinen Nachkommen hatte er nicht nur Reichtümer und schlagkräftige Truppen hinterlassen, sondern auch den Traum von fernen und reichen Ländern.

47 (Linke Seite) Dank ihrer überlegenen Militärtechnik unterwerfen die turkmenischen Feldherrn die indischen Heere und gründen das Mogulreich. Illustration aus dem »Akbar Nameh«, 16. Jahrhundert.

DIE GÄRTEN DES BABUR

In der alten Mogul-Hauptstadt Agra erzählt der Ram-Bagh-Garten die Geschichte eines großen und blutigen Traums von Macht und Schönheit. Für Babur, den Eroberer Indiens und Begründer der Moguldynastie, sind Gärten wie dieser das Abbild des islamischen Paradieses – und der geliebten und doch unerreichbaren Oase Samarkand. In seinen Gärten lebt und herrscht er, in Zeltstädten oder darin aufgeführten Palästen, und träumt von seiner verlorenen Heimat: »Samarkand ist ein wunderbar schöner Ort ... In der Tat sind nur wenige Orte der ganzen bewohnten Welt so schön wie Samarkand.« Das schreibt er in seiner bewegenden Autobiographie »Babur Nameh«, dem Buch von Babur. Babur, geboren 1483 als Nachkomme Timurs in der fünften Generation, wird mit nur elf Jahren Herrscher über Fergana, ein fruchtbares Tal etwa 460 Kilometer östlich von Samarkand. Am kleinen Hof seines Vaters wird er gut unterrichtet. Besonders gern, so berichten die Quellen, hört der Knabe die Geschichten von den Ruhmestaten seines großen Vorfahren Timur. Doch die Idylle endet mit dem unerwarteten Tod des Vaters. Der junge Herrscher ist bald von Feinden und Konkurrenten umgeben.

Zur Rettung seines kleinen Fürstentums sieht er nur eine Lösung: die Herrschaft über Samarkand – und alle seine Feinde. Mit nur 15 Jahren hat er sein Ziel erreicht. Zusammen mit seinen vorerst siegreichen Truppen zieht Babur in die eroberte Stadt ein und setzt sich auf den Thron Timurs. Aber der schöne Traum ist bald vorbei. Gegen den Widerstand der örtlichen Herrscher und der Bevölkerung kann Babur sich nicht lange halten. Als er nach manchen Wirren und langer Flucht mit nur wenigen Getreuen ins angestammte Fergana-Tal zurückkehrt, muß er feststellen, daß seine Herrschaft auch dort längst erschüttert ist. Er hat alles riskiert und alles verloren. Trotzdem kämpft er weiter. Mit 19 Jahren ist er erneut Herr über Samarkand – und verliert es ebenso schnell wie beim ersten Versuch.

Am Ende bleibt Babur nur das Exil. 1504 macht er sich auf den Weg nach Kabul, der Hauptstadt des heutigen Afghanistan. Bald hat er dort mit seiner kleinen Armee die örtlichen Stämme unterworfen. Die Stadt blüht unter seiner Herrschaft auf. Aber er träumt wohl noch immer davon, den Spuren Timurs zu folgen. Einen ersten Raubzug durch Afghanistan bis an die Grenzen Nordindiens unternimmt Babur 1505. Nach vier Monaten kehrt er zurück, reich mit Beute beladen und mit neuen Kenntnissen von der fremden Welt Indiens jenseits der mächtigen Gebirge des Hindukusch und des großen Flusses Indus. Als 1511 sein letzter Anlauf auf seine Traumstadt Samarkand scheitert, entschließt er sich mit seinen Getreuen zu einem waghalsigen Schritt: Er will sich in Indien einen neuen Staat erobern. Seine Motivation notiert er in seiner Autobiographie: »Ich erduldete viel Armut und Erniedrigung, kein Land und keine Hoffnung auf eines!«

Zum Zeichen seines ersten Sieges läßt er in Nordindien eine Pyramide aus den Schädeln der Getöteten bauen. In den folgenden Jahren sieht das Land noch viele solcher Pyramiden. Wie sein Vorfahr Timur scheint auch Babur eine eigenartige Kombination aus einem Gelehrten, einem Träumer und einem grausamen Kriegsherren zu sein, der seine Opfer das Fürchten lehrt. Mit seiner scheinbar unbesiegbaren Armee, mit seiner ebenso flexiblen wie wirkungsvollen Taktik und den modernsten türkischen Feuerwaffen überrennt Babur 1524 Nordindien. Zwei Jahre später besiegen seine Truppen nahe dem Ort Panipat (etwa 80 Kilometer nördlich von Delhi) die zahlenmäßig weit überlegene Armee des afghanischen Sultans Ibrahim Lodi, der dieses Gebiet beherrscht. Nachdem er die Schätze seines Vorgängers ausgiebig geplündert hat, macht Babur das nordindische Agra zu seiner Hauptstadt. Das ist der Gründungsakt des Mogulreiches – aber Babur hat nicht mehr viel Zeit. Er stirbt 1530, nach einem unendlich bewegten Leben, an einer unbekannten Krankheit. Er hatte Indien ein »heißes, häßliches Land« genannt – und war doch hingezogen, um es zu erobern.

ZWISCHEN OHNMACHT UND MACHT

Noch heute reicht anläßlich des Akhati-Fests der Maharaja von Jodhpur besonderen Gästen und seinen treuesten Gefolgsleuten als besondere Auszeichnung einen Schluck mit Opium versetztes Wasser aus der hohlen Hand. Opium, eines der stärksten Rauschmittel, war stets Zuflucht und Fluch der indischen Adligen, eingebunden in rituelle Akte ebenso wie in den oft unerträglichen und unsicheren Alltag. Am Opium wäre das Mogulreich bald nach seiner Errichtung fast gescheitert.

Es ist ein ohnehin gefährdetes Erbe, das Baburs Sohn Humayun nach dem Tod seines Vaters antritt. Das Mogulreich erstreckt sich nun von Afghanistan bis nach Delhi, aber es ist noch instabil und wenig organisiert. Wie es seit Timur bei den turkmenischen Fürsten Tradition ist, übergibt der neue Herrscher seinen Brüdern einen Teil der Macht: die wichtigen Nordprovinzen. Er selbst flüchtet sich vor den Sorgen des Herrschens in Opium und Wein. Zu seinem Unglück ruhen, während er sich dem Rausch und vermutlich angenehmen Träumen in seinem Harem hingibt, seine Feinde nicht. Die von Babur besiegten und vertriebenen afghanischen Herrscher Nordindiens rüsten sich zum Widerstand. Unter ihrem fähigen Anführer Sher Khan gehen sie 1537 zum Angriff über. Humayuns Brüder kommen ihm in seiner schlimmen Lage nicht zu Hilfe. Schon drei Jahre später, im Mai 1540, erleidet Humayun eine vernichtende Niederlage. Ihm und seinen wenigen Anhängern bleibt nur die Flucht ins Exil, das fast 15 Jahre dauern soll.

Nach längerer Wanderschaft durch Nordindien findet er 1544 Zuflucht beim persischen Schah. Sein Bleiberecht erkauft der Sunnit Humayun vielleicht mit dem Übertritt zur schiitischen Richtung des Islam – aber sicher ist das nach neuester Quellenforschung nicht. Inmitten von Widrigkeiten und Demütigungen des Exils erwacht in ihm offenbar der Geist der Moguln. Von Opium und Wein entwöhnt, seines Harems ledig, beginnt er, seine Ziele mit Nachdruck und Geschick zu verfolgen. Er will das Reich seines Vaters zurückerobern. Nach langen Verhandlungen gewinnt er die Unterstützung des Schahs Tahmasp –

48 Im Jahr 1556 stürzt Humayun in seinem Bibliotheksturm in Delhi zu Tode.

49 Sein Grabmal, 1565 errichtet durch seine Frau Bega Begum, gilt als eines der ersten typischen Bauwerke im Mogulstil.

und erobert in einem ersten Schritt Kabul zurück. In einer blutigen Geste, die für die folgenden Generationen charakteristisch sein wird, läßt er seinen dort herrschenden Bruder für dessen Verrat ohne große Umstände mit glühendem Stahl blenden.

Von seiner neuen Residenz Kabul aus wendet sich Humayun Nordindien zu, in einer Wiederholung der Feldzüge seines Vaters Babur. Nach vielen Kämpfen kann er, der einstmalige Zauderer, 1554 in Nordindien triumphalen Einzug halten. Schon ein Jahr später hat er Baburs Reich ganz wiederhergestellt. Humayun, Gelehrter und Müßiggänger aus Neigung und Leidenschaft, stirbt jedoch 1556 völlig unerwartet, als er im Turm seiner Bibliothek in Delhi auf einer Treppenstufe ausgleitet. Mit dem Grabmal des Humayun, erbaut in Delhi 1565 durch Humayuns Frau Bega Begum, entsteht das erste markante Bauwerk im sogenannten Mogulstil, der die stilistischen Formen der Heimat Samarkand, des persischen Exils und des hinduistischen Indiens in sich vereinen soll. Mag heute der Spruch, den sein Nachfolger Shah Jahan später auf dem Tor des »Roten Fort«, Humayuns Residenz, anbringen läßt, auch inmitten der drangvollen Enge und furchtbaren Verschmutzung der Stadt wie bittere Ironie wirken – zu Zeiten der Moguln hat er sicher gegolten: »Wenn es irgendwo auf Erden ein Paradies gibt, dann hier in Delhi!« Westliche Reisende jedenfalls haben nicht lange nach dem Tod Humayuns mit Bewunderung von der großen Stadt Delhi berichtet: »Dank Humayun, der schöne Gebäude liebte und der Baukunst ergeben war, sind die Straßen der Stadt imposanter und eindrucksvoller als die anderer muslimischer Städte. In der Mitte sind sie mit schönen grünen Bäumen bepflanzt, die angenehmen Schatten werfen ... Die Gärten und Parkanlagen bieten eine Fülle von Früchten und Blumen; denn das Klima ist mild und das Land um Delhi ist reich und fruchtbar.«

DIE MACHT DER MOGULN

In dieser wunderbaren Stadt Delhi wird am 14. Februar 1556 ein dreizehnjähriger Junge namens Akbar auf den Thron seines gerade verstorbenen Vaters Humayun gehoben. Die Vorzeichen für seine Herrschaft sind nicht eben günstig. Rivalisierende Fürsten streiten sich um die Macht im Mogulreich. Mit Glück, Gewalt und guten Beratern wird der Knabe sie alle besiegen. Er wird der größte Herrscher seines Zeitalters und Kontinents, Kriegsherr und Friedensstifter, Alleinherrscher und Neuerer. Fast 50 Jahre lang regiert er einen großen Teil des indischen Subkontinents, das größte zusammenhängende Reich seiner Zeit.

Schon als Knabe versetzt Akbar mit seiner Wildheit den Mogulhof in Angst und Schrecken. Für einen Mogulprinzen ist das die beste Voraussetzung zum Erfolg. Mit zwölf Jahren hatte er seinen ersten Oberbefehl, über die Vorhut in der siegreichen Schlacht von Sirhind. Bald wird die Tigerjagd zu seiner größten Leidenschaft. Den aufsässigen Azam Khan, der einen Minister in Akbars Palast erdolchte, um dann einen Angriff auf Akbar zu wagen, schlägt der junge Mogul mit solcher Wucht ins Gesicht, daß man später sagt, er habe ausgesehen wie von einem Prügel getroffen. In einem seiner seltenen Ausbrüche von Grausamkeit läßt Akbar den Bewußtlosen über die Balkonbrüstung des Palastes hinabstürzen – zweimal, bis zum sicheren Tod. Es ist ein warnendes Signal für alle seine Feinde.

Akbar entfaltet schon bald eine fast fieberhafte Aktivität. 1560 nimmt er seinem verdienstvollen Ersten Minister Bayram Khan die Macht aus den Händen und beginnt, sein Reich selbst zu lenken. Und er unternimmt erste Kriegszüge, zunächst nach Süden und Osten, in denen seine Armeen über weite Entfernungen den Gegnern vernichtende Schläge versetzen. Daß Akbar ein Nachkomme Timurs ist – das wird jedem bald deutlich, der sich mit ihm auf den Kampf einläßt. In den ersten Jahren seiner Herrschaft folgt Krieg auf Krieg. Krieg zur Expansion und zur Füllung der Staatskassen, Krieg gegen die eigene Familie, Krieg gegen Feinde im eigenen Land, Krieg zur Einigung seines Reiches.

Seinen blutigsten Feldzug führt Akbar im nordindischen Wüstenstaat Rajasthan. Er will den widerspenstigen Rana von Mewar, den mächtigsten Rajputenfürsten unterwerfen. Dessen Festung Chitor, die wie ein »Panzerschiff im unendlichen Meer« (so schreibt einige Jahr-

50 *Akbar läßt den bewußtlosen Azam Khan, Mörder des Ministers Atgah Khan (unten), von den Mauern des Roten Forts stürzen. Miniatur von Miskin aus dem »Akbar Nameh«, um 1590.*

51 Fünf Monate lang läßt Akbar die Festung Chitor belagern, ehe er sie erobern kann und an den Überlebenden furchtbar Rache nimmt.

hunderte später ein englischer Reisender) auf einem schroffen Felsen inmitten der Wüste liegt, ein Bollwerk, das als uneinnehmbar gilt, erobert er mit seinen Truppen in endlosen Gefechten. Er selbst überwacht die Arbeiten an einem unterirdischen Gang, der die Festung sturmreif machen soll. 200 Arbeiter sterben täglich im Kugel- und Pfeilhagel der Verteidiger, fünf Monate lang. Aber schließlich ist der Gang vollendet, breit genug für zehn Pferde und hoch genug für die Kriegselefanten. Akbars Artillerie schießt die Feste Chitor sturmreif, dann beginnt die Eroberung.

Akbar selbst, schreibt sein bewundernder Biograph Abu-l'Fadl, tötet mit einem geübten Distanzschuß den Kommandanten. In einem letzten, dramatischen Akt künden dumpfe Trommeln ein uraltes, grausames Ritual an. Die 8000 in der Festung verbliebenen Rajputenkrieger geleiten ihre Frauen zu den qualmenden Scheiterhaufen – zur Selbstverbrennung. Dann beginnen sie selbst mit einem selbstmörderischen Gegenangriff, den kein einziger von ihnen überleben wird. Die erbitterte Gegenwehr bringt Akbars alte Wildheit zum Vorschein. In blinder Wut läßt er 40 000 Bauern, die sich nach Chitor geflüchtet haben, niedermetzeln. Im Leben Akbars ist das ein singuläres Ereignis. Keiner seiner Feinde wird danach mehr den Widerstand wagen. Der Rana hat sich längst zurückgezogen und seine Untertanen ihrem Schicksal überlassen. In einem seiner großartigen Paläste, dem von ihm erbauten, legendären Seepalast von Udaipur, an einem der magischen Plätze dieser Welt, führt heute sein direkter Nachkomme, Maharana Arvind Singh Mewar, eines der berühmtesten Luxushotels Indiens. Wie fühlt sich jemand, der sein Leben und seinen Reichtum einem Vorfahren verdankt, der sein Volk in der entscheidenden Schlacht im Stich ließ, um hierher zu fliehen und eine neue Stadt zu gründen? Das wollen wir den Maharana fragen. Dieser empfängt uns aber nicht einfach so, sondern schickt erst einmal einen Boten mit eigens gedruckten und versiegelten Einladungskarten zu unserem Hotel. Auf den Karten heißt es, Seine Hoheit erwarte uns um sieben auf der Terrasse vor dem Palast zu einem Cocktail.

52 Im legendären Seepalast von Udaipur führt heute der Maharana Arvind Singh Mewar eines der berühmtesten Luxushotels Indiens.

Pünktlich um sieben stehen wir vor den Toren des Stadtpalastes von Udaipur, und eine Dienerin führt uns durch die prächtigen Räume hinaus auf die Terrasse. Nichts erinnert hier an den hektischen Alltag von Udaipur, an die lauten Gassen und überfüllten Plätze, es scheint, als sei man beim Durchschreiten des Eingangstores in eine andere Welt eingetaucht. Nur das rhythmische Geräusch der Wäscherinnen, die unten am Ufer wie schon seit Jahrhunderten ihre Wäsche waschen, ist leise zu hören. Der Maharana sitzt entspannt auf einem der Gartenstühle und blickt hinaus auf den See und die angrenzenden Berge, in deren Schutz einer seiner Vorfahren diese Stadt gegründet hatte.

»Ich interessiere mich nicht dafür, was die Historiker sagen«, beginnt er. »Die Entscheidung meines Vorvaters, Chitor und seine Untertanen in der Schlacht zu verlassen und Udaipur als neue Hauptstadt zu gründen, war ganz bestimmt keine leichte. Doch ich bin überzeugt, daß es sehr weise war, für das Fortbestehen der Familie an einem anderen Ort zu sorgen. Nie wieder hätte man sonst etwas von uns gehört, doch so haben wir es geschafft, die letzten 500 Jahre zu überdauern. Und heute ist Udaipur – im Gegensatz zu Chitor oder Fatehpur-Sikri eine sehr lebendige Stadt.« Er schweigt wieder und schaut nachdenklich auf den See, über dem nun die Sonne untergegangen ist. Sicher stimmen ihm Millionen von Touristen aus aller Welt zu, die das märchenhafte Udaipur einmal sehen durften – die Gründung dieser Stadt war bestimmt die richtige Entscheidung.

Im Land der Krieger

In Rajasthan, dem entlegenen Wüstenstaat der Rajputen, haben sich die alten, kriegerischen Sitten und Gebräuche der Mogulzeit am längsten gehalten. In der Waffenkammer der Maharajas von Jaipur (heute ein staatliches Museum) kann man Waffen sehen, die den Blutdurst dieser elitären Kriegerkaste ebenso bezeugen wie ihren Reichtum – und ihren Sinn für Schönheit.

Um einen Blick in diese besondere Waffenkammer werfen zu dürfen, die heute als das bestausgestattete Waffenmuseum ganz Indiens gilt, haben wir uns mit Yaduendra Sahai verabredet, dem Direktor des Museums von Jaipur. Er ist ein Spezialist auf dem Gebiet der Waffenkunde. Gemeinsam mit ihm betreten wir die Räume, an deren Wänden die denkbar prächtigsten und gleichzeitig grausamsten Waffen hängen. Lange Schwerter, kunstvoll verzierte Dolche, komplizierte Schußwaffen – jeder dieser Gegenstände erzählt seine eigene Geschichte, und Sahai kennt sie alle.

Er zeigt auf ein Schwert, und sein Diener, ein kleinwüchsiger Mann in Paradeuniform, reicht es ihm. »Diese Klinge wurde in Solingen hergestellt«, überrascht uns Sahai. »Die Moguln haben sich Waffen aus Deutschland liefern lassen.« Ein anderes Schwert hat eine so dünne und biegbare Klinge, daß man es als Gürtel um den Bauch tragen kann, daneben liegen Damaszenerklingen von unglaublicher Schärfe, mit

Knäufen aus massivem Elfenbein oder Bergkristall, reich verzierte Streitäxte und Kriegskeulen mit integrierten Schußwaffen, ein mehr als 50 Zentimeter langer Treibstock für Elefanten, vom Schaft bis zur Spitze mit funkelnden Juwelen besetzt. Doch Sahais besonderes Interesse gilt dem Katar, einem in Gold gearbeiteten Dolch, dessen Klinge sich beim Stoß spaltet und eine dritte, tödliche Klinge enthüllt. Genau wie sein Diener zucken auch wir zusammen, als er mit einer ausholenden Bewegung plötzlich das Zustoßen demonstriert. »Sehen Sie diese Rinne in der Klinge hier? Da fließt das Blut ab, wenn der Dolch im Fleisch des Gegners steckt. Nur so läßt er sich schnell wieder herausziehen.«

Von der Wildheit der Rajputen berichtet der französische Reisende François Bernier, der sich von 1655 bis 1661 im Mogulreich aufhält: »Diese Rajputen, deren Name Königssöhne bedeutet, sind ... Männer, die das Schwert zu ihrem Beruf gemacht haben. Die Rajas, deren Untertanen sie sind, geben ihnen Land zu ihrer Verfügung, unter der Voraussetzung, daß sie jederzeit bereit sind, in den Krieg zu ziehen, wenn es von ihnen verlangt wird. Sie sind große Opiumkonsumenten ... Am Tag eines Kampfes verdoppeln sie die Dosis; die Droge stachelt sie an und macht sie unempfindlich für die Gefahren, so daß sie sich wie wilde Bestien in den Kampf stürzen und keinen Moment ans Davonlaufen denken.«

Wer sind die Rajputen, woher stammen sie, seit wann siedeln sie in Rajasthan? Sind sie eine eigene Volksgruppe oder nur eine durch gemeinsame Verhaltensweisen definierte Gruppe?

Es ist charakteristisch für die gesamte traditionelle indische Geschichtsschreibung, daß ein Mangel an wissenschaftlich verwertbaren historischen Quellen besteht, daß selbst so fundamentale Fragen wie die nach der Herkunft und Zusammensetzung eines der bedeutendsten Herrschergeschlechter der indischen Geschichte bis heute nicht geklärt sind. Erst mit Beginn der muslimischen Herrschaft Anfang dieses Jahrtausends kann von einer historisch verwendbaren Geschichtsschreibung gesprochen werden, die sich jedoch mit der Herkunft der Rajputen auch nur am Rande beschäftigt. Folgt man der von den Rajputen-

53 Die leuchtenden Handabdrücke an einem Tor in Jodhpur zeugen von dem grausigen Brauch der Witwenverbrennung. Jede Hand steht für eine Frau, die in den Tod gegangen ist.

geschlechtern selbst aufgestellten Theorie, bei der sich allerdings Realität und Legende vermischen, so sind sie Nachkommen der vor über 2000 Jahren eingewanderten Arya, deren Herkunft sie letztlich auf die Sonne und den Mond zurückführen. In der modernen Geschichtswissenschaft gilt heute jedoch als gesichert, daß es sich bei den Rajputen um ein Gemisch unterschiedlicher Bevölkerungsgruppen handelt, die zu einem Zeitpunkt denselben sozialen Status erreichten.

Gegen die wohlorganisierten Streitkräfte des Mogulreiches hatten freilich die todesmutigen Rajputen ebenso geringe Chancen wie einst die tollkühnen Gallier gegen die römischen Legionen Caesars. Ein westlicher Reisender, der einen Heerzug Akbars nach Nordindien begleitet, notiert tief beeindruckt: »Während der ersten Tage wirkte das Heer bemerkenswert klein. Bald aber vergrößerte es sich so schnell, daß es die Erde zu verbergen schien. Es erstreckte sich über eineinhalb Meilen Breite, bedeckte die Felder und füllte die Gehölze mit einer dichten Menschenmasse. Kein wildes Tier, das auf dem Weg überrascht wurde, konnte die Reihen durchbrechen und entfliehen. Sogar die Vögel, erschöpft von ihrem Bemühen, aus dieser Gefahr zu flüchten, und verwirrt von den Rufen der Soldaten, fielen erschöpft auf die Erde nieder... Als die Erhebung der Krieger beendet war, hatte der König 50 000 Reiter einberufen, 500 Kampfelefanten und Kamele und eine fast unzählbare Menge von Soldaten. Manche Reiter waren Mongolen, andere Perser, wieder andere Turkmenen, Chagatai, Usbeken, Männer aus Kandahar und Belutschistan, Pathanen, Inder und Rajputen. Unter ihnen waren Muslime und auch Hindus, in die er ein großes Vertrauen legte ... Und das war der Grund, warum niemand die Hand gegen Akbar aufzuheben oder seinen Tod zu planen wagte.«

Ein Bündnis großer Rajputenfürsten allerdings hätte selbst das Reich Akbars in langwierige und kostspielige Kriege stürzen können. Es ist Akbars erklärte Politik – und die der meisten seiner Vorgänger wie Nachfolger –, die einmal besiegten Rajputenfürsten um so fester in das Mogulreich einzubinden. Unmittelbar nach seinen blutigen Siegen vermählt sich Akbar mit der Tochter des hinduistischen Rajas von Amber, dessen Haus heute unter dem Namen Jaipur eines der größten Adelshäuser Indiens ist. Die Rajputen werden so zu festen Stützen der Mogulmacht. Und noch lange nach dem Zusammenbruch des Mogulreiches lebten die Rajas (»Könige«) als »Maharajas« (»Große Könige«) in großer Pracht und Machtvollkommenheit. Sie haben auch unter britischer Kolonialherrschaft ihre Traditionen bewahrt – im Guten wie im Bösen.

Noch heute gedenkt der Maharaja von Sirohi alljährlich mit einem großen Fest im Hof seines Palastes einer Schlacht, die sein Vorfahr gegen Akbar gekämpft und gewonnen hat. Wie kaum ein anderer lebt er noch völlig in der Welt seiner Vorfahren und verfügt über ein schier endloses Wissen an sagenhaften Legenden, die seine Familie und die Moguln umgeben. Während ein Barde zu einer Lobeshymne auf den Maharaja anhebt, schreitet dieser feierlich durch seinen Palast, dessen Mauern in dieser Nacht im flackernden Licht unzähliger Fackeln aufleuchten. »Auch diese dicken Mauern bergen ein Geheimnis«, verrät uns der Maharaja, und er fährt fort: »Akbar hat einst die Frau meines Vorfahren durch schwarze Magie und Hinterlist in seinen Harem nach Fatehpur-Sikri entführt. Mein Vorfahre reiste daraufhin wild entschlossen in die Hauptstadt der Moguln, schlich sich in den Harem ein, nahm sich seine entführte Frau und schnitt dem friedlich schlafenden Akbar die Hälfte seines Schnurrbarts ab. Als der Maharaja den Harem aber wieder verlassen wollte, hatten die Wachen die Brücke über dem Burggraben hochgezogen. Einer seiner Diener legte sich kurz entschlossen als menschliche Brücke über den Graben, so daß ihn der Maharaja mit seiner Frau im Arm überqueren konnte. Der Diener fiel anschließend in den Graben und brach sich das Genick. Als Dank für die selbstlose Tat schenkte der Maharaja der Familie des Dieners ein Dorf, das ihr noch heute in der 18. Generation gehört. Und als er nach Sirohi zurückkehrte, ließ er die untreue Königin bei lebendigem Leibe in die Wand seines Schlafgemaches einmauern. Dort, so heißt es, steht ihr Skelett heute noch.«

Da die stolzen Herrscher von Sirohi den Moguln stets Widerstand geleistet haben und sich nie wie andere Rajputen mit ihnen arrangierten, überrascht die Geschichte jenes Vorfahren des Maharajas. Seine Hoheit, der gegenwärtige Maharaja von Sirohi, führt uns in seine Ahnengalerie. Dort hängt über dem noch nie benutzten Kamin, den der englische Architekt des Palastes trotz des tropischen Klimas für unverzichtbar hielt, das Bild seines Ururgroßvaters. Auf seiner stattlichen Brust prangt eine Kette aus Edelsteinen mit einem riesigen Diamanten in der Mitte. Ob wir schon vom Ursprung dieser Kette gehört hätten, fragt unser Gastgeber. Wir verneinen verschämt. Könnte es sein, daß wir hier einen der letzten Besitzer des Kohinoor vor uns haben, ohne es zu wissen? Zum Glück verbirgt sich hinter diesem Bild eine andere anrührende Diamantengeschichte: Der Urururgroßvater des Maharajas besuchte den letzten und von den Briten gefangengenommenen Mogulkaiser im Gefängnis. Aus Freude über diese Geste schenkte der Mogul seinem Erzfeind daraufhin sein wertvollstes Schmuckstück. Der wiederum war so stolz auf das Geschenk, daß er sich von einem der berühmtesten Maler der damaligen Zeit mit dieser Kette malen ließ. »Wäre es möglich, die Kette abzufilmen?« fragen wir vorsichtig. Ein trauriges Lächeln zeigt sich auf dem Gesicht des Maharajas. »Die Kette«, sagt er, »gibt es schon lange nicht mehr.«

Gespenstisch leuchtende Handabdrücke erinnern am Tor des Meherangarh, der Festung von Jodhpur, an das furchtbare Ritual des »Sati«, der Witwenverbrennung. Jeder einzelne dieser Abdrücke erinnert an eine Frau, die in den Tod ging, in die Verbrennung bei lebendigem Leib. »Es ist wohlbekannt, daß indische Witwen sich bisweilen auf dem Scheiterhaufen, auf dem die Leichen ihrer Ehemänner verbrannt werden, selbst opfern und daß man solche Opfer ›Sati‹ nennt«, schrieb Mountstuart Elphinstone im Jahr 1840. In Jodhpur fand das letzte bekannte »Sati« einer königlichen Witwe erst Ende der fünfziger Jahre des 20. Jahrhunderts statt – gegen den Willen und das Verbot der Regierung, die seit Akbars Zeiten versucht, diese blutige Tradition zu unterbinden. Die Historiker und Ethnologen sind sich heute einig, daß viele der adligen Frauen wohl tatsächlich aus freiem Willen ihrem Mann in den Tod gefolgt sind. Bei den vielen Frauen aber, die von ihrer Kasten-

54 (Rechte Seite) Das West Gate ist das Haupteingangstor in die verlassene Stadt Fatehpur Sikri.

oder Dorfgemeinschaft in den Tod bei lebendigem Leib gedrängt, mit Drogen in die Flammen gelockt und mit Schlägen hineingeprügelt wurden oder den grausamen Selbstmord lebenslänglicher Erniedrigung vorzogen, wird man von Freiwilligkeit wohl nicht reden können. Ein Jesuit hat die furchtbare Prozedur beschrieben: »Die armen Frauen sind durch die Verabreichung einer Art von Droge fast ganz ohnmächtig, damit sie keinen Schmerz spüren ... Manche sind nur halb betäubt und werden, bevor sie ihre Willenskraft zurückgewinnen, eilig zum Scheiterhaufen gebracht, unter Ermahnungen, Gebeten und Versprechen ewigen Ruhmes. Wenn sie dort angekommen sind, stürzen sie sich in die Flammen. Falls sie zögern, werden die armen Kreaturen in das Feuer hineingetrieben; und falls sie wieder herausspringen wollen, werden sie mit Haken und Stangen darin festgehalten.«

Die Suche nach traditioneller Landwirtschaft führt uns in ein kleines Dorf im Norden Indiens, wo es statt der modernen Wasserpumpen noch alte Ziehbrunnen gibt. Nach Beendigung des Drehtags, zur »Stunde des Kuhstaubs«, wie man in Indien diese Zeit nennt, wenn das Vieh heimgetrieben wird, lassen wir uns in einer der typischen Straßenraststätten nieder, um einen Tee zu trinken. Dort hören wir die Männer von einer Witwenverbrennung reden, die sich erst kurz zuvor ereignet haben soll. Ein Standbild der Witwe sei aus der Asche gewachsen, erzählen sie sich. Wir erkundigen uns, und einer der Bauern bietet an, uns mit seinem Ochsengespann mit ins Nachbardorf zu nehmen, wo sich die Verbrennung ereignet hat.

Nur ein grauer Fleck erinnert an den barbarischen Brauch, der hier erst wenige Tage zuvor stattgefunden hat. Ein Standbild ist nirgends aus dem Boden gewachsen, aber vier bewaffnete Polizisten stehen um den Fleck herum und verscheuchen Trauernde und Andächtige. Gegen die »Sati«, die Witwenverbrennung, sind Regierung und Polizei auch heute noch machtlos, doch sie versuchen alles, um wenigstens den meist daraufhin einsetzenden Totenkult und Pilgerbetrieb im Keim zu ersticken und so den Bau eines Denkmals oder eines Gnadenbildes zu verhindern. Indien will heute schließlich bekannt sein für seine Modernität und seine Software und nicht für diese grausame Tradition, die erst von den britischen Kolonialherren bekämpft wurde.

Die Rätsel von Fatehpur-Sikri

Auf der Höhe seiner Macht, nach dem größten und maßgeblichen Sieg, läßt Akbar eine Stadt errichten, die heute eine der größten Geisterstädte der Welt ist: Fatehpur-Sikri. Verlassen und nahezu unverändert hat die Stadt des Sieges auf einem steinigen Hügelrücken, etwa eine Autostunde von Agra entfernt, die Jahrhunderte überdauert. Ein heiliger Mann namens Scheich Salim Chishti soll Akbar an diesem Ort die Geburt dreier Söhne vorausgesagt haben. Zum Dank, so berichtet die Legende, schuf Akbar eine Idealstadt von außergewöhnlicher Größe und Schönheit: »Als später die Geburten … eintraten und der Einfluß des Scheichs erkannt wurde, wurde Fatehpur eine Stadt.« Das Mausoleum von Salim Chishti, das Akbar dort errichten ließ, ist eines der wichtigsten muslimischen Heiligtümer Indiens geworden. Fatehpur-Sikri aber, einst als Stadt für 600 000 Menschen angelegt, wird heute nur noch von Pilgern, indischen und ausländischen Touristen, Gauklern mit dressierten Bären und Andenkenverkäufern bevölkert.

Es ist eine staunenswerte Anlage, aufgerichtet aus vorgefertigten Sandsteinarchitraven, Blöcken und Platten. Mit chirurgischer Präzision – ganz ohne Mörtel oder Klammern – wurden sie so exakt zusammengefügt wie ein moderner Holzfertigbau. Noch heute, mehr als 400 Jahre nach dem Bau, sind die Kanten vieler Sandsteinelemente so scharf gezogen, als habe man sie unter Einsatz modernster Lasertechnik geschnitten. Wenn auch die Bedeutung einzelner Gebäude bis dato nicht eindeutig geklärt ist, ihre Kühnheit und Eleganz ist jedenfalls atemberaubend. Das fragile Pañc Mahal, das Wahrzeichen Fatehpur-Sikris, ein luftiger Bau aus reich verzierten Steinträgern und -balken, getragen von 176 Pfeilern, diente vielleicht als Tagespalast, in dem je nach den Wetterverhältnissen bewegliche Wandelemente und Tücher das Klima regulierten. Die Frauen des königlichen Harems, die von

55 Fatehpur Sikri, eine der eindrucksvollsten Geisterstädte der Welt, wurde vermutlich wegen Wassermangel verlassen. Zeitlose Schönheit und handwerkliche Meisterschaft machen sie zu einem der großen Kulturdenkmäler der Welt.

keinem gewöhnlichen Sterblichen erblickt werden durften, bewegten sich vermutlich auf einem geschickt angelegten System von Übergängen und Dachterrassen aus dem abgeschlossenen Harem über die ganze Stadt – und bewohnten derart eine regelrechte Parallelstadt. Es gab genug zu sehen: das Erscheinen von Edelleuten und Delegationen aus dem ganzen Mogulreich und aus Europa bei den täglichen Audienzen im »Diwan«, einen prächtigen Basar mit Luxuswaren, die Gebäude der Staatsverwaltung mit zahllosen Schreibern, Beamten und den großen Archiven, die vielen religiösen Feiern und Prozessionen, die prachtvoll gestalteten Ehrentage des Monarchen, die Reiterspiele und Tierkämpfe, an denen Akbar, so berichten es die Chronisten, besondere Freude hatte.

Der alte Reiseführer, der seit Jahrzehnten Menschen aus aller Welt durch die verlassene Prunkstadt führt und hier jeden Winkel kennt, macht uns auf ein Loch in einem stillgelegten Wasserbecken aufmerksam. Darunter hat man vor kurzer Zeit erst einen weiteren Raum entdeckt, in den Akbar sich vermutlich an heißen Tagen zurückgezogen hat. Denn durch das darüber gelegene Wasserbecken war in diesem Raum das Klima auch in den heißen Sommermonaten stets angenehm kühl. Akbars geniale Architekten haben hier also so etwas wie einen Vorläufer der Klimaanlage erfunden.

Beim Überqueren des Innenhofs fallen uns rätselhafte Linien in Form eines großen Kreuzes aus Quadraten auf, die in den Sandsteinboden eingelassen sind. Auch hierzu kennt der alte Mann die Antwort: Zur Zeit Akbars diente dieser Platz als großes Spielfeld, auf dem die Menschen am Hof Pachisi spielten, einen Vorläufer von Mensch-Ärgere-Dich-Nicht. Genau wie das Schachspiel kam es später nach Europa, wo es eines der populärsten Spiele wurde und bis heute geblieben ist.

Besonderen Gefallen aber findet Akbar an einer anderen Art des Zeitvertreibs: den regelmäßig veranstalteten Elefantenkämpfen. Bei diesen Kämpfen, die für Tier und Reiter nicht selten tödlich enden, werden zwei aufgestachelte Elefanten aufeinander losgelassen, während die Zuschauer auf Terrassen und Balkonen das Geschehen aus sicherer Entfernung verfolgen. Die Elefanten können dabei so in Rage geraten, daß sie nur der Blitz und Knall von Feuerwerkskörpern voneinander trennen kann und sie anschließend in einem See abgekühlt werden müssen.

Selbstverständlich ist der Elefantenkampf in Indien heute verboten, und so müssen wir ihn für den Film in einer für alle Beteiligten ungefährlichen Variante nachstellen. Dennoch erwacht in den Elefanten wohl ein alter Instinkt, der an die Kämpfe an Akbars Hof erinnert.

Es bleibt die Frage nach dem Grund für die Anlage dieser einzigartigen Palaststadt. War Fatehpur-Sikri wirklich nur die Laune eines nahezu allmächtigen Herrschers? Hat die Legende recht, die jene Prophezeiung des Salim Chishti als den Anfang von Fatehpur-Sikri sieht? Neuere, systematische Forschungen führen zu einem ganz anderen Bild. Allmählich enthüllen die Arbeiten vieler indischer und europäischer Spezialisten ein gemeinsames Bildprogramm, eine Bedeutung hinter dem ersten Eindruck. Fatehpur-Sikri, sagen die Forscher, ist ein

Bild vom idealen Reich Akbars. So wie sich die Gebäude aufeinander beziehen und doch einer höheren Ordnung folgen, so soll sich letztlich auch im Reich Akbars, in dem ebenfalls alles miteinander sinnvoll verbunden ist, alles auf den Herrscher, den großen Mogul, beziehen – als Zentrum und Höhepunkt der Macht. »L'état c'est moi«, sagte Ludwig XIV., der französische »Sonnenkönig«. Akbar, der ambitionierteste aller Moguln, hätte das sicher unterschrieben. Seine Stadt Fatehpur-Sikri ist der augenfällige Beweis dieses Denkens.

Wie die Gründung von Fatehpur scheint auch das Ende der Stadt Rätsel aufzugeben. Nach nur etwa 14 Jahren verlassen Akbar und sein Hofstaat Fatehpur-Sikri – um nie wieder hier zu leben. Als Grund haben die Gelehrten späterer Zeiten einfach »Wassermangel« genannt. Aber gibt es nicht eine berühmte Quelle in unmittelbarer Nähe, sogar einen künstlichen See, der die Stadt umrahmt? Waren die Moguln als Nachfahren einer Kultur mit einer uralten Bewässerungstradition nicht in der Lage, dieses Problem zu lösen? Die Antwort auf diese Frage gibt der Bericht einer Jesuitendelegation aus dem 16. Jahrhundert: Um die Stadt mit Wasser zu versorgen, ist mit Umsicht und viel Arbeit ein riesiger Speicher errichtet worden. Durch diese Maßnahme gibt es nicht nur einen üppigen Wasservorrat, sondern sie mildert auch die Unannehmlichkeiten des Klimas. Denn wenn die Sonne niedrig steht, wird die Hitze, die in Fatehpur sehr groß ist, durch eine kühle und angenehme Brise verringert, die über den Speicher streicht.« Abends, so berichten sie weiter, sei Akbar gern in einem kleinen Nachen über den Wasserspeicher gerudert. Etwa neun mal drei Kilometer soll dieser künstliche See gemessen haben. Vermutlich bestand er bis in die Mitte des 19. Jahrhunderts hinein, bis der alte Damm abgerissen wurde. Wenn aber von Wassermangel offenbar nicht die Rede sein kann, warum wird dann eine Stadt mit 600 000 Einwohnern einfach aufgegeben?

Neueste Forschungen geben auf diese Frage eine ebenso unglaubliche wie einleuchtende Antwort: Dem über alle Maßen reichen und mächtigen Großmogul bedeutet die Musterstadt Fatehpur-Sikri wohl nicht mehr als seinen nomadischen Vorfahren deren ebenso große

Zeltlager. Als sich seine Interessen verlagern, sein Programm des Staatsaufbaus und der Staatserneuerung abgeschlossen ist, zieht er mit seinem Hof einfach weiter. Für Akbar ist Fatehpur-Sikri wohl nur ein Element eines großen Plans – eines Plans, der so ungeheuerlich und gewaltig angelegt ist, daß die Nachwelt sich lange geweigert hat, ihn zur Kenntnis zu nehmen. Für moderne Inder ist Fatehpur-Sikri heute so etwas wie der sichtbar gewordene Gründungsmythos ihres Staats. Der indische Architekt Vivek Punjabi zum Beispiel, der mit seiner Firma »Visions« modernste Computeranimationen für internationale Großprojekte der Architektur erstellt, hat sich zur Aufgabe gemacht, Fatehpur-Sikri als interaktive und dreidimensionale Computeranimation ins World-Wide-Web zu stellen – als Zeichen für die große Geschichte Indiens und als Aufruf zur Toleranz.

Die Stadt der Toleranz

In Lissabon, in der portugiesischen Nationalbibliothek, entdecken wir unter den Akten des Jesuitenordens ein seltenes Manuskript, das weitere Aufschlüsse über Zweck und Anlage von Fatehpur-Sikri zuläßt: den »Mongolicae Legationis Commentarius«. Erst 1906 wurde die verschollen geglaubte Handschrift dort wiedergefunden. Sie stammt vom Jesuitenpater Antonio Monserrate, einem Angehörigen der ersten Jesuitendelegation, die Akbars Hof erreicht. Erschienen ist die Mission – ungewöhnlich genug – auf Bitten Akbars selbst. Er wolle etwas erfahren über die christliche Religion und insbesondere über die »Hauptbücher des Alten Testaments und des Neuen Testaments«, hat er den portugiesischen Statthalter von Goa wissen lassen. Der spanische Adelige und Leiter der Mission Rodolfo Acquaviva, Monserrate und ihr Dolmetscher Francis Henríquez, ein gebürtiger Armenier, erreichen Fatehpur-Sikri im Jahr 1580. »Als die Patres von weitem die Stadt Fatehpur erblickten, da entboten sie dem Ewigen Gott herzlichen Dank, daß er sie sicher an ihr Ziel gebracht hatte. Dann sahen sie mit der innigsten Freude auf die Größe und die wunderbare Erscheinung der Stadt. Als sie

56 Im »Haus der Anbetung« in Fatehpur Sikri führt Akbar die Vertreter verschiedener Religionen zum großen Glaubensgespräch zusammen.

die Stadt betraten, wurden sie zur Attraktion aller Augen wegen ihres seltsamen Aussehens. Jeder hielt an und starrte mit großer Überraschung und Verwunderung, sich fragend, wer diese seltsam aussehenden, unbewaffneten Männer sein könnten, mit ihren langen schwarzen Roben, ihren wunderlichen Kappen, ihren glattrasierten Gesichtern und ihren tonsurierten Köpfen.«

Von Akbar hinterlassen die beeindruckten Besucher aus dem Westen eine sehr detaillierte Beschreibung: »Er hat breite Schultern, ein wenig krumme Beine, die gut für das Reiten geeignet sind, und eine hellbraune Haut. Er trägt sein Haupt nach der rechten Schulter geneigt. Seine Stirn ist breit und offen, seine Augen scheinen und blitzen so hell, daß sie wie das Meer im Abendlicht leuchten. Seine Wimpern sind sehr lang ... Seine Augenbrauen sind nicht sehr stark gezeichnet. Seine Nase ist gerade und klein, aber nicht unbedeutend. Seine Nasenöffnungen sind weit gebläht, als ob er im Spott lache. Zwischen der linken Nasenöffnung und der Oberlippe trägt er ein Muttermal. Er rasiert seinen Bartwuchs, aber trägt einen Schnurrbart wie ein türkischer Jüngling ... Entgegen dem Herkommen seines Volks schneidet er sein Haar nicht und trägt auch keinen Hut, sondern einen Turban, in dem er sein Haar aufbindet ... Er hinkt auf dem linken Bein, obwohl er dort nie verletzt worden ist. Sein Körper ist außergewöhnlich wohlgebaut und weder zu dünn noch zu dick. Er ist robust und kräftig. Wenn er lacht, verzerrt sich fast sein Gesicht. Sein Ausdruck ist ruhig, ernst und offen, aber auch voller Würde; und wenn er zornig ist, von furchteinflößender Majestät.

Als die Priester ihn zuerst erblickten, war er 38 Jahre alt. Es ist kaum möglich, zu übertreiben, wie sehr er für alle zugänglich ist, die ihn sprechen wollen. Denn fast jeden Tag schafft er eine Gelegenheit für das Volk und die Edelleute, ihn zu sehen und zu sprechen; und er bemüht sich, ihnen nicht streng, sondern wohlwollend und freundlich zu erscheinen. Es ist bemerkenswert, wie sehr diese Freundlichkeit und dieses Wohlwollen die Herzen seiner Untertanen an ihn bindet ... Er hat eine scharfe Auffassung und zeigt viel weise Voraussicht darin, Gefahren zu vermeiden und günstige Gelegenheiten für seine Pläne zu ergreifen.«

57 Zahlreiche Inder verehren Akbar in seinem Grab in Sikandra wie einen Heiligen für seine Bemühungen um den religiösen Frieden im Land.

Die Missionare glauben schon, einen bekehrungswilligen Potentaten vor sich zu haben, einen neuen Kaiser Konstantin. Täglich werden in einem eigens eingerichteten, prunkvollen Gebäude, dem »Haus der Anbetung« (Ibadat Khane) in Fatehpur-Sikri hitzige Diskussionen zwischen den Vertretern aller großen Religionen abgehalten. Akbar, der selbst wie die meisten seiner Vorfahren der sunnitischen Richtung des Islam angehört, hört ihnen allen aufmerksam zu, überrascht sie oft mit detailliertem Wissen aus den religiösen Überlieferungen und scharfsinnigen Fragen. Auf Betreiben der Jesuitenmission schickt Papst Gregor einen persönlichen Brief an den »vielgerühmten Herrscher von Mogor«: »Möge der Gott des Erbarmens, der geruht hat Euch einzugeben, den Lehren der Doktrin des Evangeliums Gehör zu verleihen, Euch so rasch wie möglich aus der Dunkelheit zum Licht führen. Wir hoffen dies wegen des Interesses, das Ihr, wie man Uns berichtet, der christlichen Religion gezeigt habt … Achtet, daß Ihr nicht Eure eigene Errettung vernachlässigt oder die Gnade des Gottes, der Euch ruft, geringschätzt … Rom, den 18. Februar 1582.«

Die mahnenden und etwas überheblichen Worte sind völlig umsonst. Akbar hat nie die Absicht, sich bekehren zu lassen, sondern sucht nach den besten Elementen aller Religionen. 1579 hat er dekretieren lassen, daß ihm die letzte Entscheidungsgewalt bei unlösbaren Disputen zwischen Religionsgelehrten obliegt. Drei Jahre später, im Jahr des Papstbriefes also, begründet er seinen eigenen religiösen Orden »Tawhid-e Ilahi«, das heißt »göttliche Einheitserkenntnis«. Er habe, berichten die Jesuiten empört nach Rom, »ein hölzernes Gebäude, von herrlicher Handwerkskunst, errichten und auf dem höchsten Punkt des Palastdachs aufstellen lassen: Von dort aus beobachtete er den Sonnenaufgang und verehrte die aufgehende Sonne.« Tatsächlich dürfte es sich dabei vielmehr um eine symbolische Handlung als um einen Glaubensakt handeln. Akbar strebt in seinem Reich eine friedliche Koexistenz der Religionen an – in einem Gebiet, das damals wie heute unter religiösen Streitigkeiten zu zerreißen droht. Die Vorteile aller Religionen will er sich und seinem Staatswesen zunutze machen – und sich selbst als obersten Herrscher der Loyalität aller Glaubensgruppierungen versichern. Fatehpur-Sikri ist nicht nur das Herrschaftszentrum des Mogulreiches, es soll nach Akbars Willen auch das spirituelle Zentrum Indiens werden. Hindus wie Muslimen allerdings bleibt Akbars vernunftgeprägter Umgang mit der Religion fremd. Noch heute aber verehren ihn viele Inder für seine Bemühungen um den geistigen Frieden wie einen Heiligen. Sein Grab in Sikandra, inmitten eines Parks von zwei Quadratkilometern Größe, wird auch heute noch viel besucht. Auf Akbars Grabstein, 40 Meter tief in einer gigantischen Terrassenpyramide verborgen, liegen immer frische Blumen – zur Erinnerung an einen mächtigen und kriegerischen Herrscher, der nach einer Religion des Friedens gesucht hat.

Leben und Sterben

Bei all seiner intensiven Beschäftigung mit religiösen Fragen und seinen zahllosen Kriegszügen findet Akbar noch genug Zeit, den modernsten und schlagkräftigsten Staat seiner Zeit aufzubauen. So modern, daß bis in die jüngste Zeit hinein die Ernennung von neuen Offizieren bei der indischen Armee den Verwaltungsprozeduren aus Akbars Zeit folgt. Der Aufbau des Mogulstaates ist ein organisatorisches Großprogramm, bei dem ihm fähige Männer aller indischen Volksgruppen, Religionen und Schichten dienen. Eine komplizierte und vielschichtige Organisation sorgt dafür, daß die Befehle des Moguln aufgezeichnet und bearbeitet wurden. Stets sind Sekretäre in der Nähe des Herrschers, die alle seine Worte sorgfältig notieren, »damit sie nicht auf den Boden fallen und dort verloren gehen«, wie ein westlicher Reisender etwas abschätzig schreibt. Ein ausgeklügeltes System von Verwaltungsbehörden verteilt die vielfältigen Anweisungen an die richtigen Adressaten und sorgt für die Einhaltung – auf dem Papier jedenfalls.

Akbar hat sich offenbar ernsthaft bemüht, Willkür und exzessive Ausbeutung in seinem Reich durch strikte Vorschriften zu unterbinden. Aber seine Mittel sind begrenzt. Die Moguln spielen ein schwieriges Machtspiel. Sehr exakt muß die Macht zwischen den Adligen, den Kasten, den Religionen und Völkern ausbalanciert werden. Jeder Fehler kann dem Herrscher, so vollkommen er auch am Hof seine Macht ausübt, in seinem ausgedehnten Reich zum Verhängnis werden. Stets lauern Verschwörungen einzelner Fürsten und Verwandter, Fraktionskämpfe, Aufstände ganzer Völkerschaften. Das Balancemittel des Mogulreiches heißt »Mansab«. Es ist ein exakt austariertes System, eine Machtpyramide, in der verschiedene Klassen von Landbesitzern über andere herrschen, ihrerseits beaufsichtigt und kontrolliert von Staatsbeamten. Und es ist, wie im Europa derselben Zeit, ein System, in dem jede Klasse von Landbesitzern genau definierte Gelder an den Königshof abzuführen und genau vorgeschriebene Truppenkontingente für die nie endenden Kriegszüge zu stellen hat. Man hat dieses System, das in seiner Gesamtheit, seinen zahllosen Vorschriften, Rangordnungen und Klassengliederungen selbst für einen Historiker nur schwer durchschaubar ist, anschaulich mit dem absolutistischen System Ludwigs XIV. verglichen. So wie er sichert auch Akbar durch den virtuosen Umgang mit den Adligen seine Herrschaft, läßt als Zentralgestirn einer Sonnenmonarchie die Fürsten seiner Länder um sich und seinen Hof kreisen.

Man darf sich allerdings von all dem Glanz nicht blenden lassen. Die Lebenswirklichkeit der niederen Kasten, der einfachen Menschen, ist zur Mogulzeit – genau wie zur selben Zeit im feudalen Europa –geprägt von Ausbeutung durch die Steuerpächter und Grundherren, denen die Moguln einen Großteil ihres Landes zur Verwaltung überlassen haben. Nur wenig, viel zu wenig ist bekannt von den Lebensumständen des Volks. Sicher ist, daß damals wie heute im weitgehend hinduistischen Indien die gleichen unabänderlichen Vorschriften das Leben vieler Menschen von der Wiege bis zur Bahre bestimmten und bestimmen, je nach Kastenzugehörigkeit. Über 1000 verschiedene Kasten gab und gibt es, und jede hat ihre eigenen, uralten Traditionen. Sie legen fest, was ein Mensch tun und lassen muß, was er essen oder nicht essen darf, wann und zu welcher Gottheit er beten kann, wen er heiraten, wie er sterben und wie er bestattet wird. Der Hinduismus bietet ein allumfassendes Ordnungssystem, das alle Elemente, die Kräfte und Erscheinungen der Natur wie des spirituellen Lebens in sich faßt. Der Begriff

58 Christliche Missionare nahmen Anstoß daran, daß Affen in einigen hinduistischen Tempeln den Schutz des Affengottes Hanuman genießen.

Kaste allerdings stammt von einem portugiesischen Reisenden der Mogulzeit: »Niemand ergreift einen anderen Beruf als sein Vater, und alle Angehörigen derselben ›casta‹ sind einander gleich«, notiert Garcia de Orte, der mit einem portugiesischen Wort das ihm Unverständliche zu beschreiben sucht.

Was die westlichen Reisenden jener Jahre ebenso entsetzt wie erstaunt, das sind die vielen religiösen Festlichkeiten, die unzähligen heiligen Orte der ebenso unzähligen Götter der Hindus. Mit der Mißbilligung des christlichen Missionars und doch mit spürbarer Faszination berichtet der Jesuit Monserrate von einem der vielen Tempel des Affengottes Hanuman: »Ungefähr sechs Meilen von Mathara befindet sich ein Schrein des Hanuman, um den 300 oder mehr Affen in einem Hain auf öffentliche Kosten gehalten werden. Diese Affen nehmen, auf das Erklingen einer Glocke hin, die Waffen auf, teilen sich in zwei Kompanien, kämpfen wie die Gladiatoren – und legen sie, auf den Klang derselben Glocke hin, wieder nieder. Auch kommen sie auf dasselbe Signal hin zu den Mahlzeiten und kehren nach dem Mahl wieder in ihren Hain zurück, zur großen Verwunderung des einfachen Volks, das diese Leistungen als ein göttliches Wunder ansieht ... Aber die Affen werden mühevoll ausgebildet, um das alles zu tun, und folgen dem Beispiel der älteren Affen, die schon ausgebildet worden sind. Die Brahmanen erklären dennoch, daß die Affen alles aus ihrem eigenen Willen tun, indem sie ihrem Heiligen Hanuman Ehre und Anbetung antragen.« Noch heute ist an den heiligen Plätzen Indiens, an den zahllosen hinduistischen Tempeln, am heiligen Fluß Ganges, an den Einsiedeleien verehrter Weiser, das reiche und unzerstörbare spirituelle Leben Indiens zu finden. Den Menschen bietet es Anbindung an eine jahrtausendealte Kultur, innere Freiheit und Hoffnung in einem Land, in dem heute wie zu Zeiten der Moguln die einzige Gewißheit oft die eines frühen Todes ist.

So pilgern auch noch heute alljährlich in der Vollmondnacht des Monats November Tausende von Gläubigen zu einem kleinen See in Rajasthan. Es heißt, Brahma, dem Schöpfer des Universums, soll hier auf der Suche nach einem geeigneten Opferplatz eine Lotusblüte aus der Hand geglitten sein. Als die Blüte den Boden berührte, öffnete sich dort eine Quelle und ließ den See entstehen, von dem die Legende berichtet, er sei endlos tief und habe keinen Boden. Diesen Ort nannte er Pushkar, nach dem Wort für Lotusblüte. Er wurde zu einem der wichtigsten Wallfahrtsorte, und selbst die islamischen Mogulherrscher Akbar und Shah Jahan schlossen ihrer Pilgerreise nach Ajmer einen Besuch in Pushkar an.

Unter den Pilgern dürfen die Sadhus, die heiligen Männer, als erste das reinigende Bad im See nehmen. Nur mit einer Decke, einem Stab und einem Wasserbehälter ausgerüstet, haben sie für diesen Moment oft weite Strecken zurückgelegt. Anschließend beten sie die aufgehende Sonne an, die sie als göttliche Quelle von Licht und Wärme verehren.

REICHTUM UND VERSCHWENDUNG

Der Großmogul, der »Padeshah« – wie er sich nennen läßt – selbst lebt an der Spitze der Machtpyramide, weit entfernt von solchen Zwängen und in unvorstellbarer Pracht. In den pedantischen Aufzeichnungen des Abu-l'Fadl, der auf den insgesamt 4000 Seiten seiner Handschriften »Akbar Nameh« und »Ain-e Akbari« alles Wissenswerte über die Herrschaft Akbars gesammelt hat, findet man noch heute genaue Angaben darüber: In Fatehpur-Sikri, schreibt er, gebe es allein 100 Manufakturen für Luxuswaren. Die Garderobe Akbars umfaßt für jede Jahreszeit 1000 vollständige Anzüge, seine Ställe beherbergen 12 000 Pferde. Akbars Harem umfaßt 300 Frauen und 5000 Konkubinen. Seine Jagdvergnügen sind von gewaltigen Ausmaßen. Bei einer Treibjagd im Jahr 1567 wird ein Areal mit 90 Kilometern Durchmesser von 50 000 Treibern umstellt. Akbar liebt die Jagd mit »Chitahs«, zahmen indischen Geparden. Seine Tiere tragen juwelenbesetzte Umhänge – und ein besonders verdientes Tier hat, zum »Oberchitah« befördert, sogar Anrecht auf eine eigene Militärkapelle mit Pauken und Trompeten.

Wie die Moguln sind auch die Maharajas als ihre Erben der Inbegriff von Pracht, Reichtum und maßloser Verschwendung. Sie entfalten einen Luxus, der über ein Jahrhundert hinweg seinesgleichen sucht. Einer von ihnen verheiratet noch 1948 seine Tochter mit einem anderen Fürsten in einer Zeremonie, die das Guinness-Buch der Rekorde als »die teuerste Hochzeit aller Zeiten« klassifiziert. Die Maharajas leben in so verschwenderischem Reichtum, daß sie nicht nur Juwelen, Preziosen von einzigartigem Wert besitzen, sondern sie sogar in großen Mengen sammeln. Mahbub Ali Pascha etwa, der sechste Nizam von Haiderabad, soll eines Tages beschlossen haben, seine Sammlung von kostbaren

Perlen reinigen zu lassen. Die Perlen wurden gewaschen und zum Trocknen auf dem Dach des fürstlichen Palastes ausgebreitet – nebeneinander gelegt, sollen sie das Dach des Haupthauses völlig bedeckt haben.

Selbst die Sammlung des Nizam von Haiderabad aber hat ein einzelner Edelstein an Glanz übertroffen: der legendäre Kohinoor, mit ursprünglich 186 Karat einer der größten Diamanten der Welt. Seine Ursprünge liegen im Dunkel der Sagen und Überlieferungen. Einst soll er das dritte Auge Shivas an einer Statue dieses Gottes repräsentiert haben. Ein schlimmer Fluch liege seit jener Zeit auf dem Kohinoor, berichtet die Legende, und nur »ein Gott oder eine Frau« dürfe ihn tragen. Seit den Eroberungen Baburs wurde der Kohinoor in der Moguldynastie weitergegeben, bis er schließlich im Niedergang des 18. Jahrhunderts vom persischen Herrscher Nadir Shah erbeutet wurde. Heute gehört der mittlerweile auf 108,93 Karat heruntergeschliffene Diamant dem englischen Königshaus und ist, eingepaßt in die Krone der Königinmutter, im Tower von London zu besichtigen. Wegen des Fluches, der auf dem Kohinoor liegen soll, dürfen ihn bis zum heutigen Tag nur weibliche Angehörige des Hauses Windsor tragen.

Der Fluch der Moguln

59 (Rechte Seite) Akbars Sohn Jahangir wird im Jahr 1605 Großmogul. Diese Miniatur aus dem frühen 17. Jahrhundert zeigt ihn mit einem Porträt seines Vaters. Jahangir herrscht 22 Jahre mit Umsicht und List über das ständig bedrohte Reich.

Ein Fluch anderer Art liegt auf dem Mogulreich, trotz allen Reichtums, aller Größe: Immer wieder stellen sich Brüder gegen Brüder, Väter gegen Söhne, Söhne gegen Väter. So wie Humayun seinen abtrünnigen Bruder hat blenden lassen, so empfinden auch in den späteren Generationen die Mitglieder der Moguldynastie den Verwandtenmord als probates Mittel der Politik. Es ist ein Überbleibsel der turkmenischen Tradition, wonach das Erbe immer unter vorhandenen Brüdern und anderen Verwandten aufgeteilt werden muß. Kombiniert mit dem unter Akbar mittlerweile totalen Anspruch des Herrschers und seines zentralistischen Staats ist das eine explosive Mischung.

Die späten Jahre Akbars sind bestimmt vom blutigen Kampf mit seinem Sohn Salim. Der hat sich, nach einem vergeblichen Angriff auf

den Staatsschatz seines Vaters, um das Jahr 1600 mit seinen Anhängern und einem größeren Heer in der Festung Allahabad niedergelassen. Dort herrscht er wie ein unabhängiger König. Immer wieder macht Salim durch exzessive Grausamkeit und ebenso maßlosen Opiumkonsum von sich reden. Akbars Botschafter und Vertrauten Abu-l'Fadl, der ihn zur Unterwerfung auffordern soll, läßt er 1602 überfallen und ermorden. Der mächtige Akbar, so berichten die Quellen, soll bei der Nachricht von der Ermordung seines Freundes Abu-l'Fadl durch seinen Sohn in Ohnmacht gefallen sein. Trotzdem unternimmt Akbar immer neue Anläufe zur Versöhnung mit dem Thronfolger – unterbrochen nur von Vorbereitungen zu Feldzügen gegen Salim.

Im November 1604 endlich glückte der letzte Versöhnungsversuch. Akbar, inzwischen von schwerer Krankheit geschwächt, lädt den verlorenen Sohn zum 50. Regierungsjubiläum. Noch einmal führen sie ein vertrautes Gespräch, dann erhebt Akbar Salim zum Mitregenten. Mit dem Tod Akbars am 25. Oktober 1605 endet ein tödlicher Zwist zwischen Vater und Sohn – und eine ganze Epoche. Was von Akbar, dem größten aller Moguln bleibt, das sind vor allem die großartigen Bauwerke, die jeden Rahmen sprengen. Es sind die gewaltigen Mauern der Forts von Agra, seine Palastbauten in Fatehpur-Sikri und Delhi, die Moscheen, die vielen Forts und Befestigungen in Ajmer und Lahore, in Allahabad, in Srinagar. Es ist auch ein durchorganisierter Staat, ein mächtiges und ausgedehntes Reich – und die reichen Erzählungen über sein Leben und seine vielen Abenteuer, die bis heute in Indien kursieren. Akbars Sohn Salim besteigt unter dem Namen Jahangir den Mogulthron und herrscht 22 Jahre über das große Reich. Er ist wohl ein vollendeter Hofmann, kultiviert, den Künsten zugewandt, aber auch voller Rankūne und Hinterlist. Mit eiskalter Konsequenz, die selbst Machiavelli noch hätte von ihm lernen können, läßt er schließlich alle, die sich ihm in den Weg stellen, umbringen oder wirft sie für lange Zeit in den Kerker. Seinen Sohn Khosraw, der sich gegen ihn erhebt, nimmt er 1606 gefangen – um die Gefolgsleute Khosraws vor den Augen seines Sohns zu pfählen. Und dennoch rebelliert ein weiterer Sohn Jahangirs namens Khurram gegen den Vater. Er hat viele glänzende Siege für das Mogulreich erfochten, fühlt sich aber in den politischen Ränkespielen am Hof und in der Thronfolge benachteiligt.

Der Konflikt schwelt bis zum Tod Jahangirs. Khurram besteigt den Thron des Mogulreiches nur wenige Tage später, am 24. Januar 1628. Unter dem Namen Shah Jahan wird er zum Schöpfer des Taj Mahal und zum berühmtesten aller Moguln. Unter seiner Herrschaft erreicht das Mogulreich seine größte Macht, seine größte Stabilität und Pracht. Davon erzählt das »Padeshah Nameh«, das »Buch von Shah Jahan«. Es ist eines der großartigsten Manuskripte der Geschichte, geschrieben von einem der größten Kalligraphen seiner Zeit und mit kostbaren Miniaturen von den besten Malern des Mogulhofes illustriert. Ungeheure Bauwerke läßt Shah Jahan aufführen, das Taj Mahal, die Residenz Shahjahanabad mitten in der Stadt Delhi, die »Jami Masjid«, die »Freitagsmoschee«, die als der Höhepunkt der Architektur der Moguln gilt. Die Kosten für diese Prachtentfaltung sind allerdings so erheblich, daß Aurangzeb, Sohn und Thronfolger Shah Jahan, seinen Vater 1658 mit der Begründung einkerkern lassen kann, er bedrohe mit seiner Verschwendung das Fortbestehen des Reiches.

Grösse und Zerfall

Aurangzeb, der Sohn des Shah Jahan, herrscht nach dem Tod seines Vaters fast 50 Jahre lang und erreicht das ebenso biblische wie damals ungewöhnliche Alter von 90 Jahren. Er verleiht sich selbst den Beinamen »Alamgir«, das heißt »Weltenergreifer«. Der Name vermittelt eine Ahnung dessen, was er will. Mit Macht – und man ist versucht zu sagen: mit blinder Wut – reiht Aurangzeb während seiner langen Herrschaft Feldzug an Feldzug. Schon unter Aurangzebs Vorgänger Jahangir sind Aggression und Expansion an den Grenzen des Mogulreiches ohne Unterbrechung weitergegangen. Im Osten sind die Truppen Jahangirs weit in die Bergwelt des Himalaja vorgestoßen, im Süden haben sie weitere unabhängige muslimische Sultanate erobert. Shah Jahan etwa

60 Von den Engländern ihrer Macht beraubt, genießen zahlreiche Maharajas die Vorzüge ihres Reichtums, ohne die Last des Regierens tragen zu müssen.

annektiert die Königreiche der Rajputen von Baglana und Bundelkhand im Westen und erobert 1635 die Königreiche von Bijapur und Golkonda im südlichen Indien.

Aurangzeb führt die Eroberungskriege weiter. Das Erfolgsrezept Akbars aber, die kluge Taktik, alle Gruppen des riesigen Reichs nach einem sorgsam ausgearbeiteten Schlüssel an der Macht zu beteiligen, scheint er nie verstanden zu haben. So macht er sich die Rajputen, die unter seinem Urgroßvater Akbar treue und nur gelegentlich aufsässige Gefolgsleute der Moguln sind, unwiderruflich zu Todfeinden. Als wäre das nicht genug, verschreibt sich Aurangzeb, anders als seine Vorgänger Jahangir und Shah Jahan, der gewaltsamen Rückführung seines Reiches zu einem orthodoxen Islam. In einem Land, das zu großen Teilen von der hinduistischen Urbevölkerung bewohnt wird, kann das nicht ohne Folgen bleiben. Zwar erzielt Aurangzeb mit der Zerstörung von Tempeln und dem Verbot hinduistischer Riten schnell scheinbare Erfolge – dann aber beginnt sich eine breite Front des Widerstands abzuzeichnen.

Durch einen historischen Zufall erwächst dem Mogulreich zur selben Zeit eine ernsthafte Bedrohung. Im Dekkan, dem welligen Hochland des südlichen Zentralindien, konstituiert sich, von Poona ausgehend, unter einigen dynamischen Hindufürsten der Staat der Marathen. Beunruhigt von der wachsenden Macht der Marathenherrscher, entsendet Aurangzeb immer neue Truppen in die aufständische Provinz. Aber Shiwaji, der fast legendär unbezwingbare Anführer der Marathen, befreit sich immer wieder aus den hoffnungslosesten Niederlagen und selbst aus der Gefangenschaft – um sich 1674 zum König eines unabhängigen hinduistischen Königreichs krönen zu lassen. Mit einem Schlag gibt es für die unterworfenen und von Aurangzeb zunehmend gedemütigten Hinduvölker Indiens einen neuen Leitstern, eine Alternative zum Mogulreich. Shiwaji, der mit unglaublicher Todesverachtung und scheinbar grenzenlosem Selbstvertrauen diesen Schritt wagt, ist eine der erstaunlichsten Persönlichkeiten des 17. Jahrhunderts.

Aurangzeb, der klarsichtig genug ist, eine ernsthafte Bedrohung beizeiten zu erkennen, beschließt, dem Spuk ein für allemal ein Ende zu machen. Indem er das tut, riskiert er den Bestand seines Reichs – und verändert das Mogulreich auf unwiederbringliche Weise. 1681 führt er seine Armee nach Süden. Die neugegründete Stadt Aurangabad macht er dort zu seiner Residenz – und verbringt seine letzten Jahre im Feldlager. Schwerkrank und tödlich erschöpft wie so viele seiner Krieger, stirbt der Neunzigjährige dort im Frühjahr 1707. Obwohl er einige entscheidende Siege errungen zu haben schien, hatte er den Widerstand der Marathen doch nie völlig brechen können.

Die von Aurangzeb überlieferten letzten Worte sind bewegend – und sie lassen die Frage offen, ob ihm mit dem Bild des furchterregenden

Kriegers Genüge getan ist: »Ich habe in diese Welt nichts mitgebracht und nehme, abgesehen von den menschlichen Gebrechen, nichts aus ihr mit. Ich habe einen Durst nach Erlösung und eine Furcht vor den Qualen, mit denen man mich bestrafen könnte. Obwohl ich starkes Vertrauen in die Gnade und die Gaben Gottes habe, verläßt mich doch, angesichts meiner Taten, die Furcht nicht; aber wenn ich fortgegangen bin, werden diese Gedanken nicht bleiben.«

Aurangzebs Grabmal nahe Aurangabad ist bescheiden und fast demütig. In seinem langen Leben hat er viele Fehler gemacht, die seine fähigeren oder nur kühler rechnenden Vorgänger vermieden hatten. Aber er hat auch die Zeit gegen sich, und nicht lange nach seinem Tod zerfällt das Mogulreich allmählich, und die Europäer treten ihre ebenfalls nicht sehr lange währende Herrschaft über den indischen Subkontinent an.

Literaturhinweise

Asher, Catherine B.: Architecture of Mughal India (The New Cambridge History of India I/4). Cambridge 1992.

Bernier, François: Travels in the Moghul Empire. London 1914.

Beveridge, H. (Hg.): Abu'l Fazl. The Akbar-Nama. Delhi 1977.

Correia-Afonso, John (Hg.): Letters from the Mughal Court. The First Jesuit Mission to Akbar (1580-1583). Delhi 1981.

Crowe, Sylvia/Harwood, Sheila: The Gardens of Mughal India. London 1980 .

Darbari, Neera: Northern India under Aurangzeb. Social and Economic Conditions. Begum Bridge 1982.

Franz, Heinrich Gerhard (Hg.): Das alte Indien. München 1990.

Frembgen, Jürgen W.: Rosenduft und Blütenglanz. Islamische Kunst und Kultur der Moghulzeit (Katalog zur gleichnamigen Austellung). München 1996.

Gascoigne, Bamber: Die Großmoguln. Glanz und Größe mohammedanischer Fürsten in Indien. München 1973.

Habib, Irfan (Hg.): Akbar and His India. Oxford 1997.
Hasan, Mohibbul: Babur. Founder of the Mughal Empire in India. New Delhi 1985.
Hottinger, Arnold: Akbar der Große. 1542-1605. Herrscher über Indien durch Versöhnung der Religionen. München 1998.
Hoyland, J.S. Banerjee, S.N. (Hg.): The Commentary of Father Monserrate, S. J., on his joumey to the court of Akbar. Bombay u.a. 1922.
Koch, Ebba: Mughal Architecture. An Outline of Its History and Development (1526–1858). München 1990.
Marshall, Robert: Sturm aus dem Osten. Von Dschingis Khan bis Khubilai Khan. München 1996.
Petruccioli, Attilio/Dix, Thomas: Fatehpur Sikri. Berlin 1992.
Richard, John F.: The Mughal Empire (The New Cambridge History of India I/5). Cambridge 1993.
Robinson, Andrew/Uchiyama, Sumio: Maharadschas. Glanz und Pracht einer vergangenen Zeit. Braunschweig 1988.
Roe, Thomas: The Embassy of Sir Thomas Roe to the Court of the Great Mogul 1615-1619, 2 Bde. London 1899.
Rogers, A. (Hg.): Tuzuk-i-Jahangiri or Memoirs of Jahangir. Delhi 1968.
Rogers, J. M.: Mughal Miniatures. London 1993.
Rothermund Dietmar: Die Grundzüge der indischen Geschichte. Darmstadt 1986.
Schimmel, Annemarie: Der Islam im indischen Subkontinent. Damstadt 1995.
Stammler, Wolfgang (Hg.): Das Babur Nameh. Zürich 1988.
Ward, Jeffrey C.: Die Maharadschas. München 1984.

Sir Francis Drake – Pirat der Königin

Von Jeanette Erazo Heufelder und Matthias Unterburg

SCHRECKEN DER MEERE

Ein Schiff nimmt Kurs auf die Karibische See. Unter englischer Flagge segelt es in den Gewässern des Feindes, im Kielwasser spanischer Schatzgaleonen. Es ist eine kühne Herausforderung an die Weltmacht Spanien, die im 16. Jahrhundert die Meere beherrscht. Und sie ist typisch für einen Seefahrer, dessen Mut zur Legende wird. 30 Jahre lang kreuzt er auf allen Weltmeeren. Die Spanier nennen ihn nur »den Drachen«. Für die englische Königin Elisabeth I. ist er schlicht »mein Pirat«: Sir Francis Drake. Er segelt unter der Sankt-Georgs-Flagge, spioniert in den Häfen der Spanier und raubt ihr Silber und Gold. Sein bloßes Erscheinen verbreitet Angst und Schrecken. Spanische Kapitäne ergeben sich ihm kampflos. Jahrzehntelang spielt er in einem privaten Kaperkrieg mit dem spanischen Weltreich Katz und Maus. Für die spanische Krone ist er ein Krimineller, ein »Ketzer«, ein »protestantischer Teufel«. Für die Engländer ist er ein Held. Denn er kämpft und plündert für England, im Dienste Ihrer Majestät.

Das ist Francis Drake, wie ihn die Welt kennt. Noch heute ragt sein Denkmal hoch über Plymouth Hoe, der Hafenpromenade im englischen Plymouth, und erinnert an den berühmtesten Bürger der Stadt. Sir Francis Drake ist Kapitän und Weltumsegler, Vizeadmiral gegen die spanische Armada, Parlamentsabgeordneter und Bürgermeister von Plymouth, Seeräuber und Meisterdieb. Von der Queen wird er geadelt und mit Ehren überhäuft, vom Volk gefeiert. Neidische Stimmen fragen nach dem Grund für seinen Erfolg. Gibt es ein geheimes Band, das den Bauernsohn mit der unverheirateten Königin verbindet? Und wie konnte es einem einzigen Mann gelingen, das spanische Weltreich ins Wanken zu bringen?

61 (Vorhergehende Doppelseite) Die Seebestattung von Sir Francis Drake. Das romantische Gemälde aus dem Museum von Plymouth zeigt die bewegende Szene, so wie sie sich ein Maler des 19. Jahrhunderts vorgestellt hat.

EINE NEUE WELT

Die Karibik ist im 16. Jahrhundert Schauplatz wachsender Konflikte. Bereits 1494, zwei Jahre nach der Entdeckung Amerikas durch Christoph Columbus, wird die Neue Welt von Papst Alexander VI. im Vertrag von Tordesillas zwischen Spanien und Portugal aufgeteilt. Damit ist das Handels- und Seerecht durch kirchliche Autorität festgelegt. Für alle Ewigkeit, wie es scheint. Für Spanien beginnt das Goldene Zeitalter. Schier unerschöpfliche Gold- und Silberströme fließen aus den amerikanischen Bergwerken ins Mutterland. Prunk und Pracht des Weltreichs prägen die Stadt Sevilla, Hafen und Eingangstor für alle Schätze aus Westindien, wie man Amerika damals nennt. Im Gold- und Silberturm direkt am Guadalquivir-Fluß werden sie hinter dicken Mauern gelagert. Jeder Goldbarren und jede Silbermünze werden dort von Heerscharen von Buchhaltern registriert. Es ist die Geburtsstunde einer gigantischen Kolonialbürokratie. Allein im 16. Jahrhundert fließen, das verraten die Unterlagen der Archive, mehr als 16 000 Tonnen Silber aus Westindien ins Land. Spanien wird von Jahr zu Jahr reicher, und der Rest der Welt ist aufgrund der päpstlichen Bulle zum Zusehen verdammt.

Der Gegensatz zu England könnte nicht größer sein. Dort herrscht Elisabeth I. über eine von Religions- und Bürgerkriegen zerrissene, verarmte Nation. Bei ihrer Thronbesteigung 1558 ist England weder See- noch Handelsmacht und vom lukrativen Geschäft mit den reichen überseeischen Kolonien ausgeschlossen. Der Unmut der mächtigen englischen Kaufmannschaft wächst täglich. Gibt es Wege zu den Schätzen der Neuen Welt, ohne den Bruch mit der Großmacht Spanien zu riskieren? England beginnt, sich am Vorbild Frankreichs und Hollands zu orientieren. Beide Länder haben eine neue Methode gefunden, um das spanische Handelsmonopol in Amerika zu brechen: Sie unterstützen die Seeräuberei.

Lehrjahre eines Piraten

In diese Welt der Entdeckungen und Konflikte wird Francis Drake um das Jahr 1540 hineingeboren. Die Familie Drake ist als Pächter eines ansehnlichen Bauernhofs nahe der südwestenglischen Kleinstadt Tavistock nicht arm, aber auch nicht reich. Als ältestes von zwölf Kindern eines protestantischen Laienpredigers bekommt Francis früh die politischen Wirren am eigenen Leib zu spüren. Die protestantische Reform König Heinrichs VIII., die seine Tochter Elisabeth I. nach ihrer Thronbesteigung zu Ende führen wird, spaltet die englische Gesellschaft. Blutige Konflikte zwischen Protestanten und Katholiken sind an der Tagesordnung. Wahrscheinlich wird auch Drakes Vater Edmund in solche Streitigkeiten verwickelt. Überstürzt muß er Familie und Heimat verlassen.

Der nun vaterlose Knabe wird von seiner Familie ins nahegelegene Plymouth geschickt, in diesen Jahren die wichtigste Hafenstadt Englands. Eine der angesehensten und reichsten Familien dort sind die Hawkins', entfernte Verwandte des jungen Francis. In deren Haus wird er seine nächsten Jahre verbringen. Als er später berühmt ist, kleidet Drake diese Jugendjahre in eine pittoreske Legende. Auf einer verlassenen Bark am Midway River habe er als Knabe gelebt, berichtet er seinem Biographen, er sei dort bei einem alten Kapitän in die Lehre gegangen: So zeichnet er sich als Selfmademan, der nie auf die Hilfe reicher Verwandter angewiesen war.

Dabei sind es die kleinen Schiffe der Familie Hawkins und ihrer Geschäftspartner, auf denen der junge Francis das Seemannshandwerk lernt. Die Fahrten führen an der englischen Küste entlang, über den Kanal bis nach Frankreich. An Bord das traditionelle englische Exportgut: Wolle. William Hawkins und seine Söhne gehören allerdings zu jenen Kaufleuten, die sich nicht mehr mit dem Wollhandel begnügen. Sie wollen ihren Anteil am Reichtum der spanischen Kolonien.

John Hawkins, Williams ältester Sohn, der »liebe Cousin«, wie ihn Drake nennt, bricht in ein neues, lukratives Segment ein, auf das Spa-

nien ebenfalls das Monopol hat: den Sklavenhandel mit den amerikanischen Kolonien. In den Jahren nach 1560 unternimmt er mehrere Expeditionen entlang der afrikanischen Westküste. An der Sklavenküste Guineas und Sierra Leones kauft und raubt er seine menschliche Ware.

Von den Handelsstützpunkten an der afrikanischen Küste segelt Hawkins über den Atlantik nach Zentralamerika, zur »tierra firme«. Dort verkauft er in den spanischen Kolonien gegen alle Verbote die Afrikaner als Sklaven, die für die unmenschliche Arbeit in den Silberbergwerken und auf den Tabak- und Zuckerplantagen gebraucht werden. Die spanischen Sklavenhändler können die Nachfrage nicht befriedigen, so haben die englischen Sklavenschmuggler Hochkonjunktur. Und der Menschenhandel ist ein sehr einträgliches Geschäft.

Drake ist bei diesen Fahrten mit an Bord. Gerade 20 Jahre alt, spürt er die Chance seines Lebens, der Enge seiner Heimat zu entfliehen. Da stört es ihn nicht, daß er mit Hawkins als Sklavenhändler tätig ist.

62 Im Archivo General de Indias, dem spanischen Kolonialarchiv von Sevilla, werden Kilometer von Akten aus der Zeit Drakes aufbewahrt. Jede Akte bedeutet eine Warenladung, eine Atlantiküberquerung, einen Schatz.

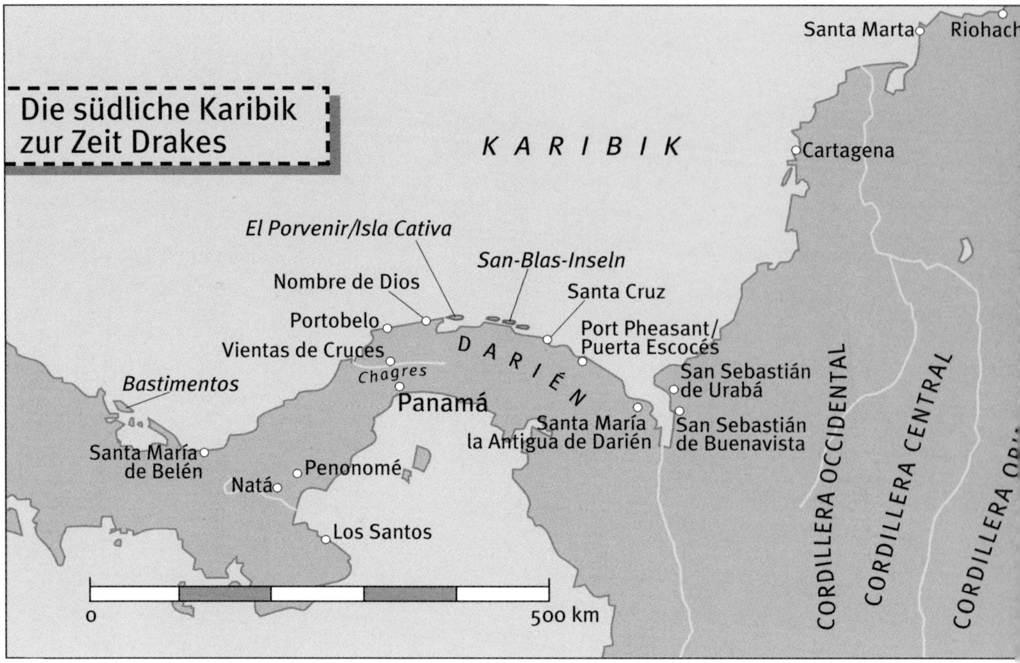

Moralische Bedenken gegen den Menschenhandel hat er als Kind seiner Zeit nicht. Hawkins schreibt in seinem Bericht an die Queen gar von »unseren Negern und anderen Waren«.

Das spanische Geheimnis

Drake denkt an andere Dinge. Es ist eine aufregende Zeit für einen jungen Seemann. Erst 70 Jahre zuvor hat Columbus die Neue Welt entdeckt. Überall warten ungeheure Reichtümer auf den, der mutig genug ist, sie sich zu holen. Nur: Die englischen Sklavenschiffe bewegen sich auf gefährlichem Kurs. Kein ausländischer Kapitän darf die Häfen und Küsten der spanischen Kolonien anlaufen, und wer es dennoch wagt, dem droht der Tod. Die Neue Welt ist ein zu kostbarer Besitz, um ihn zu teilen.

Vom Escorial aus, seinem gigantischen, düsteren Palast, lenkt der spanische König Philipp II. sein Weltreich. Im bescheidenen Arbeitszim-

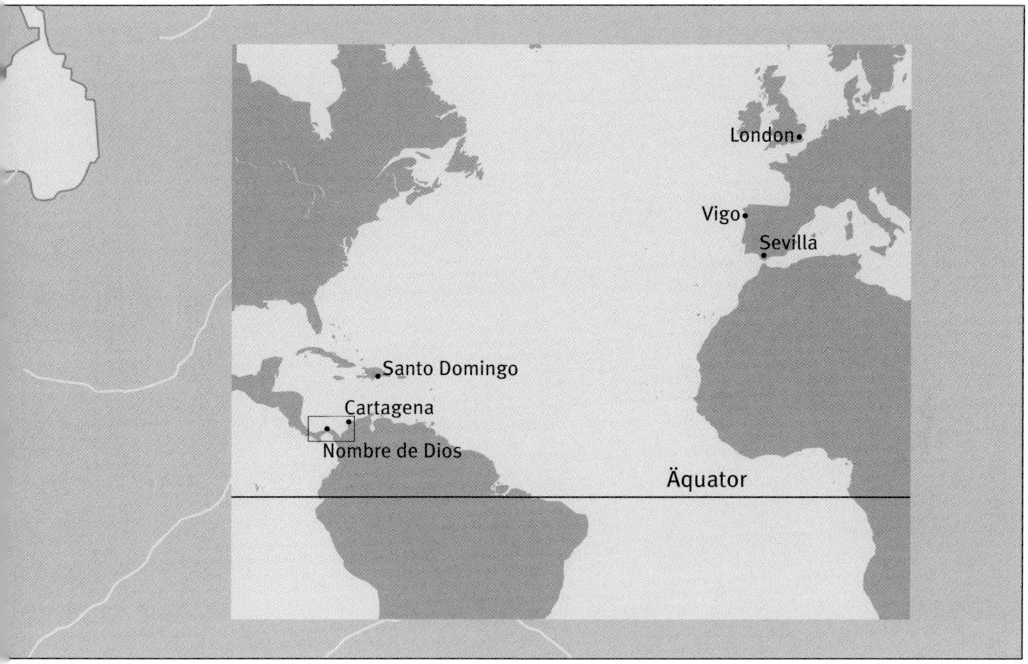

mer arbeitet der strenge Monarch unermüdlich am Stehpult, entwirft mit eigener Hand Gesetze und Dekrete, die eine undurchdringliche Mauer um sein gigantisches Reich errichten sollen. Der stets schwarz gekleidete Philipp vergißt dabei nicht eine Minute, daß es gilt, seinen Besitz gegen »Lutheraner« und andere »Ketzer« zu verteidigen. Nur Spanier dürfen sich in den Kolonien niederlassen. Kapitäne, die illegal Fremde nach Amerika bringen, werden mit der Todesstrafe bedroht. Die Neue Welt soll ganz und gar katholisch werden.

An den verbotenen Küsten baut Hawkins auf seine Menschenkenntnis und sein diplomatisches Geschick. Dreimal überquert er den Atlantik. Mit den Jahren steigt Drake dabei zum Kapitän auf. Ihre Geschäfte führen die beiden in die wichtigsten Häfen Westindiens: Santo Domingo, Riohacha, Santa Marta und Cartagena. Drake hat genug Zeit, sich kundig zu machen. Er sieht fensterlose, turmhohe Schatzhäuser und beobachtet das geschäftige Treiben im Hafen. Prunkvoll gekleidete spanische Kaufleute lassen riesige Handelsschiffe mit Hunderten von

63 Der Escorial-Palast, Machtzentrum des spanischen Weltreichs und Wohnsitz eines Königs, der wie ein Mönch lebte. Philipp II. hat das gigantische Bauwerk von 1563 bis 1584 errichten lassen.

Kisten und Truhen füllen. Drake hört Geschichten und Gerüchte. Von Perleninseln, faustgroßen Smaragden und goldenen Palästen hinter mächtigen Gebirgen, von unerschöpflichen Silberminen und endlosen Schatzkarawanen durch tropische Urwälder.

Bald hat er genug gehört, um sicher zu sein, daß ihr Gewinn aus dem Sklavenhandel nur ein Bruchteil von dem ist, was sie in den spanischen Kolonien verdienen könnten. Der schwierige Handel mit der menschlichen Ware bestätigt ihn in seiner Ansicht, daß man mit den Spaniern keinen friedlichen Umgang pflegen kann. Ein Zwischenfall bei ihrer dritten Reise überzeugt ihn davon.

VERRAT!

Nach einer letzten, schwierigen Handelsreise durch die zentralamerikanischen Kolonien gerät die kleine Flotte unter Hawkins und Drake auf der Rückfahrt nach England im Golf von Mexiko in ein schweres Unwetter. Der einzige Hafen, der ihr Schutz bieten kann, ist San Juan de

Ulúa, das heutige Veracruz, damals einer der wichtigsten Häfen der Kolonien. Kein Ort, an dem Engländer willkommen sind. Aber Hawkins hat keine Wahl. Wenn er seine Flotte nicht schnellstens in Sicherheit bringen kann, ist sie dem Untergang geweiht. Vor allem die »Jesus von Lübeck«, eine altersschwache Kogge der Königin und das Flaggschiff der Flotte, ist vom Sturm stark mitgenommen.

Hawkins behilft sich mit einem Flaggentrick. Er läßt auf seinen Schiffen die Sankt-Georgs-Flagge, benannt nach dem Schutzpatron Englands, einholen und statt dessen die königliche Standarte aufziehen. Die Spanier am Ufer halten die ausgeblichenen Flaggen für ihre eigenen und bereiten Hawkins einen begeisterten Empfang. Denn für den gleichen Tag, den 16. September 1568, wird die jährliche Flotte aus Spanien erwartet. Als sie den Irrtum bemerken, haben die Engländer schon den Hafen besetzt.

Während Hawkins mit den Behörden um einen friedlichen Aufenthalt verhandelt, erscheinen am Horizont tatsächlich spanische Kriegsschiffe. An Bord: der wichtigste Mann der Kolonien, der neue Vizekönig der amerikanischen Besitzungen, Don Martín Enríquez. Hawkins macht der Flotte im engen Hafen Platz. Eine Seeschlacht kann er politisch nicht verantworten. Das Verhältnis zwischen England und Spanien ist kühl, aber noch nicht feindselig. Offiziell sind beide Nationen noch immer verbündet.

Seite an Seite liegt nun die stolze spanische Handelsflotte mit den Schiffen der englischen Schmuggler. Wird sich der Vizekönig diese Provokation gefallen lassen? Er weiß, in San Juan de Ulúa wird das gesamte Silber der Provinz Mexiko verladen. Auch jetzt befinden sich zwölf Schiffe im Hafen, beladen mit Gold und Silber. Formell einigen sich Spanier und Engländer auf Waffenruhe. Doch der spanische Vizekönig fühlt sich nicht an ein Ehrenwort gebunden, das er englischen Schmugglern gegeben hat. Am Abend des 23. September gibt er den Befehl zum Angriff.

Der mexikanische Historiker Pablo Montero, Spezialist für Kolonialgeschichte im Museum der Festung von San Juan de Ulúa, hat den

Verlauf der folgenden Stunden am Computer rekonstruiert. Zeitzeugenberichte liefern ihm eine lückenlose Beschreibung der ersten Seeschlacht zwischen Engländern und Spaniern, 20 Jahre vor dem Ausbruch des offenen Krieges zwischen den Mächten. Er rekonstruiert die Fakten: »Die Schlacht dauert acht Stunden. Am Ende müssen die Spanier den Verlust von drei Schiffen hinnehmen. Zwei werden versenkt und eines angezündet. Auf englischer Seite sinken die ›Swallow‹ und die ›Angel‹. Die ›Jesus von Lübeck‹ wird von den Spaniern gekapert. Drake kann mit der ›Judith‹ fliehen, Hawkins entkommt auf der ›Minion‹.«

Kaum nach England zurückgekehrt, schildert Hawkins der Königin die Ereignisse von San Juan de Ulúa als doppelten Verrat. Sein Bericht über »die dritte beschwerliche Reise« erscheint als offene Flugschrift und weckt die Emotionen der protestantischen Nation. Zum ersten Mal erscheint hier auch Drakes Name – in denkbar ungünstigem Licht. Drake, klagt Hawkins, ließ ihn und seine Männer im Stich. Noch ehe er alle Matrosen von den sinkenden Schiffen evakuiert habe, sei Drakes Schiff in die Nacht verschwunden. Die Folgen sind schwerwiegend. Hundert von Hawkins' Männern fallen den Spaniern in die Hände. Sie erwartet Folter, Tod oder erbarmungsloser Sklavendienst auf spanischen Galeeren. Nur ein einziger Seemann wird nach jahrzehntelanger Odyssee seine englische Heimat wiedersehen.

Mit der Ehre eines Piraten

Drake sieht sich selbst als Opfer. Der Zwischenfall von San Juan de Ulúa und seine eigene, wenig vorteilhafte Rolle dabei nagen am Stolz eines Mannes, der vor Ehrgeiz brennt. Die Verräter von San Juan de Ulúa sind für ihn die Spanier. In einem Klima wachsender nationaler Empörung stilisiert sich Drake zum Rächer.

Sein ganzes Tun konzentriert sich nun darauf, so schnell wie möglich in die Karibik zurückzukehren. Mit Hawkins hatte er die westindischen Häfen erkundet, die Küsten der Neuen Welt kennengelernt, Stärken und Schwächen der Kolonien erahnt. Jetzt will er die Spanier an ihrer empfindlichsten Stelle treffen und ihnen ihre Beute aus der Neuen Welt abjagen.

Zunächst nutzt er die wenigen Monate, die er noch in Plymouth verbringt, um zu heiraten: Mary Newman, wahrscheinlich die Schwester eines Seemannes, der mit ihm auf Hawkins' Schiffen segelte. Von seinen Gewinnen aus dem Sklavenhandel kauft er ein Haus, mitten im Zentrum von Plymouth. Er erhält das Bürgerrecht. Francis Drake sieht sich als guter Bürger, als treuer Untertan Ihrer Majestät.

»Freibeuter« nennt man jene Seefahrer, die von ihrem Land durch die Ausgabe von Kaperbriefen ermutigt werden, die Schiffe feindlicher Nationen zu überfallen. Drake kann nie einen offiziellen Kaperbrief der Königin vorweisen. Trotzdem erstickt er jeden Zweifel an seiner Mission mit dem Hinweis auf »allerhöchste Anweisungen«. Er sei, das wiederholt er immer wieder, als Soldat Ihrer Majestät unterwegs und habe die Lizenz zum Kapern. Damit wird er unangreifbar, auch ohne papierene Beweise. Denn wer ihn einen Piraten schimpft, der trifft auch die Ehre Englands.

Für die spanische Krone sind seine Taten eindeutig Seeräuberei. Sollten sie ihn fangen, droht ihm der Galgen oder der Scheiterhaufen der Inquisition.

DAS PIRATENSCHIFF

Drake hat nicht vor, den Spaniern Gelegenheit zum Strafgericht zu bieten. Er strotzt vor Selbstbewußtsein, und was ihm fehlt, ist lediglich das passende Schiff.

In einem Trockendock im Londoner Stadtteil Southwark liegt, direkt an der Themse, eine originalgetreue Nachbildung von Drakes berühmtestem Schiff, der »Golden Hinde«. Auf den ersten Blick verblüffen ihre geringen Ausmaße. Das Schiff, auf dem Drake später die Erde umsegeln wird, ist kaum größer als eine moderne Segelyacht, weniger als 30 Meter lang und gerade mal 6 Meter breit. Unter Drakes Kommando drängen sich bis zu 100 Männer auf dieser schwimmenden Nußschale. Bei schlechtem Wetter schlafen alle auf dem niedrigen, stickigen Geschützdeck, zwischen verzurrten Kanonen, Wasser- und Proviantfässern, auf dem Boden oder in einfachen Hängematten. Wo auf dem Schiff sonst noch Platz ist, werden Seile, Krüge, Fässer, Vorratskisten, Kanonenkugeln, Waffen, Ersatzsegel und Maststangen verstaut. Im Gefecht, wenn die Geschütze abgefeuert werden, herrschen dort unten, auf den kaum 1,70 Meter hohen Decks, ohrenbetäubender Lärm und erstickender Rauch. Verglichen damit wirkt die Kapitänskajüte beinahe luxuriös. Ein winziger Raum zwar nur, aber eichengetäfelt, mit Bett und Schreibtisch.

Selbst unter günstigsten Wetterbedingungen muß das Leben an Bord hart gewesen sein. Krankheiten und Todesfälle unter der Besatzung sind die Regel. Monatelang essen sie verrottete Lebensmittel, trinken fauliges Wasser, leiden unter Skorbut. Doch Drake bemüht sich, daß seine Mannschaften gesund bleiben. Wann immer sich Gelegenheit bietet, läßt er die Männer an Land, besorgt ihnen frische Lebensmittel: Wild, Fisch, Früchte und sauberes Wasser.

So wenig Raum auf der »Golden Hinde« auch sein mag, bei der Ausrüstung wird an nichts gespart. Das Schiff ist mit modernsten Waffen bestückt. Auf dem Geschützdeck reihen sich 18 Kanonen aneinander. Die »Golden Hinde« ist ein Kaperschiff, schnell und wendig. Ihre niedrigen und gedrungenen Aufbauten bieten dem Wind wenig Angriffsfläche. Dadurch ist sie leichter zu segeln als die hohen spanischen Galeonen. Und mit ihrem geringen Tiefgang von knapp drei Metern kann sie noch über Sandbänke hinweggleiten, die jeden spanischen Verfolger stoppen. Ihre Beute sind schwerfällige Handelsschiffe. Geschützt von ihren Kanonen, können die Piraten in kleineren Ruder- oder Segelbooten andere Schiffe entern oder Raubzüge in die Umgebung unternehmen.

Die »Golden Hinde« ist Drakes berühmtestes Schiff, aber nicht sein einziges. Ohne Rücksicht auf Verluste verbraucht er in seinen Jahren auf See unzählige Schiffe. Je nach Bedarf entledigt er sich seiner Fahrzeuge oder raubt unterwegs neue. Der große Seefahrer Drake hat zu seinen Schiffen ein ganz und gar unsentimentales Verhältnis.

64 Der Pirat auf hoher See. Mit dem originalgetreuen Nachbau eines Kaperschiffs aus dem 16. Jahrhundert segeln wir auf den Spuren Francis Drakes durch die Karibik.

GESCHICKTER ALS JE EINER VOR IHM!

Zwei Jahre nach der Katastrophe von San Juan de Ulúa kreuzt Drake wieder in spanischen Hoheitsgewässern. Sein Schiff navigiert er so mühelos über die Meere, als wären sie harmlose Küstengewässer. Dabei hat er, wie jeder andere Kapitän in der zweiten Hälfte des 16. Jahrhunderts, nur relativ einfache Hilfsmittel zur Navigation.

Mit Hilfe von Jakobsstab, Astrolabium oder Quadrant läßt sich die Höhe des Polarsterns und der Sonne über dem Horizont messen und daraus der Breitengrad errechnen. Weil alle Breitengrade parallel zum Äquator verlaufen, ist die Navigation auf Ost-West- oder West-Ost-Kurs die einfachste Aufgabe. Den gesetzten Kurs kann er auch bei trübem Wetter mit dem Schiffskompaß halten. Die Position des Schiffs auf dem jeweiligen Längengrad kann der Kapitän dagegen nur schätzen.

Ist die Küste außer Sicht und bringen Stürme das Schiff vom Kurs ab, kann jede Fahrt in Tod und Verderben enden. Auf dem Meer zählt deshalb vor allem Erfahrung. Ein guter Kapitän ist die beste Lebensversicherung für Mannschaft und Schiff. Drake kennt die Seewege nach Amerika, er weiß, wie lange die Überfahrt dauern wird, wieviel Proviant er braucht. Er kennt die Farben des Meeres und ihre Bedeutung, die Uferlinien der fremden Küsten, ihre verborgenen Buchten und Riffe. Er hat »ein glänzendes Gedächtnis und eine vorzügliche Beobachtungsgabe«, schreibt Drakes Zeitgenosse, der Historiker John Stow. Drake sei der beste Seefahrer Englands, fährt er fort, »geschickter als je einer vor ihm«.

Was Drake an nautischem Wissen fehlt, holt er sich von Bord der spanischen Schiffe, die den Fehler machen, seinen Weg zu kreuzen: Seekarten und Logbücher. Die maritimen Kenntnisse der Spanier und Portugiesen sind neben dem Gold und Silber aus der Neuen Welt der größte Schatz für einen Kaperkapitän. Seine Erfolge verdankt Drake nicht zuletzt jenen erbeuteten Karten und Plänen. Und diese eigenartige Mischung aus Studium und Piraterie führt ihn mit traumwandlerischer Sicherheit auf die Schatzrouten der Spanier. Auf der günstigsten Route gelangt er in die Karibik, vorbei an den Kanarischen Inseln, mit den

Passatwinden über den Atlantik, dann durch die Mona-Passage zwischen den Inseln Hispañola und Puerto Rico hindurch Richtung amerikanisches Festland.

IN DIE NEUE WELT!

Dem erschöpfenden Alltag an Bord hält Drake die goldglänzende Aussicht auf Beute entgegen. Für seine Männer muß er der reinste Zauberkünstler gewesen sein. Immer wieder gelingt es ihm, seine Mannschaft zu bändigen und bei Laune zu halten. Seinen Führungsanspruch unterstreicht er mit gnadenloser Strenge und wortgewaltigen Predigten, in denen er jenen, die seine Autorität untergraben wollen, den Zorn Gottes und die Peitsche in Aussicht stellt.

Drake scheint seine Freude am harten Leben auf See zu haben. Schwierigkeiten fordern ihn heraus. Der Chronist Stow beschreibt ihn als »untersetzten, kräftigen Mann ... mit breiter Brust, rundem Kopf, Vollbart und schönen Augen, die mit hellem, fröhlichem Ausdruck groß und klar in die Welt blicken«.

Das Land, das Francis Drake an der Küste Mittelamerikas ansteuert, strahlt eine unheimliche Wildheit aus. Bis ans Meer ist es von unbesiedelten Urwäldern bedeckt. Nebelschwaden hängen über den Baumkronen der Urwaldgiganten. An den Küsten lauern überall Gefahren: Untiefen, Strömungen, Riffe, starke Brandung. Die Kulisse, die sich vor Drakes Augen auftut, ist von elektrisierender Dynamik. Wolken, die ständig in Bewegung sind; die sich binnen weniger Minuten zu einem dunklen Wall zusammenbrauen, um sich dann sintflutartig auszuschütten. Die Urgewalten des Tropenwetters drohen jedes Schiff zu zerstören, das sich in diese Gewässer wagt.

Nur an wenigen Stellen zeigt die wilde Küste ein milderes Gesicht. Dort weicht die Brandung freundlichen, windgeschützten Buchten. An diesen Stellen haben die Spanier ihre Stützpunkte errichtet, ihre Häfen und ersten Städte. Es sind winzige Vorposten der Menschenwelt in einem unermeßlich weiten, größtenteils noch unbekannten Kontinent.

Das Rätsel der Piratenbucht

Die Spanier haben zwar das Handelsmonopol für den größten Teil Amerikas, aber von einer stabilen Ordnung kann in einer Zeit, in der noch nicht einmal die Konturen des Kontinents erforscht sind, keine Rede sein. Die Welt, der Francis Drake entgegensegelt, ist zu jung, um schon in feste Gefüge eingebunden zu sein. Politik spielt sich im Graubereich zwischen Gewalt und Diplomatie ab. Die europäischen Mächte liefern sich in der Westindischen See einen unerklärten Handelskrieg. Mit Unverfrorenheit kann man es in diesen Tagen weit bringen, mit Glück bis in die Nähe der Krone. Für Drake ist der erste Schritt auf diesem Weg sein privater Kaperkrieg gegen Spanien.

Ein Jahrhundert vor Henry Morgan und Blackbeard beginnt mit Francis Drake das klassische Zeitalter der Piraterie in der Karibik. Der berühmte, schwarze »Jolly Roger« mit Totenschädel und gekreuzten Knochen wird allerdings erst um 1700 gehißt. Der englische Kaperkapitän segelt weiter unter der Flagge seines Landes, dem Sankt-Georgs-Kreuz, dem roten Kreuz auf weißem Grund. Mit dem Abschaum der Meere, den blutrünstigen Seeräuber späterer Jahre, hat Drake wenig gemein. All die malerischen Filmbilder von seinem Piratenleben – von wilden Säbel- und Degenduellen, von schönen Frauen und romantischen Affären – sind frei erfunden.

Um das Jahr 1571 erkundet Drake sein Jagdrevier. Er erforscht die Küsten des mittelamerikanischen Festlands, der »tierra firme«, zwischen Riohacha im heutigen Kolumbien und dem panamaischen Rio Chagres, kartiert Buchten und Inseln, skizziert die Küstenstreifen und notiert viele Details dieses wilden Landes in seine Logbücher.

Weitab von jeder spanischen Siedlung entdeckt er eine versteckte Bucht, gesäumt von tropischen Wäldern. Es gibt dort Früchte im Überfluß, Süßwasserquellen und Wild. Hier schlägt er sein geheimes Lager auf, mitten im Herzen der spanischen Besitzungen. Er fühlt sich so sicher, daß er seine Schiffe überholen, den Wald roden und sogar kleine Pflanzungen anlegen läßt. Später nennt er seinen Hafen »Port Phea-

65 (Linke Seite) Portrait des Francis Drake im Alter von etwa 40 Jahren – wahrscheinlich das einzige authentische Bild des Freibeuters.

sant«, »Fasanenhafen«, nach den fasanenartigen Vögeln, die dort nisten.

Diese paradiesische Piratenbucht umgibt ein Geheimnis. Seit Jahrhunderten wird gerätselt, welche der unzähligen Buchten an der panamaischen Karibikküste »Port Pheasant« sein könnte. Drake schweigt über die Lage seines Schlupfwinkels, um ihn vor unwillkommenen Gästen zu schützen. In seinen Aufzeichnungen liefert er aber eine topographisch genaue Beschreibung. Von einer »schönen, runden Bucht« ist darin die Rede. Von einem sicheren Hafen, bei allen Winden, »da die Einfahrt, die nicht breiter ist als eine Kabellänge, an beiden Seiten von hohen Felsen geschützt wird«.

Überraschend genau trifft diese Beschreibung auf die Bucht von Puerta Escocés zu, an der Küste des undurchdringlichen Darién-Dschungels. Noch heute nutzen Schmuggler und Guerilleros den natürlichen Hafen an der fast unbesiedelten Grenze zwischen Kolumbien und Panama. Könnte Puerta Escocés Drakes geheimnisvolle Piratenbucht sein? Mit über 200 Kilometern Entfernung von Nombre de Dios, der nächstgelegenen spanischen Siedlung in jenen Tagen, bietet sie jedenfalls Schutz vor Entdeckung – und liegt doch nah genug für einen großen Angriff auf den wichtigen Hafen der Spanier.

Panama und seine Schätze

Drake kennt Nombre de Dios von seinen ersten Reisen mit John Hawkins. Die Siedlung wurde genau an der Stelle gegründet, an der sich der amerikanische Kontinent zwischen Nord- und Südamerika zu einer schmalen Landenge verjüngt. Es ist die natürliche Schmalstelle zwischen zwei Meeren, dem Atlantik und dem Pazifik. Nur 60 Kilometer trennen die Städte Nombre de Dios an der Ostküste und Panama-Stadt am Pazifik. Jahrhunderte später wird in unmittelbarer Nähe der Panama-Kanal gebaut werden. Zu Drakes Zeit endet in Nombre de Dios einer der ältesten kolonialen Handelswege Amerikas, der »camino real«. Dieser »Königsweg« ist nur ein Maultierpfad, vom tropischen Regen aufgeweicht, sumpfig, mühsam dem Urwald abgerungen. Trotzdem ist er die Lebensader der spanischen Kolonien, sogar des ganzen spanischen Reiches.

Einige Monate im Jahr herrscht Hochsaison auf dem »camino real«. Wenn die spanische Schatzflotte in den Hafen einläuft, erwacht auch Nombre de Dios zu hektischer Geschäftigkeit. Dann verwandelt sich das menschenleere, fieberverseuchte Dorf in den größten Banktresor der Neuen Welt, in den wichtigsten Außenposten des spanischen Reichs. Über den »camino real« erreichen Tonnen an Edelmetallen und Juwelen aus peruanischen Bergwerken, Perlen von den Pazifikinseln vor der Küste, kolumbianische Smaragde und andere Edelsteine die Ostküste, um nach Spanien verschifft zu werden. All die unermeßlichen Schätze des Pazifikraums nehmen den Weg von Panama-Stadt nach Nombre de Dios. Auf diesen Werten ruht die ganze Macht der spanischen Krone.

ÜBERFALL!

Drake hat Großes im Sinn. Er plant den Überfall auf den spanischen Schatzhafen. Monatelang liegt er auf der Lauer, überfällt Lagerhäuser, kapert Schiffe, befragt gefangene Spanier über die Stärke der Garnisonen und die Sicherheitsmaßnahmen. Wird sich der Tresor knacken lassen? Noch einmal segelt er nach England zurück, um sich mit Waffen zu versorgen und Seeleute anzuheuern, junge, angriffslustige Männer. Die Waffen machen die Räume an Bord seiner Schiffe noch enger. Die neu angeworbenen Matrosen können sich kaum bewegen. Aber die Hoffnung auf goldene Reichtümer treibt sie voran.

Zurück in Panama, bereitet er im Sommer 1572 in »Port Pheasant« alles für den Überraschungsangriff vor. Er setzt die mitgebrachten Pinassen zusammen, kleine Segel- und Ruderboote, mit denen er den Hafen von Nombre de Dios ansteuern will. In den seichten Gewässern und bei schwachem Wind kann er damit jedem schwerfälligen spanischen Kriegsschiff mit Leichtigkeit entkommen – eine Taktik, die er französischen Piraten abgeschaut hat.

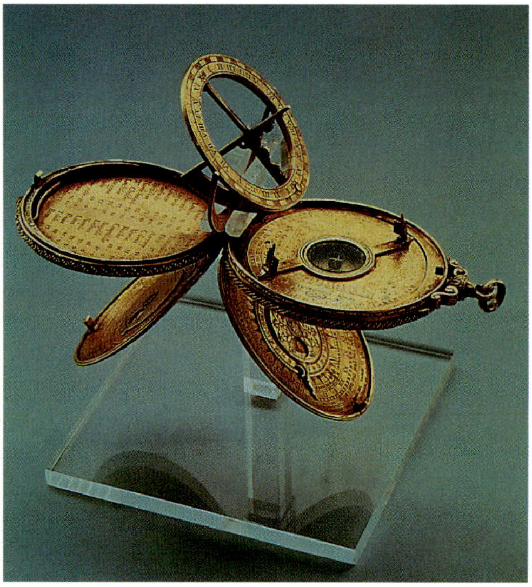

66 *In Greenwich wird ein einzigartiges Navigationsgerät aus dem 16. Jh. aufbewahrt. Die seltene Kombination von Taschenkompaß und Astrolabium stammt vermutlich aus dem Besitz von Francis Drake.*

Drake befiehlt den bis ins kleinste Detail vorbereiteten Angriff am 29. Juli 1571 um 4 Uhr morgens. Aber dann sieht eine spanische Wachmannschaft im hellen Mondschein die Segel der Pinassen in der Bucht. Sie schlägt Alarm, feuert ihre wenigen Geschütze und Musketen ab. Drakes Männer landen trotzdem am Strand, dringen bis zu den Schatzkammern der Stadt vor. Im Haus des Statthalters, berichtet Francis Drake später, finden sie einen Lagerraum, in dem Silberbarren bis unter die Decke gestapelt sind. Seinen Männern verbietet er, das Silber auch nur anzufassen. Ein eigenartiges Verbot, zu dem ihn die Aussicht auf Gold verleitet habe, wird er später erklären.

Doch in den Wirren des nächtlichen Handgemenges wird Drake von einem Schuß am Bein getroffen. Er überspielt seine Verletzung, bis er durch den Blutverlust ohnmächtig wird. Die Mannschaft reagiert entsetzt. Ohne ihren Kapitän, das wissen sie, haben sie keine Chance, England je wiederzusehen. In wilder Flucht verlassen sie Nombre de Dios, um ihren Kapitän zu retten. Ohne Silber, ohne Gold, ohne Juwelen.

Eine Legende entsteht

Auch wenn der Überfall ein Fehlschlag ist, er macht den Namen Drake über Nacht bekannt. Der spanische König notiert ihn an den Rand der aufgeregten Berichte, die seine Kolonialbeamten aus Panama senden. Auch in England ist die Nachricht von dem waghalsigen Überfall Tagesgespräch. Der englische Pirat, der mit Kalkül und Verwegenheit die Lebensader der spanischen Krone angreift, gewinnt die Herzen seiner Landsleute. Drake nutzt die Begeisterung in der Heimat, um an der eigenen Legende zu arbeiten. Heute kann man seine größte Lüge leicht entlarven: Francis Drake hat die spanische Siedlung im September überfallen, zum ungünstigsten Zeitpunkt. Die jährliche Schatzflotte hat den Hafen schon vor Wochen verlassen und befindet sich längst auf dem Rückweg nach Spanien. Nombre de Dios ist wieder in die Lethargie eines verschlafenen Küstenortes zurückgefallen – die Schatzkammern sind leer. Der erste große Angriff Drakes greift ins Leere, er ist vor allem ein Propagandacoup. Dem englischen Pirat fehlt der Einblick ins System der Schatztransporte.

Trotzdem verliert er den Mut nicht. Er will erst nach England zurückkehren, wenn ihm sein großer Coup gelungen ist. Beweist nicht der Überfall auf Nombre de Dios, daß er prinzipiell möglich ist? Was ihm fehlt, sind Bündnispartner, Spione, die sich im Land bewegen, ihn über jeden Schritt der Spanier informieren.

67 Auf den malerischen San-Blas-Inseln vor der Küste von Panama erinnern sich die Menschen noch heute an den englischen Piraten »El Draque«.

DIE FREUNDE DES DRACHEN

Drake hat bereits von den Cimarrones gehört, ehemaligen Sklaven, die vor der unmenschlichen Zwangsarbeit geflohen sind. In unzugänglichen Urwaldgebieten östlich von Nombre de Dios leben sie in befestigten

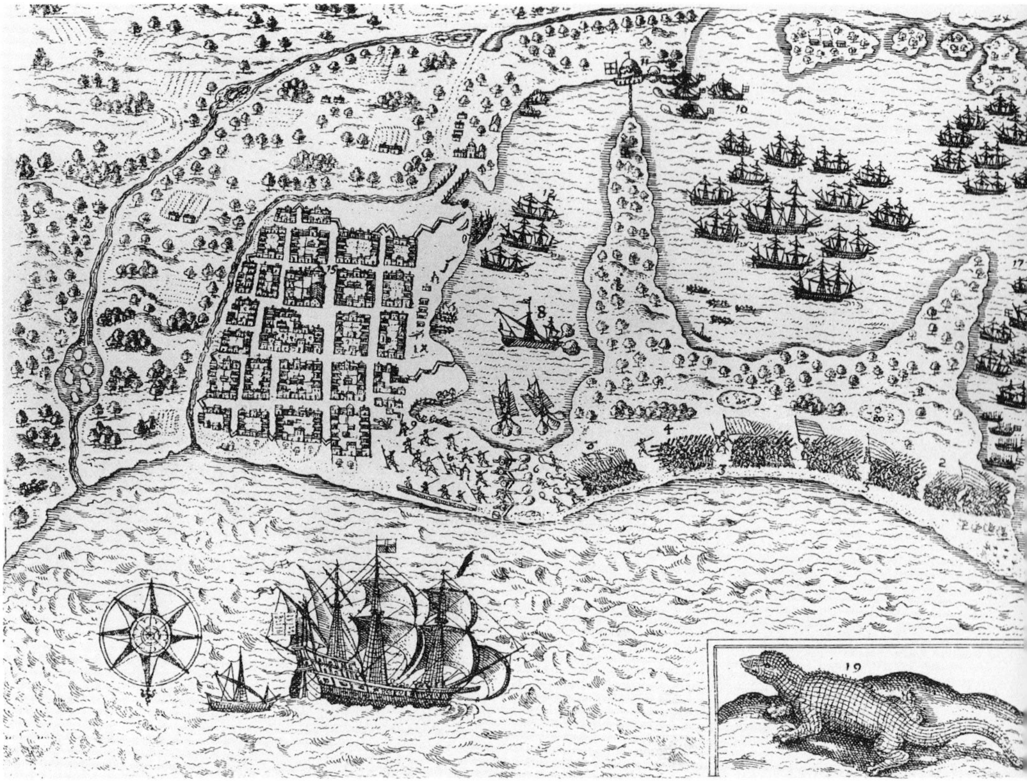

68 Der Druck aus dem 16. Jahrhundert zeigt Drakes Angriff auf die kolumbianische Stadt Cartagena. Flugblätter wie dieses trugen den Ruhm des Piraten in alle Welt.

Siedlungen. Sie haben ein eigenes Königreich ausgerufen und bereiten den Aufstand gegen ihre ehemaligen Herren vor. Es ist nur eine Frage der Zeit, bis Drake sie als Bündnispartner entdeckt. Obwohl oft als unduldsam und intolerant beschrieben, als diktatorisch und starrsinnig, knüpft er freundschaftliche Bande mit Menschen, die seine Zeit als Heiden, ja »Untermenschen« sieht. Die Bekehrung eines ehemaligen Sklavenhändlers? Menschliche Qualitäten eines oft verkannten Mannes? Oder nur eine einfache Kosten-Nutzen-Rechnung?

Drake kann sich den Luxus von Vorurteilen nicht leisten. Wenn er im spanischen Hoheitsgebiet überleben will, ist er auf die Hilfe anderer angewiesen. Auch die Kuna-Indianer unterstützen Drake. Wie er sind sie erbitterte Feinde der spanischen Eroberer. Bis zum heutigen Tag unabhängig, leben sie an den Flußläufen des Darién-Waldes und am Küstenstreifen östlich von Nombre de Dios. Sie zeigen Drake ihre Schlupfwinkel und Verstecke auf den San-Blas-Inseln, einer Inselgruppe vor der panamaischen Karibikküste. Dort werden Isla Cativa, heute El Porvenir, und Isla de Pinos Drakes neue Stützpunkte. Die Kuna sind ihm gute Verbündete, versorgen ihn und seine Mannschaft mit Nahrung, Booten, Holz und Information.

»Port Plenty«, »reichen Hafen«, nennt Drake eine jener Inseln, die wie aufgereihte Perlen in der tiefblauen See liegen. »Port Plenty«, ein Zufluchtsort, an dem Überfluß herrscht, Überfluß an Essen, Wasser und an spanischen Galeonen, die ihm in die Falle segeln, wenn sie, von Cartagena kommend, Kurs auf Nombre de Dios nehmen.

Der Pakt mit den Piraten gehört zur stolzen Widerstandsgeschichte der Kuna. An Drake, den berühmtesten aller Freibeuter, erinnern sie sich bis heute. Noch immer heißt er bei ihnen »El Draque«. Der Drache! Immer öfter hört man den Schreckensruf der spanischen Siedler, wenn das Schiff des englischen Piraten am Horizont erscheint. Drake scheint überall gleichzeitig zu sein und ist nie zu fassen. Immer wieder überfällt er Cartagena, Santa Marta, Riohacha. Verzweifelt fordern die Kolonialbeamten vom Mutterland militärischen Schutz vor »El Draque«. Und erboste Kaufleute rechnen der Krone ihre Verluste vor.

Drake kreuzt zur selben Zeit scheinbar unbeschwert vor der Mündung des Rio Chagres, wo er auf der Insel Bastimentos spanischen Schiffen auflauert. Er schließt sich französischen Piraten an und rudert mit ihnen auf dem Fluß ins Landesinnere Panamas. Mit der Zeit scheint er sich zu akklimatisieren. In seine Beutezüge fließt zunehmend das bewährte Wissen der einheimischen Völker ein. Bei vielen Überfällen verwendet er mittlerweile »bongos«, Einbäume aus Zedernholz, die er sich von indianischen Zimmerleuten bauen läßt. Mit ihnen bewegt er sich lautlos und schnell auf Urwaldflüssen, raubt kleine Warenstationen aus, bevor er im Urwalddickicht, der Heimat der Kuna und der Cimarrones, verschwindet. Kein Spanier kann ihm in diese grüne Hölle folgen.

Dschungelabenteuer

Die Urwalddörfer der Cimarrones sitzen den Spaniern wie Stachel im Fleisch. Sie sind die Schwachstelle in ihrem Sicherheitssystem. Jedes Jahr überfallen die ehemaligen Sklaven die Schatzkarawanen, um blutige Rache an den einstigen Herren zu nehmen. Gold und Silber interessieren sie nicht, ihnen geht es um Vergeltung. Damit sind sie die idealen Partner für Drake, dem es aber vor allem um die Beute geht.

Er braucht dringend einen Erfolg. Die Aussicht auf unerhörte Schätze hält auch mitten im tropischen Urwald seine Leute bei der Stange, läßt sie die endlosen Qualen feucht-heißer Tropentage im Dauerregen ertragen. Die Monate in der bleischweren Schwüle zehren an den Nerven, das fremde Klima schwächt sie. Tödliche Krankheiten brechen aus, für die es damals keine Erklärung gibt und keine Heilung. Drake selbst verliert zwei Brüder, die ihn auf dieser Fahrt begleiten. Als der jüngere, Joseph, am Fieber stirbt, läßt Drake den Schiffsarzt die Leiche sezieren. Er selbst sieht bei der furchtbaren Prozedur zu. Bei seiner Mannschaft und den Zeitgenossen erntet er damit Abscheu und Unverständnis. Was will er mit diesem kaltblütigen Akt beweisen? Will er zeigen, daß ihn nichts einschüchtern kann, nicht einmal der Tod?

Im Januar 1573 berichten ihm seine Spione, daß in den Hafenstädten die Vorbereitungen für die Schatztransporte anlaufen. Bald werden die ersten Schatzkarawanen aus Panama-Stadt nach Nombre de Dios aufbrechen. Drake entscheidet sich, sie am »camino real« zu überfallen. Mit seinen Männern und den Cimarrones bricht er von seinem Versteck an der Pazifikküste zu einem Gewaltmarsch durch den Urwald auf. Der Weg durch den Dschungel verlangt ihnen das Äußerste ab. Wolkenbruchartige Regengüsse durchnässen sie bis auf die Knochen und weichen den lehmigen Urwaldboden auf, bis das Gehen fast unmöglich wird. Sobald die Tropensonne durch die Urwaldkronen dringt, bringt sie die feuchte Luft zum Dampfen, bis den Männern die Luft zum Atmen fehlt. Die Kleidung verrottet ihnen schon nach wenigen Tagen am Leib, die ledernen Schuhe verfaulen im grundlosen Schlamm. Mücken und

69 (Rechte Seite) Noch heute leben die Nachkommen der Cimarrones im Regenwald von Panama. Ihre Vorfahren waren aus der Sklaverei der spanischen Kolonialherrscher in den Dschungel geflohen.

andere Parasiten machen sie halb wahnsinnig. Trotzdem legen die Männer in zwei Wochen wahrscheinlich mehr als 100 Kilometer zurück.

Ohne die Cimarrones könnten sie keinen Tag überleben. Wo die Engländer nur undurchdringliches Dickicht sehen, erkennen sie verborgene Pfade und klare Flußläufe. Die Cimarrones jagen und bereiten die Lager. Und nach zwei langen Wochen führen sie Drake auf eine Lichtung mitten im Urwald. Dort, an einem steilen Bergrücken, steht ein uralter Baumgigant, Versammlungsort und Wachturm der Cimarrones. Drake steigt hinauf und sieht aus der Baumkrone zum ersten Mal in seinem Leben den Pazifik, das verbotene »spanische« Meer.

Am Horizont segeln spanische Galeonen, die unermeßliche Schätze aus den Bergwerken Perus nach Panama transportieren. Tonnen von Gold- und Silberbarren werden in den nächsten Wochen in Panamas Hafen gelöscht, 200 Maultiere täglich beladen. Tag und Nacht zieht eine 600 Meter lange Schatzkarawane auf dem »camino real« in Richtung Nombre de Dios. Nachts hört Drake im Urwald Geräusche, die der Wind aus Panama-Stadt zu ihm trägt.

GESCHEITERT

Leises Klingeln kündigt das Nahen einer Maultierkarawane an. Im Schutz der Dunkelheit sind Drakes Männer auf ihren Posten. Ungeduldig warten sie auf das Signal des Kapitäns. Schon hören sie das leise

Klingeln der silbernen Glöckchen am Zaumzeug der ersten Maultiere. Plötzlich springt einer der Matrosen auf, übermannt von Angriffslust, Beutegier, Müdigkeit und Schnaps. Ein Cimarron reißt ihn zurück, doch zu spät! Nur für einen Moment sieht der Anführer der spanischen Vorhut ein weißes Hemd aufblitzen. Er ist vorsichtig, befiehlt der Karawane umzukehren. Ein Moment der Stille, dann entfernt sich das Klingeln der Silberglöckchen.

Sollten monatelange Mühen, Anstrengungen und Entbehrungen vergeblich gewesen sein? Die unüberlegte Tat eines betrunkenen Matrosen hat das Großunternehmen zum Scheitern gebracht. In dieser Nacht hat Drake eine Millionenbeute verpaßt. Aber er gibt nicht auf, unter keinen Umständen. Was soll er auch anderes tun? Mit einer geschwächten, frustrierten und meuternden Mannschaft die Heimfahrt nach England antreten? Als Verlierer sein Dasein auf den Schiffen seiner reichen Verwandten fristen? Drake hat in diesem Millionenspiel nichts Geringeres als seine Zukunft eingesetzt.

Scheinbar unbeeindruckt von seinem zweiten Fehlschlag, verläßt er sich auf sein Charisma. Er läßt den Männern keine Zeit zum Nachdenken. Mit einem Überfall auf Vientas de Cruces, ein Warendepot am Rio Chagres, stillt er ihre Beutegier. Als sie zum Schiff zurückmarschieren, hat Drake seine Männer wieder so, wie er sie braucht: angriffslustig, selbstsicher und mit einer ordentlichen Portion krimineller Energie.

Der Coup

Drake findet weitere Unterstützung. In »Port Pheasant« erwartet ihn Le Testu, ein protestantischer französischer Pirat. Mit ihm arbeitet Drake einen neuen Plan für den Überfall auf den Schatztransport der Spanier aus, noch unverfrorener und kaltblütiger als beim ersten Versuch.

Werden die Spanier nach dem Zwischenfall auf dem »camino real« ihren Begleitschutz erhöhen? Vermutlich nicht. Seit einem halben Jahrhundert haben sie ihre Schätze durch diesen Urwald transportiert, mit Sklaven als Maultiertreibern und einigen bewaffneten Soldaten als Begleitern. Noch nie war die Karawane ernstlich gefährdet. Die einzigen, die vereinzelte Angriffe gewagt hatten, waren die Cimarrones. Drake vertraut darauf, daß die Spanier seine erste Attacke für einen Schlag der Cimarrones halten und den Geleitschutz ihrer Schatztransporte nicht erhöhen.

Und er täuscht sich nicht. Wenig später, am 29. April 1573, liegt er wieder im Unterholz, bereit für den Angriff. Diesmal hat er sich den kräftezehrenden Marsch erspart und seine Männer nur einige Kilometer entfernt von Nombre de Dios an Land setzen lassen. Drake und seine Männer müssen kaum kämpfen. Völlig überrascht und entsetzt vom Angriff der weißen Piraten, ergreifen die Soldaten die Flucht. Zurück bleiben die Sklaven mit ihren Maultieren – und tonnenweise Silber und Gold, viel mehr als Drake und seine Männer tragen können. Hastig vergraben sie einen Teil der Beute, bevor Verstärkung aus Nombre de Dios eintrifft.

Für Le Testu, der im kurzen Kampf schwer verletzt wurde, ist es der letzte Angriff. Er bleibt bei der eiligen Flucht der Piraten zurück. Wenig später finden ihn die Spanier. Sie foltern ihn, bis er ihnen den Weg zu den vergrabenen Schätzen zeigt. Wenig später ist er tot, gestorben unter unsäglichen Qualen. Francis Drake aber rettet seine Haut und eine Millionenbeute. Als er jedoch mit seiner kleinen Truppe den Treffpunkt an der Küste erreicht, sind weder sein Schiff noch der Rest der Mannschaft zu sehen. Ist nun doch alles verloren? Wo sind seine Leute? Wo ist das Schiff, das sie zurück nach England tragen und vor einem furchtbaren Tod bewahren muß?

Nun verliert Drake seine Ruhe, setzt alles auf eine Karte. Eilig läßt er ein kleines Floß zimmern, ein Sack für Schiffszwieback dient als Segel. Mit dem Mut der Verzweiflung stürzt er sich mit zwei Begleitern in die aufgewühlte See, durchquert die Uferbrandung, bei jeder Welle bis zum Bauch im Wasser, den tobenden Elementen schutzlos preisgegeben. Auf offener See hält er nach dem Schiff Ausschau, segelt an einigen Buchten entlang. Wieder einmal ist das Glück auf seiner Seite. In einer nahen Bucht, nach Stunden abenteuerlicher Fahrt, findet er Schiff und Crew, die wegen spanischer Patrouillen, das Versteck hatten wechseln müssen. Bevor jedoch Drake sein Jagdrevier verläßt, verabschiedet er sich von den Spaniern – auf seine Art. Mit gehißter Sankt-Georgs-Flagge und wimpelgeschmücktem Schiff segelt er vor Cartagena in voller Fahrt an der ohnmächtigen spanischen Flotte vorbei.

Als sein Schiff am 9. August 1573 in den Sund von Plymouth einfährt, läuten die Kirchenglocken Sturm. Die ganze Stadt feiert den mutigen Seemann, der es gewagt hat, sich ganz allein einer Weltmacht entgegenzustellen.

Mit diesem Coup ist Drake ein gemachter Mann. Der Wert seiner Beute wird auf 20 000 Pfund geschätzt, ein Vermögen in der damaligen Zeit. Den gesellschaftlichen Zielen, die er sich früh gesetzt hat, ist er damit erheblich nähergekommen. Nur eine zögert noch, den Helden zu empfangen: Elisabeth I. von England. Die reichen Geschenke, die ihr der Pirat macht, nimmt sie gerne an. Bei Hofe empfangen kann sie den jungen Aufsteiger aber nicht. Politische Raison zwingt sie zur Rücksicht auf die Gefühle Philipps II. Die Königin will den offenen Bruch mit Spanien vermeiden. Offiziell sind die beiden Nationen sogar verbündet. Allerdings sind die alten Bündnisse schon zu dieser Zeit kaum noch das Papier wert, auf das sie geschrieben sind. Zu viele Interessen stehen gegeneinander. Die protestantische Elisabeth hat den Bruch mit Katholizismus und Papst endgültig vollzogen. Philipp II. von Spanien dagegen sieht sein Land als Bollwerk des alleinseligmachenden Katholizismus. Er glaubt an den göttlichen Auftrag Spaniens zur Rekatholisierung der Welt.

Inmitten der Konflikte lebt im spanischen Sevilla eine Kolonie englischer Kaufleute. Für die Güter, die sie dort verkaufen, bekommen sie jene Edelmetalle aus den Kolonien, die England für seine Wirtschaft so dringend braucht. Weiter Öl ins Feuer zu gießen, den Piraten offen Anerkennung auszusprechen, könnte diesen lebenswichtigen Handel zunichte machen. Elisabeth bleibt vorsichtig.

Drake macht sich nach seiner Rückkehr für einige Jahre unsichtbar. Wahrscheinlich versucht er, sich in einem Feldzug gegen die aufständischen Iren unter großen Kosten als Ehrenmann zu profilieren. In der

Öffentlichkeit erscheint er erst wieder, als England den nächsten, entscheidenden Schritt zur Seefahrtsnation wagt.

UM DIE WELT!

In den riesigen Buchlagern der British Library in London ist eine seltene Handschrift erhalten geblieben. Obwohl über 400 Jahre alt, von Flammen angesengt und nachgedunkelt, läßt sie sich noch entziffern. Ihr Inhalt: Notizen für die Abrechnung eines Piratenangriffs in der Karibik zur Zeit Elisabeths I. Fein säuberlich sind da die Namen der englischen Teilhaber genannt, Schiffe oder Geldsummen, die sie in das gemeinsame Unternehmen eingebracht haben. Dahinter stehen die auszuzahlenden Summen, die jeder erwarten kann. Im elisabethanischen England, das beweist dieses Dokument, ist die Piraterie längst ein Geschäft wie jedes andere geworden.

Davon will auch die Königin profitieren. Vier Jahre nach der Rückkehr Drakes aus Panama stimmt sie einer Expedition zu, die England den Weg zu Reichtümern und seefahrerischem Ruhm öffnen soll. Die Mission ist »top secret« und ihr wahres Ziel nur einem kleinen Kreis bekannt, denn die gewählte Route führt durch Gewässer, die Spanien für sich beansprucht. Der Geheimplan für das wagemutige Unternehmen ist nie bekannt geworden, und man kann deshalb nur vermuten, wie der genaue Auftrag lautet. Wahrscheinlich sieht er vor, Südamerika mit einer kleinen Flottille ganz zu umfahren, die Magellan-Straße an der Südspitze Feuerlands vom Atlantik zum Pazifik zu durchqueren und auf westlichem Kurs nach England zurückzukehren: eine Weltumsegelung. Andere Andeutungen – das Geschwader solle nach Afrika auslaufen, oder es sei für eine Kapermission in die Karibik bestimmt – sollen die vielen spanischen Spione am Königshof täuschen.

Ebenso geheim wie die geplante Route bleiben die Geldgeber. Obwohl Elisabeth öffentlich den friedlichen Charakter der Mission betont, ist allen Beteiligten klar, daß sie dabei auf reichen Gewinn hofft. Insgeheim hat sie den größten Teil des Kapitals für diese Unternehmung gestellt. Mit dem erhofften spanischen Gold will sie die Schatztruhen ihrer verarmten Monarchie auffüllen.

Francis Drake, der bewährte Kaperkapitän, kommt da wie gerufen. Als er am 13. Dezember 1577 den Hafen von Plymouth verläßt, glaubt niemand, daß er die in ihn gesetzten Hoffnungen erfüllen wird. Viele gehen davon aus, ihn nie wiederzusehen. Der Kapitän selbst scheint besten Mutes. In seinem Flaggschiff »Pelican«, das er später in »Golden Hinde« umbenennt, hat er sich bequem eingerichtet. Auf seiner langen Reise begleiten ihn silbernes Tafelgeschirr, Musikanten, feine Eichenmöbel und eine handbestickte Schlafmütze, Geschenk der Königin.

Drei Jahre braucht Drake, um die Welt zu umsegeln. Er überquert den Atlantik in schweren Winterstürmen, fährt entlang der Küste Mittel- und Südamerikas nach Süden und passiert die noch unkartierte Magellan-Straße südlich von Feuerland. Dort verliert er die anderen Schiffe seiner kleinen Flotte und segelt allein weiter.

Ungehindert fährt er die Westküste Südamerikas hinauf, im Kielwasser schwerbeladener Schatzgaleonen, deren Kapitäne nicht ahnen, daß sich ein Engländer an ihre Fersen geheftet hat. Vor der peruanischen Küste macht er seinen dicksten Fang: Er kapert die »Nuestra Señora de la Conception«, besser bekannt unter ihrem Spitznamen »Cacafuego«, »Feuerscheißer«. Sechs Tage dauert es, bis die Kisten und Truhen voller Gold, Silber und Juwelen von der »Cacafuego« an Bord der »Golden Hinde« gebracht sind. Den spanischen Kapitän und die anderen Gefangenen behandelt Drake mit ausgesuchter Höflichkeit. Sie sollen seinen Ruhm in die ganze Welt tragen.

Als Drake nach einer wagemutigen Reise nach Norden bis zum heutigen Kalifornien segelt und von dort immer weiter westwärts, vorbei an den sagenhaften »Gewürzinseln« der Molukken und entlang der Küsten Afrikas, im September 1580 wieder nach Plymouth zurückkehrt, ist er endgültig ein Volksheld.

Sein Schiff ist vom Kiel bis zum Deck angefüllt mit Reichtümern. Für die englische Krone hat sich das erste nautische Großunternehmen gelohnt. Die Investoren können sich bei ihrem Piraten für Gewinne von

4000 Prozent bedanken. Obwohl Drake auf der Reise einen Adligen wegen angeblicher Meuterei hinrichten ließ, der Ruch der Willkürjustiz noch an ihm hängt und er sich selbst schamlos bereichert hat, erkauft er sich mit seiner längsten Reise schließlich die Gnade der Königin.

Pirat der Königin

Elisabeth I. selbst begibt sich an die Themse, zum Ankerplatz nach Deptford, um Drake auf der »Golden Hinde« zu besuchen. Francis Drake hat die Welt umsegelt, im Gegensatz zu seinem Vorgänger Magellan die Fahrt überlebt und der englischen Krone Ruhm und Reichtum gebracht. Der Besuch der Königin ist ein Gnadenbeweis für eine unglaubliche Leistung. An Deck der festlich geschmückten »Golden Hinde« diniert die Queen mit ihrem Piraten und erteilt ihm den Ritterschlag.

Mit dem Adelstitel und den neuerworbenen Reichtümern könnte Sir Francis Drake nun das Leben eines Landadligen führen. Nach seinem erfolgreichsten Raubzug ist er einer der reichsten Männer Englands. Mit Genehmigung der Königin kauft er sich das Landgut »Buckland Abbey«, auf halber Strecke zwischen seinem Geburtsort Tavistock und Plymouth. Es ist ein seltsames Haus, ein zum Wohnhaus umgebautes ehemaliges katholisches Kloster – für den Katholikenfresser Drake der passende Wohnsitz. Nach dem Tod seiner ersten Frau Mary Newman, die ihren Mann in all den Jahren kaum zu Gesicht bekommen hat, heiratet Drake 1585 erneut: Elizabeth Sydenham, jung und blaublütig, Symbol für Drakes gesellschaftlichen Aufstieg.

Die Queen läßt Drake beinahe täglich zu sich rufen. Er hält die Königin mit unzähligen Geschenken bei Laune, bedankt sich für die erwiesene Gnade und erzählt ihr von seinen Abenteuern und Entdeckungen. Er muß ein guter Erzähler gewesen sein, charmant und witzig. Wahrscheinlich ist Elisabeth die einzige, der er die ganze Wahrheit über seinen Beutezug erzählt. Sicher berichtet er ihr von den vielen seltsamen Tieren und Pflanzen, die er in der Neuen Welt gefunden hat, von Indianerstämmen, die ihn als Gott verehrt haben, von den wunderbaren

ASIA
INDIA ORIENTALIS
A M E R I
NOVA ALBION
California
DIEV ET
CIRCVLVS ARCTICVS
TROPICVS CANCRI
ÆQVINOCTIALI
NOVA GVINEA
TROPICVS
CAPRICORNI
TERRA AVSTRALIS
CIRCVLVS ANTARTICVS
Mare Vermejo
Iapan

70 Die berühmte Weltkarte des Jodocus Hondius (Joost de Hondt) von 1586 zeigt die Route von Drakes Weltumsegelung. Unten in der Mitte hat Hondius die einzige bekannte Abbildung von Drakes Schiff, der »Golden Hind«, eingesetzt.

Städten der Spanier, von der Wildheit der Länder, die so anders als England sind. Vermutlich zeigt er, ein eifriger und guter Zeichner, seiner Königin das Logbuch der Reise, das er mit vielen Skizzen illustriert hat. Der spanische Botschafter in London, Bernardino de Mendoza, berichtet jedenfalls, Drake habe der Königin ein Tagebuch über »alle seine Erlebnisse während der Zeit seiner dreijährigen Abwesenheit übergeben«. Leider ist dieses Dokument verschollen.

Königin Elisabeth protegiert den Volkshelden Drake. Sie schätzt ihn als Seemann und Freibeuter, daraus macht sie kein Geheimnis. Schätzt sie ihn auch als Mann? Die Romanzen der unverheirateten Königin sind ein ständiges Thema am Hof. Über jeden Günstling der »jungfräulichen Königin«, wie man sie nennt, wird geklatscht. Und Drake, der Abenteurer, der rauhe Seemann und Geschichtenerzähler, ist genau ihr Typ. Nach allem, was man heute weiß, ist nichts dran an den Gerüchten. Und auch damals kommt es nicht zum Skandal. Die Königin ist viel zu klug für solche Affären. Drake amüsiert sie, er ist der Held ihrer Untertanen, er füllt die Schatzkammern und ärgert den spanischen König. Das beste aber an ihm ist: Er ist der englischen Krone im Zweifelsfall ganz und gar entbehrlich.

Im Escorial muß Philipp II. machtlos zusehen, wie der Lieblingspirat der englischen Königin für seine Kaperfahrten weltweiten Ruhm erntet. Schon zu Lebzeiten wird Drake in unzähligen Liedern und Gedichten gefeiert, auch jenseits der englischen Grenzen. Bald nach seiner Rückkehr erscheinen sogar in Deutschland die ersten Druckschriften über seine Weltreise. In den »Nova novorum: Newe Zeitungen aus Osten, Westen, von newen gefundenen Landen« liest man dort 1596 Nachrichten über die »Indische oder Amerische Expedition Francisci Draci«. Selbst die Spanier können sich dem Drake-Kult nicht entziehen. In seinen »Elegias de Varones ilustres de Indias«, einem Conquistadoren-Epos, widmet der Dichter Juan de Castellanos dem englischen Freibeuter eine ganze Strophe. Und fast respektvoll schildert Lope de Vega, Verfasser der »Dragontea«, der »Drachendichtung«, die »grausamen« Taten des »El Draque«.

Die allgemeine Begeisterung bleibt nicht ohne Folgen. In England wollen die jungen Männer den Spuren des Piraten folgen, Reichtum und Ruhm erwerben. Die Engländer entdecken sich als Seefahrernation. Immerhin hatte schon Heinrich VIII. das Fundament für den Aufbau einer Kriegsflotte gelegt und eine Marine von 85 Schiffen hinterlassen. Während der Jahre der Religionskonflikte verfaulten diese jedoch am Midway River. Drakes Weltumsegelung gilt als Meilenstein. Die englische Kaufmannschaft setzt sich nun für den Aufbau einer modernen Flotte ein.

SÄBELRASSELN

Fünf Jahre nach Drakes Fahrt um die Welt hat die Königin einen neuen Auftrag für ihn. Mit einer Flotte von zwei Dutzend Schiffen soll er den Hafen von Vigo an der spanischen Atlantikküste angreifen. Auf Befehl Philipps II. haben die spanischen Behörden dort englische Schiffe beschlagnahmt. Drake soll sie befreien und zugleich die aus Panama erwartete Schatzflotte vor dem Hafen abfangen. Er selbst hatte um den Auftrag gebeten. Er will »dem König von Spanien den Bart ansengen«. Für den Piraten ist das Kommando über eine ganze Flotte eine neue Aufgabe. Wie wird er sie meistern?

Unter Drakes Kommando erreichen die Engländer den Hafen von Vigo planmäßig am 27. September 1585. Dann aber gerät die Strafexpedition zur Plünderung der Stadt und ihrer Umgebung. Während die Mannschaften sich mit Räuberei die Zeit vertreiben, segeln auf dem offenen Meer zwei spanische »flotas« unbehelligt an ihnen vorbei, die größten, die das Land seit vielen Jahren gesehen hat. Der unfehlbare Drake hat zwei unwiederbringliche Chancen versäumt. Wird der Pirat langsam alt?

Drake, der vor den Küsten der Neuen Welt gelernt hat, mit einer kleinen Crew Vertrauter auf wendigen Kaperschiffen zu manövrieren, muß Widerstand gegen seine Befehle hinnehmen, etwas, was er auf seinem eigenen Kaperschiff nie geduldet hätte. Die Spanier haben ihrerseits Lehren aus Drakes früheren Überfällen gezogen. Sie änderten die

Zeitpläne ihrer Flottenüberfahrten und ersetzten die schweren Kriegsgaleonen des Begleitschutzes durch kleinere, schnellere Fahrzeuge, die den englischen Kaperschiffen gewachsen sind. Der Wirtschaftshistoriker Carlo M. Cipolla zieht auch deshalb für das System des spanischen Flottenverbandes eine Erfolgsbilanz. Denn es gelingt den Spaniern, so schreibt er, die Bedrohung abzuwehren, die im 16. Jahrhundert von den französischen, holländischen und englischen Piraten ausging. Regelmäßig gelangt die Flotte ins spanische Mutterland. Die »flota« ist als Konvoi von bis zu 70 in einer langen Reihe segelnden Schiffen ein mächtiger und beeindruckender Anblick und bleibt für die Piraten – auch für Drake – unangreifbar.

Nach dem verpatzten Angriff auf die Schatzflotte startet Drake mit seinem Geschwader einen Angriff auf die spanischen Atlantikkolonien. Über die kanarischen Inseln Palma und Hierro erreicht er im November die Kapverden vor der westafrikanischen Küste. Im Dezember landet er auf La Española in der Karibik. Überall hinterlassen Drake und seine Männer eine Spur der Verwüstung. Ob aus Zorn über die verpaßte Schatzflotte oder aus Ärger über die magere Beute, diesmal befiehlt der Pirat, die eroberten Städte niederzubrennen. Als er Cartagena erobert, nimmt er die ganze Stadt als Geisel. Stadtteil für Stadtteil läßt er niederbrennen, in der Hoffnung, von den Bewohnern ein hohes Lösegeld zu erpressen.

Zum ersten Mal gibt es bei einer Operation Drakes Tote unter der Zivilbevölkerung. Und die Verluste der Engländer sind furchtbar. Drake, der dafür bekannt ist, seine Männer wohlbehalten in die Heimat zu bringen, hat diesmal 750 Tote zu beklagen – aus einer Gesamtmannschaft von 1925 Männern. Die Reise bringt auch keinen finanziellen Erfolg. Die Beute ist so gering, daß sie nicht einmal die Kosten deckt. Trotzdem ist Drake nach seiner Rückkehr im Juli 1586 für das spanische Weltreich der Staatsfeind Nummer Eins. Sein Feldzug hat gezeigt, daß die Kolonien kaum gegen Angreifer zu verteidigen sind. Überall auf der Welt wird das mit größtem Interesse vermerkt. Philipp II. entschließt sich zum Gegenangriff.

Sein grösster Sieg

Im Mai 1586, unmittelbar nach dem Eintreffen der ersten Nachrichten über Drakes Raubzug durch seine Besitzungen in Übersee, formuliert Philipp II. einen Kriegsplan. Er will mit seiner Kriegsflotte, der »unbesiegbaren Armada«, England erobern. Sein Plan bleibt nicht lange geheim. Elisabeth I. sieht sich gezwungen, einen Seekrieg zu führen.

Im Auftrag und mit Billigung der Königin segelt Drake im Frühjahr 1587 mit einem starken Flottenaufgebot gegen den spanischen Hafen Cádiz. Der Überfall auf den gut bewachten Hafen wird eines seiner größten Husarenstücke. Gegen den Willen der anderen Kommandeure dringt er in den Hafen ein. Mit seinen ebenso wagemutig operierenden Kapitänen steuert er direkt auf die ankernden Handelsschiffe zu, kapert oder versenkt sie. Dieser Angriff wirft die spanischen Angriffsvorbereitungen um ein ganzes Jahr zurück.

Drake ist immer noch wagemutig, kühn bis zur Verwegenheit, das hat er in Cádiz bewiesen. Aber die großen Flottenunternehmen jener Jahre haben nichts mehr mit den Abenteuern in Panama zu tun. Drake ist nicht mehr Pirat, sondern ein Kommandant der englischen Marine. Ohne es zu wissen, ist er ein Werkzeug der Königin in deren schwer durchschaubarem politischem Spiel geworden. Als der spanische Botschafter empört gegen den Angriff protestiert, läßt Elisabeth I. ihren Kanzler Burghley erklären, »ohne den Willen, ja gegen den Willen der Königin sind diese Taten von Sir Francis Drake begangen worden, weshalb die Königin nun auch sehr verärgert über ihn ist«.

In Großbritannien steht Drake bis heute für eine glorreiche Vergangenheit. Noch immer hört dort jedes Schulkind von seinen Abenteuern und träumt davon, mit dem unerschrockenen Kapitän in eine Welt aufzubrechen, die noch weit und unbekannt ist. Zum Stoff für Geschichtsbücher wird er endgültig, als er 1588, zum Vizeadmiral von England ernannt, sein Land siegreich gegen die spanische Armada führt.

Im berühmten Kartenraum der »Royal Geographical Society« am Londoner Hyde Parc schlägt der Karten-Spezialist Francis Herbert einen

400 Jahre alten Folianten auf, in dem die Geschichte des Siegs über die »unbesiegbare Armada« in einer Serie von Kupferstichen dargestellt ist – ganz wie in einem modernen Comic. Das erste Bild zeigt eine beeindruckende Flotte, 130 große Kampfgaleonen, haushoch und mit Kanonen gespickt, die in geschlossener, halbmondförmiger Formation auf die englische Küste zusteuern.

Die englische Flotte liegt noch im Hafen von Plymouth, und der Wind steht gegen sie, drückt sie in den Hafen hinein. Francis blättert weiter. Auf einem zweiten Stich hat die englische Flotte trotz des Gegenwinds den Hafen verlassen, umgeht die Armada und erscheint völlig überraschend im Rücken der spanischen Flotte. Eine dritte Abbildung zeigt, wie die Armada vom aufziehenden Sturm immer weiter an der britischen Küste nach Osten entlanggetrieben wird. Wie konnten die Engländer den Hafen von Plymouth verlassen, in so kurzer Zeit, unter so widrigen Umständen?

Eine Legende erzählt, Drake sei am 19. Juli, als Späher die spanische Flotte vor der Küste sichteten, völlig ruhig geblieben. Beim Kegeln vom Alarm unterbrochen, soll er gesagt haben, es sei wohl genug Zeit, zuerst das Spiel zu beenden und dann die Spanier zu besiegen. Vermutlich macht er sich altes Wissen aus seinen Tagen in der Küstenschiffahrt um Plymouth zunutze, läßt die Schiffe der englischen Flotte von Ruderbooten auf die westliche Seite der Bucht schleppen, um dort die Gezeitenströmung zu nutzen, die seine Schiffe aufs Meer hinaus trägt. Dort kreuzen sie stundenlang gegen den Wind, eine mühsame Angelegenheit, kann doch das Wenden eines Schiffs bis zu 15 Minuten dauern. Dann zieht die englische Flotte nordwestlich an der Armada vorbei und setzt sich, von den Spaniern unbemerkt, hinter sie.

Die Armada wird nun von den Engländern gejagt, die den direkten Kontakt mit den Großkampfschiffen zwar vermeiden, sie aber umkreisen und auseinandertreiben. Den Rest tut ein schwerer Sturm, der die Armada nach tagelanger Verfolgungsjagd und erbitterten Seegefechten auf die trügerischen Sandbänke vor der niederländischen Küste drückt. Das ist der Anfang vom Ende der unbesiegbaren spanischen Flotte.

Selbst inmitten seines größten Sieges läßt sich der Vizeadmiral nicht von einer piratischen Unternehmung abbringen. Im Schutz der Nacht kapert er das manövrierunfähige Schatzschiff der Armada, die »Nuestra Señora del Rosario«. Nach bewährter Piratenart läßt er den größten Teil der Reichtümer von Bord schaffen, ehe die königlichen Beamten mit der offiziellen Schätzung beginnen. Die Plünderung des Schatzschiffs der Armada symbolisiert den Niedergang der spanischen Vorherrschaft auf den Weltmeeren. Es schlägt die Stunde Englands.

Triumph und Ende

Inmitten des allgemeinen Jubels steht Drake wie ein Relikt aus einer alten Zeit. Mit dem Stil der neuen Zeit kann der Einzelgänger wenig anfangen. Drake ist kein Diplomat, seine Stärke liegt nicht darin, große Kriegsflotten zu befehligen oder die englische Flotte aufzubauen. Seine Welt waren die verwegenen Überfälle, die todesmutigen Angriffe. Und jetzt hat der Pirat seine Schuldigkeit getan.

Die letzten Lebensjahre könnte Drake in allen Ehren auf seinem Landsitz verbringen, durchs idyllische Devon reiten, seine Landarbeiter beaufsichtigen und die Freuden eines ländlichen Lebens genießen. Doch er findet keine Ruhe. Ein letztes Mal will er auf große Fahrt gehen. Vielleicht verfolgt ihn die Erinnerung an die verpaßte spanische Schatzflotte, oder er fürchtet, ohne neue Schätze die Gunst der Königin zu verlieren. Vielleicht will er einfach zurück an den Ort seiner Triumphe.

Im Jahr 1595 stimmt Elisabeth I. seinem Vorhaben zu. Drake segelt zusammen mit John Hawkins noch einmal in die Karibik. Er ist nun etwa 56 Jahre alt, Hawkins zehn Jahre älter. Als tropenerfahrene Abenteurer wissen sie, daß am anderen Ende der Welt tödliche Tropenkrankheiten warten. Sucht Drake einen Tod, der eines Piraten würdig ist, im Kampf um den Schatz der Spanier?

Was der Höhepunkt eines Piratenlebens sein soll, die Kaperung der spanischen Schatzflotte, endet in Versagen und Tod. Zehn Jahre lang

71 Die Legende berichtet, Drake habe vor dem Angriff auf die Armada noch ein Kegelspiel beenden wollen. Das Gemälde des Plymouth City Museum aus dem 19. Jahrhundert zeigt eine romantisch verklärte Szene – den Mythos Drake.

war Drake nicht mehr in der Karibik. Alles hat sich verändert. Die Spanier sind auf die Taktik des alten Feindes gut vorbereitet. Wo immer die Flotte erscheint, empfängt sie heftiges Kanonenfeuer. Ist Drake zu unvorsichtig geworden und zu langsam?

Die erhofften Erfolge bleiben aus. Die Reise wirkt wie ein Abschied. Im gnadenlosen Tropenregen wird das ehemalige Paradies zum Alptraum. Immer mehr Männer erkranken, viele sterben. Drake und Hawkins haben vor der Abreise ihr Testament gemacht. Eine Vorahnung des Kommenden?

Diesmal verschont sie das Tropenfieber nicht. Zuerst stirbt John Hawkins am 11. Januar 1596 auf See vor der Küste von Panama. Danach gibt Drake seinen letzten Befehl. Mitten in der Regenzeit will er Nombre de Dios, die Stadt, die vor Jahren seinen Ruhm begründete, noch einmal überfallen. Der Angriff wird ein Fehlschlag. Die spanische Siedlung ist ebenso verlassen wie bei seinem ersten Angriff 24 Jahre zuvor. Als er

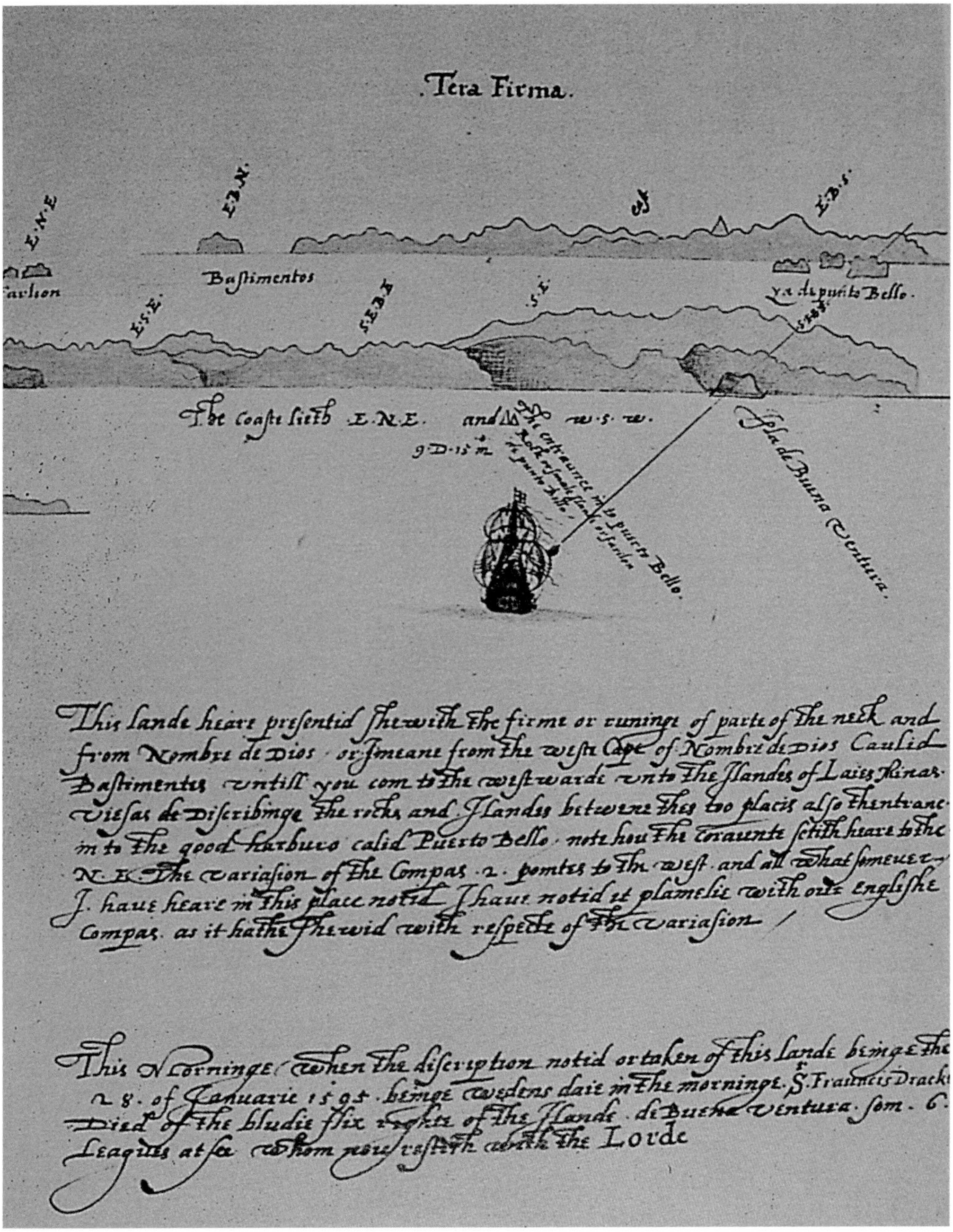
.Tera Firma.
E.N.E
E.B.N.
E.B.S.
Bastimentos
ESE.
S.E.B.E
S.E.
The Coaste lieth E.N.E. and W.S.W.
9 D. 15 m
Puerto Bello.
Isla de Buena Ventura.
This lande heare presentid shewith the firme or runinge of parte of the neck and
from Nombre de Dios · or I meane from the weste Cape of Nombre de Dios Caulid
Bastimentes untill you com to the westwarde unto the Ilandes of Laies Kinas·
Viesas de Discribinge the rocks and Ilandes betweene thes two placis also thentrance·
in to the good harburo calid Puerto Bello · note hou the coraunte setith heare to the
N.E. The variasion of the Compas ·2· pointes to the west · and all what soeuer
I haue heare in this place notid I haue notid it plainelie with oure Englishe
Compas · as it hathe shewid with respecte of the variasion /
This Morninge when the discription notid or taken of this lande beinge the
28 · of Januarie 1595 · beinge Wedens daie in the morninge · S. Fraunces Dracke
Died of the bludie flix righte of the Ilande · de Buena Ventura · som · 6 ·
Leagues at sea whom now resteth with the Lorde

72 (Vorhergehende Seite) Die Koordinaten des Todes: Ein Offizier aus der Mannschaft Drakes hat im Logbuch den Ort festgehalten, an dem der Sarg seines Kapitäns versenkt wurde.

keine Beute findet, läßt der enttäuschte Pirat die Häuser bis auf die Grundmauern niederbrennen. Dann erkrankt auch er am Fieber.

Noch einmal erweisen ihm alle Kapitäne und Offiziere der kleinen Flotte ihren Respekt. Drake ist bei Bewußtsein, empfängt seine Besucher würdevoll und ordnet die letzten Dinge. Am 28. Januar 1596, gegen vier Uhr morgens, stirbt der englische Abenteurer auf seinem Schiff vor der Küste von Panama. Seinen Leichnam übergibt man in der Bucht von Portobello dem Meer. Trotz mehrerer Suchaktionen der britischen Marine bleibt der genaue Ort seines Seegrabs ein Rätsel.

Hat sich der Draufgänger überschätzt? Hat er am Ende zuviel gewollt? Mit seinem Tod vor der Küste von Panama endet die Geschichte eines großen Seemanns. Francis Drake war der Pirat der Königin, ein harter, kluger, starrsinniger, ehrgeiziger, starker, ungebärdiger Mann. Ein Mann, dessen Leben schicksalhaft mit der tropischen Welt der Karibik verbunden war. Ein Mann, der ein Weltreich ins Wanken brachte.

Literaturhinweise

Andrews, Kenneth R.: The Last Voyage of Drake and Hawkins. London 1972.

Andrews, Kenneth R.: The Spanish Carribean. Trade and Plunder 1530–1630. New Haven/London 1978.

Arciniegas, Germán: Karibische Rhapsodie. Biographie eines Meeres. München 1960.

British Museum (Hg.): Sir Francis Drake. An Exhibition to Commemorate Francis Drake's Voyage Round the World 1577–1580. London 1977.

Cordingly, David: Unter Schwarzer Flagge. Legende und Wirklichkeit des Piratenlebens. Zürich 1999.

Drake, Sir Francis: The Drake Manuscripts. London 1996.

Guy, John A.: Tudor England. Oxford 1988.

Hampden, John (Hg.): Sir Francis Drake. Pirat im Dienst der Queen. Berichte, Dokumente und Zeugnisse des Seehelden und seiner Zeitgenossen. Tübingen/Basel 1977.
Harland, John: Seamanship in the Age of Sail. London 1984.
Head, Nigel: Tudor Economy and Society. London 1992.
Jobé, Joseph (Hg.): Der Segelschiffe große Zeit. Bielefeld 1998.
John Cummins: Francis Drake. The Lives of a Hero. London 1995.
Kelsey, Harry: Sir Francis Drake. The Queen's Pirate. New Haven/London 1998.
Kemp, Peter: The Campaign of the Spanish Armada. New York 1988.
Lewis, Michael: The Hawkins Dynasty. Three Generations of a Tudor Family. London 1969.
Nette, Herbert: Elisabeth I. Reinbek 1982.
Padfield, Peter: Armada. Braunschweig 1988.
Suerbaum, Ulrich: Das Elisabethanische Zeitalter. Stuttgart 1989.
Sugden, John: Sir Francis Drake. London 1990.
Thomson, George Malcolm: Sir Francis Drake. London, 1972.
Williams, Neville: The Sea Dogs. Privateers, Plunder and Piracy in the Elizabethan Age. London 1975.

Der Untergang der Romanows und der Schatz der Zaren

Von Luise Wagner-Roos

»Meine geliebte Sunny und liebes Frauchen, ich habe mit feuchten Augen Deinen lieben zärtlichen Brief gelesen. Diesmal ist es mir gelungen, mich im Augenblick der Trennung zu beherrschen, aber es war ein harter Kampf. Mein Liebchen, ich vermisse Dich entsetzlich, viel mehr, als ich Dir sagen konnte. Stets Dein alter Huzy.«

Wie ein verliebter Husar schreibt der Zar diese Zeilen von der Front, erfüllt von Einsamkeit und Melancholie. In Rußland wütet der Erste Weltkrieg, und Zar Nikolaus (russisch: Nikolaj) Alexandrowitsch Romanow hat sich zum Oberbefehlshaber seiner Truppen ernannt. In der Tiefe seiner Seele aber hegt er jenen unaussprechlichen Wunsch, von dem zahllose Briefe zeugen: Er möchte die immer schwerer lastende Bürde der Macht über den zarten Freuden des Familienlebens vergessen. Mit Botschaften seiner Liebe reisen die Kuriere des Zaren tagtäglich ins ferne Sankt Petersburg – und bringen romantisch-verklärte Grüße zurück. »Mein über alles Geliebter, solches Verlangen nach Deinen Zärtlichkeiten … Heilige Engel wachen über Dich und die Kraft meiner leidenschaftlichen Liebe. Stets Dein altes Frauchen.«

Über 20 Jahre schon sind seit der glücklichen Hochzeit des Zaren mit der deutschen Prinzessin Alexandra Fjodorowna (Alice von Hessen-Darmstadt) vergangen. Beide lieben die Bescheidenheit und scheuen die Öffentlichkeit. Längst haben sie sich mit ihren vier Töchtern und dem einzigen, über alles geliebten Sohn aus den prachtvollen Gemächern der Petersburger Eremitage nach Zarskoje Selo in das abgeschiedene Alexander-Palais zurückgezogen. Kein Prunk, keine Bälle, keine Empfänge, hier, im idyllischen »Dorf des Zaren«, rund 30 Kilometer von der Hauptstadt entfernt, finden nur noch die unerläßlichen Zeremonien statt. Ein kleiner Kreis von engen Vertrauten bildet die einzige Verbindung der kaiserlichen Familie zur Außenwelt. Im Mittelpunkt ihres Lebens steht

73 (Vorhergehende Doppelseite) »Erschießt die Pharaonen auf ihren Dächern« lautet die Parole dieser Propaganda-Postkarte aus der Zeit der Oktoberrevolution – die Revolutionäre fordern den Sturz des letzten Zaren.

die Sorge um den Thronfolger Alexej, der seit seiner Geburt an der tödlichen Bluterkrankheit leidet. Nur durch ein Wunder kann sein Leiden gelindert werden, so die feste Überzeugung der Zarin. Das Wunder erscheint in Gestalt eines sibirischen »starets« namens Rasputin. Allein dieser »heilige Mann« vermag die blutenden Wunden des jungen Zarewitsch, so der traditionelle Titel als Zarensohn, zu stillen.

Die heimliche Herrscherin

Die zutiefst religiöse und zur Mystik neigende Zarin glaubt mit wahrem Fanatismus an die Wundertätigkeit des stets in Bauerntracht gekleideten »starets«, der zum Sinnbild des Untergangs werden sollte. Von seinen Prophezeiungen und von seinem Segen macht die zur Schwermut neigende Kaiserin nicht nur das persönliche Schicksal, sondern auch den Erfolg politischer Entscheidungen und militärischer Operationen abhängig. Die Günstlinge Rasputins gelangen bald in höchste Staatsämter, und jedes kritische Wort über den »Heiligen« – über seine Bestechungen, seine Sucht nach Alkohol und die wilden Ausschweifungen mit den Huren vom Newskij-Prospekt – wird von der kaiserlichen Familie als bösartige Verleumdung abgetan. Immer wieder treffen sich die Zarin und ihre Töchter zu nächtlicher Stunde mit dem Mönch aus Tobolsk, um mit ihm zu beten und seinen Rat einzuholen. Rasputin macht Alexandra zur heimlichen Herrscherin über das Russische Reich. Kehrt der willensschwache Zar von seinen wochenlangen Truppenbesuchen heim, vermag er nichts ohne die Zustimmung der Zarin zu entscheiden. Ihre Schicksalsgläubigkeit wird zum Mittel der Politik, gelenkt von einem Zirkel gefährlicher Intriganten. Führt der Weg in den Untergang?

»Überall Verblendung und Gottergebenheit, wenn man diese Verhältnisse sieht, glaubt man an die Existenz des Bösen«, schreibt Großfürst Alexander Michailowitsch im Februar des Jahres 1917. Angesichts wachsender Unruhen in Sankt Petersburg richtet er einen leidenschaftlichen Appell an seinen Schwager, den Zaren, endlich ein Kabinett ver-

74 Nikolaus II. lebt mit seiner Familie im Alexander-Palais in Zarskoje Selo nahe Sankt Petersburg. Sein Arbeitszimmer.

75 (Rechte Seite) Die deutsche Prinzessin Alice von Hessen-Darmstadt heiratet Nikolaus II. im Jahr 1894 – eine Liebesehe, aus der vier Töchter und der ersehnte Thronfolger hervorgehen.

antwortlicher Minister zu ernennen. Nikolaus allein könne Rußland nicht länger regieren. Doch der Zar »sagte nichts und rauchte weiter«, so der Großfürst in einem Brief, »wie immer in angespannten Situationen«. Die Zarin aber habe ihn an seine von Gott verliehene Macht erinnert: »Wir sind von Gott auf einen Thron gesetzt worden und müssen ihn nach allen Kräften verteidigen, um ihn unserem Sohn unbefleckt zu übergeben – das darfst du nie vergessen, dann wirst du dich auch daran erinnern, daß du der Souverän bist – und wieviel leichter ist es für einen autokratischen Souverän als für einen, der einen Eid auf die Verfassung abgelegt hat.«

Blind für die Ereignisse in Sankt Petersburg reist Nikolaus zurück an die Front. »Es ist ein schreckliches Gefühl, so weit weg zu sein und nur Bruchstücke von schlechten Nachrichten zu erhalten«, schreibt er am 27. Februar in sein Tagebuch. Wenige Stunden zuvor hat er ein besorg-

niserregendes Telegramm vom Präsidenten der Duma, Michail Rodsjanko, erhalten: Im dritten Kriegswinter steht das ganze Land vor einer Hungersnot, im Volk bricht Panik aus. Die Rüstungsfabriken stehen still, weil Rohstoffe fehlen. Eine hungrige, arbeitslose Masse verfällt in die Anarchie, bereit zur Gewalt. Soldaten, die zur Unterdrückung der Proteste entsandt werden, verweigern immer häufiger den Befehl – das Vertrauen in die Führung ist völlig zerrüttet.

Überrascht durch die Explosion der Ereignisse besteigt der Zar um ein Uhr nachts den kaiserlichen Zug zurück nach Sankt Petersburg. Doch die Strecke ist blockiert, und unterwegs erreicht ihn die unheilvolle Nachricht, Zarskoje Selo sei in die Hände von revolutionären Kräften gefallen. Wer würde jetzt über die Sicherheit seiner Familie wachen? Waren die Aufständischen ins Alexander-Palais eingedrungen? Die Gedanken des Zaren lassen sich nur erahnen. Geistesabwesend nimmt er wenig später die Telegramme seiner Generäle und engen Angehörigen zur Kenntnis, die ihn zur Abdankung drängen. »Wenn die Revolution siegreich ist, verzichte ich freiwillig auf den Thron«, soll der Zar voller Resignation gesagt haben. »Dann werde ich auf die Krim gehen; ich liebe Blumen.«

»Vermutlich dachte Nikolaus II. in diesem Augenblick weniger an die Monarchie, als an seine Frau und die Kinder«, sagt der russische Historiker George Wilinbachow. »Gleichzeitig verspürte er einen starken Druck, der alle Schichten der Gesellschaft umfaßte, auf den Thron zu verzichten. In diesem Zustand der Hoffnungslosigkeit und Einsamkeit war die Abdankung ein Versuch, die Familie zu retten.«

Tod dem blutigen Schlächter

Im Arbeitszimmer des kaiserlichen Zuges unterschreibt der Zar das Abdankungsmanifest zugunsten seines Bruders Michail Alexandrowitsch, nicht zugunsten des rechtmäßigen Thronfolgers. Zu groß ist die Angst, vom geliebten Sohn Alexej, dem unheilbar kranken Zarewitsch, getrennt zu werden. Doch Großfürst Michail weist den Thron in auswegloser Situation zurück. Um den Bürgerkrieg zu verhindern, bildet die Duma eine Provisorische Regierung, deren Führung der junge Abgeordnete Alexander Kerenskij übernehmen soll.

Am 9. März erreicht Nikolaus II. endlich Zarskoje Selo. Den Augenblick des Wiedersehens beschreibt Anna Wyrubowa, eine Hofdame und enge Vertraute der Kaiserin in ihren Memoiren: »Wenigstens für eine Weile blendete das Glück, wieder vereint zu sein, die Spannungen der Vergangenheit und die düstere Unsicherheit der Zukunft aus. Aber allein, hinter verschlossenen Türen, überwältigten die Gefühle des verratenen und verlassenen Kaisers seine Selbstbeherrschung vollkommen, und er weinte wie ein Kind an der Brust seiner Frau. ›Er wird kein zweites Mal zusammenbrechen‹, sagte die Zarin später mit einem tapferen Lächeln. ›Er spaziert jetzt durch den Garten.‹ Unten im Park des Palastes, der ihm zwanzig Jahre ein Zuhause gewesen war, stand der Mann, der noch vor wenigen Tagen der Zar aller Rußlande gewesen war, begleitet von seinem treuen Freund Fürst Dolgorukow. Die beiden wurden von sechs Soldaten umringt, mit ihren Fäusten und den Griffen ihrer Gewehre schoben sie den Zaren weiter, als wäre er ein elender Landstreicher.«

76 (Linke Seite) Für viele aus dem russischen Volk ist der sibirische Wunderheiler Rasputin ein Sinnbild des Untergangs. Von seinen Prophezeiungen macht die Zarin die Zukunft des Reiches abhängig.

157 KAISERIN KATHARINA II. von RUSSLAND (1729–1796)
um 1780/90

An jenem schicksalhaften Tag beginnt die Zeit der Gefangenschaft. »Der Zar akzeptierte alle Einschränkungen mit außerordentlicher Gelassenheit und moralischer Größe«, so der Hauslehrer Pierre Gilliard in seinen Memoiren. »Kein Wort des Tadels kam jemals über seine Lippen. Tatsächlich wurde sein ganzes Sein von einer einzigen Leidenschaft beherrscht, die sogar noch machtvoller war als die Bande zwischen ihm und seiner Familie: der Liebe zu seinem Land. Wir spürten, er war bereit, denjenigen, die ihm derartige Demütigungen zumuteten, alles zu vergeben, solange sie in der Lage waren, Rußland zu retten.«

Für das russische Volk jedoch ist der Zar zum Sinnbild grenzenloser Ausbeutung geworden. »Tötet den blutigen Schlächter«, rufen die Aufständischen auf den Plätzen vor den Palästen. Mit unbändiger Kraft wird sich der Haß der protestierenden Massen am luxuriösen Lebensstil der Zaren und ihrer Jahrhunderte langen Herrschaft des Terrors entladen.

Seit den ersten Tagen ihrer Macht ist die Geschichte der Zaren untrennbar mit ihrem unstillbaren Hunger nach Gold verknüpft – und mit erbarmungsloser Sklaverei. Im Jahr 1547 nimmt Iwan der Schreckliche als erster den Zarentitel an. Mit ihm beginnt die leidvolle Geschichte der Leibeigenschaft, Verfolgung und Verbannung für das russische Volk. Die Gier nach Gold treibt den Schreckensherrscher zu grausamen Morden. Unter dem Kreml, einst Sitz der Zaren, habe er seinen Goldschatz in einem Labyrinth aus sieben Meter tiefen Gängen verborgen, so die Legende. Noch kurz vor seinem Tod sei Zar Iwan in die düsteren Katakomben hinabgestiegen, um sein Gold zu betrachten.

Etwa 150 Jahre später schickt Peter der Große seine Männer in blutige Eroberungskriege, Abertausende sterben auf den Schlachtfeldern. Bei der Niederschlagung eines Aufstands kommt es in Moskau zu einem monatelangen Gemetzel, bis sogar der Metropolit ein Ende fordert. In mörderischen Arbeitslagern werden Zigtausende von verbannten Häftlingen von Erschöpfung, Cholera und Peitschenhieben dahingerafft. Die Paläste aber erstrahlen in nie gesehenem Glanz. Zar Peter macht Sankt Petersburg zur Hauptstadt des Russischen Reiches. Dort, am baltischen Meerbusen, soll ein zweites Versailles entstehen: Schlösser mit fun-

77 (Linke Seite) Katharina die Große, die deutsche Fürstentochter auf dem Zarenthron, verschenkt ganze Landstriche mit bis zu 800 000 Leibeigenen an ihre Liebhaber.

kelnden Spiegelsälen und prächtigen Gärten, in denen die zaristische Gesellschaft ein märchenhaftes Leben führt und sich auf Kosten des ausgebeuteten Volkes amüsiert. Als Katharina die Große, eine deutsche Fürstentochter, im Jahr 1762 den Zarenthron besteigt, beauftragt sie ihre Juweliere, eine Krone mit 4936 Brillanten als Zeichen ihrer Macht und ihres Reichtums anzufertigen. Als autokratische Monarchin verfügt sie unbeschränkt über das Staatsvermögen – sie verschenkt an ihre Liebhaber ganze Landstriche mit bis zu 800 000 Leibeigenen. Land und Leute gehören den Zaren persönlich. Jahrhunderte herrschen sie nach dem Motto des Sonnenkönigs »L'Etat c'est Moi.« Die Zaren von Rußland sind Rußland.

Und ihre Schätze sind Legende. Das sagenumwobene Bernsteinzimmer aus dem Palais von Katharina der Großen ist seit dem Zweiten Weltkrieg verschollen. Mit vergoldeten Spiegeln und Edelsteineinlagen wird das »achte Weltwunder« jetzt bis ins Detail wieder aufgebaut. In den Palastwerkstätten werden die kostbaren Wandvertäfelungen nach alten Fotos rekonstruiert – für rund sieben Millionen Mark. Nur die wertvollsten Bernsteinfunde aus Königsberg an der Ostsee gelangen in die Hände der russischen Künstler.

Goldland Sibirien

Woher aber stammt der unermeßliche Reichtum der russischen Monarchen? Die Geschichte des Zarengoldes beginnt in der Schatzkammer Rußlands, in der eisigen und menschenfeindlichen Wildnis eines unzugänglichen Kontinents: Sibirien. Mit der Eroberung der Festung Kasan, noch fast 1000 Kilometer vor den Gebirgszügen des Ural, eröffnet Iwan der Schreckliche im Jahr 1552 den Weg nach Osten. Die ersten Entdecker und Abenteurer, denen der Vorstoß in das sagenumwobene Land gelingt, berichten von prächtigem Goldschmuck, den sie in Kurganen, den Grabhügeln des rätselhaften Volkes der Skythen, gefunden haben, deren Herrschaft im 1. Jahrtausend v.Chr. von Westsibirien bis zum Schwarzen Meer reichte. Irgendwo in der Hölle Sibiriens soll auch ein goldener

Berg aus dem Boden ragen, aufspüren können die Gesandten des machtsüchtigen Zaren Iwan das Goldland aber nicht.

78 Die Transsibirische Eisenbahn ist eines der schwierigsten Bauvorhaben der Welt. Mit der Eröffnung der Strecke werden die Schätze Sibiriens unumschränkt verfügbar.

Doch sie machen eine Entdeckung, die die Schatzkammer ihres Herrschers füllen soll: Zobel und Silberfüchse, das Gold Sibiriens. Bei den Reichen und Mächtigen von Europa bis China sind die Pelze so begehrt, daß man sie als »Goldenes Vlies« bezeichnet. Für ein einziges Zobelfell hätte ein Bauer damals zehn Jahre arbeiten müssen. Iwan der Schreckliche fordert von den Völkern Sibiriens einen Tribut von 30 000 kostbaren Fellen. Das Gewicht der Pelze wird in Gold aufgewogen, das dann zu Münzen geprägt wird, um Kriege zu finanzieren, und das den unermeßlichen Reichtum der Zaren mehrt.

Erst gegen Ende des 17. Jahrhunderts spüren ausländische Bergbauexperten, die Peter der Große nach Sibirien geschickt hat, die erste Silbermine auf. 50 Jahre später entdecken russische Geologen bei

Berjosow, im nordwestlichen Winkel Sibiriens, die erste Goldader. Bis zu 100 Meter tief unter der Erde ist das Erz verborgen. Es wird von rund 3000 leibeigenen Bauern und verbannten Verbrechern ausgehoben, in Schächten, in denen die Luft kaum Sauerstoff genug enthält, um eine Kerzenflamme brennen zu lassen. Doch bis zum Beginn des 19. Jahrhunderts verfügt das Russische Reich nur über einen Bruchteil des Goldes, das es benötigt, um sein gewaltiges Heer unter Waffen zu halten.

Als im Jahr 1828 die Goldfelder längst des sibirischen Stroms Lena entdeckt werden, steigt die Zahl der Goldschürfer fast sprunghaft auf 60 000 an. Eine meterdicke Bodenkrume müssen die Männer abtragen, bis sie den Goldsand erreichen. Ohne technische Hilfsmittel bewegen sie alljährlich vier Millionen Tonnen Erde. Die Arbeiter hausen in primitiven Hütten ohne Fußboden, Fenster und Schornsteine. Und wenn im

79 Abertausende von russischen Häftlingen werden unter der Herrschaft des letzten Zaren in sibirische Arbeitslager verbannt.

Herbst Schnee und Eisregen fallen, stehen die Goldschürfer knietief in bitterkalten Schlammtümpeln, um den begehrten Rohstoff für erlesene Juwelen und Geschmeide zu gewinnen. Die Arbeit in den Gruben und Schächten wird Tag und Nacht ohne Unterbrechung fortgesetzt. Wer Glück hat, wohnt in Baracken mit Sandböden und Wänden aus verfaulenden Baumstämmen, während sich die übrigen mit Unterständen aus Sandsäcken zufriedengeben müssen, über die man Säcke als Dächer gespannt hat. Der Platz zum Schlafen ist oft auf weniger als einen Quadratmeter beschränkt.

Ein Zehntel der Erdoberfläche können die russischen Zaren mit der Eroberung des eisigen Kontinents ihr eigen nennen. Bald sollte ihnen Sibiriens Reichtum ein Sechstel der Gold- und Silbervorkommen der Welt einbringen. Mit dem Bau der Transsibirischen Eisenbahn, eines der schwierigsten Bauvorhaben der Welt, sollen die Schätze des legendären Goldlandes gegen Ende des 19. Jahrhunderts unumschränkt verfügbar werden: Pelze und Getreide, Salz, Erze, Silber, Gold und Diamanten. Und es ist Nikolaus II., der im Jahr 1881 – wenige Jahre vor seiner Krönung – in Wladiwostok, am östlichsten Punkt der Bahn, den ersten Spatenstich setzt.

Nikolaus, damals noch Zarewitsch, reist auf dem Landweg zurück nach Sankt Petersburg, um den russischen Anspruch auf Sibirien zu bekräftigen. In der kaiserlichen Kutsche fährt er auf dem Großen Sibirischen Postweg nach Westen – eine Strecke, die viele Reisende damals als »schlimmste Straße der Welt« verfluchen. Doch der Thronfolger erlebt Sibirien im Sonntagskleid – die Schlaglöcher sind ausgebessert, die baufälligen Brücken repariert, die Poststationen von wimmelndem Ungeziefer befreit. Und er besucht Städte, die kein Zar jemals gesehen hat: In Irkutsk, Tomsk und Tobolsk jubeln die Menschen dem Zarewitsch zu.

Als Nikolaus II. fünf Jahre später den Thron besteigt, hat das zaristische Rußland den Zenit seiner Macht erreicht. Und das russische Reich verfügt über die größte Goldreserve der Welt. Doch die Industrialisierung stürzt immer mehr Menschen in die Armut, es kommt zu Aufständen, und bald herrscht im Land das Klima der Revolution. Der

22. Januar 1905 geht als »Blutsonntag« in die Geschichte ein: Die Truppen des Zaren schießen in Sankt Petersburg auf eine Versammlung von friedlichen Demonstranten und töten dabei 500 Menschen. Mit diesem blutigen Auftakt zur ersten russischen Revolution kommt es in ganz Rußland zu Streiks und Protesten.

Doch der junge Zar lebt mit seiner jungen Familie abgeschnitten von der Realität in den Gemächern der Petersburger Eremitage. In seiner Vorstellung ist die Mehrheit des russischen Volkes dem Thron noch immer treu ergeben, von ausgeprägter Frömmigkeit und Garant für den Reichtum seines Landes. Sein mächtiger Regierungsapparat schickt indessen Abertausende in die Verbannung, um die wachsenden Unruhen zu unterdrücken. Hunderte von Spionen werden angeworben, die die Front der Arbeiter unterwandern sollen, und jeder Verdächtige wird zur Zwangsarbeit in sibirischen Lagern verurteilt. Nach den Ereignissen von 1905 sind die sibirischen Zuchthäuser überfüllt, rund 30 000 Menschen sterben in den folgenden sechs Jahren in menschenverachtenden Strafkolonien. Viele der angeblichen Revolutionäre enden völlig schuldlos auf den Goldfeldern der Lena – bis es im Jahr 1912 zu einem blutigen Aufstand kommt, der die Arbeiter in ganz Rußland auf die Barrikaden bringt.

Um gegen die menschenunwürdigen Lebensbedingungen in sibirischen Lagern zu protestieren, rufen einige der verbannten Männer und Frauen die Arbeiter zum Widerstand auf. Eine Kolonne von Bergleuten bewegt sich im friedlichen Protestmarsch auf die Gruben zu, als sich ihnen Soldaten mit aufgepflanzten Bajonetten in den Weg stellen. Wenige Augenblicke später eröffnen sie das Feuer und strecken die Streikenden mit gezielten Salven nieder. »Menschen lagen wie Felsen überall auf der Straße verstreut«, berichtet ein Augenzeuge über das Massaker, das Aufstände in ganz Rußland heraufbeschwört.

80 (Rechte Seite) Nach der Abdankung des Zaren steht die Familie unter Hausarrest. Zum Zeitvertreib legt der einstige Herrscher (Bildmitte) im Park des Alexander-Palastes einen Gemüsegarten an.

Fast zeitgleich mit dem dreihundertjährigen Thronjubiläum der Romanows im Jahr 1913 legen in den großen russischen Städten rund 750 000 Menschen die Arbeit nieder. An der transsibirischen Eisenbahnstrecke, in den Bergwerken und Fabriken treten die Menschen in den

Streik – bereit zur Gewalt. In den folgenden Jahren kommt es zu einer tragischen Eskalation der Ereignisse. Am 28. Juni 1914 bricht der Erste Weltkrieg aus, jene Katastrophe, die das Zarengeschlecht endgültig in den Abgrund stürzt. Nur drei Jahre später ist das Ende des letzten Zaren gekommen – er wird zur Abdankung gezwungen.

Das letzte Kapitel

»Der Zar scheint eine Art Erleichterung zu spüren, endlich von der Last der Macht befreit zu sein«, schreibt der französische Botschafter in Sankt Petersburg, Maurice Paléologue, in seinen Memoiren. »Er verbringt den Tag in seiner ruhigen, lässigen Art, indem er die Papiere durchsieht, Zigaretten raucht, Puzzles zusammensetzt, mit seinen Kindern spielt und im Garten Schnee räumt.« Der Zar liebt den Aufenthalt in der freien Natur. Mit seinen Kindern und den verbliebenen Bediensteten legt er einen Gemüsegarten mit 500 Kohlköpfen an, fällt abgestorbene Kiefern im Alexander-Park und zersägt das Holz als Vorrat für den nächsten Winter. »Nach dem Mittagessen ging ich mit Alexej in den Park und verbrachte die Zeit damit, das Eis an unserem Sommersteg aufzubrechen«, schreibt der Ex-Zar am 3. April 1917 in sein Tagebuch. »Wieder stand eine Menge Müßiggänger am Zaun und starrte uns die ganze Zeit an.«

Das zaghafte Glück ist trügerisch. Die gefallene Herrscherfamilie steht in Zarskoje Selo unter strenger Beobachtung. Und als die einstige Kaiserin beschuldigt wird, an der Spitze einer konterrevolutionären Bewegung zu stehen, werden Nikolaus und Alexandra gezwungen, getrennt voneinander zu leben. Nur die Mahlzeiten und den Tee darf die Familie gemeinsam einnehmen, in Gegenwart eines Offiziers und unter der Bedingung, nur russisch zu sprechen. Nikolaus reagiert auf die Demütigungen mit einem »außerordentlichen Schauspiel von Gleichmut und Undurchdringlichkeit«, schreibt Paléologue, die Kaiserin dagegen sei zu mystischer Exaltiertheit übergegangen. »Gott hat uns diese Prüfung geschickt«, so ihre Worte. »Ich nehme sie um meiner ewigen Errettung willen dankbar an.«

Am 11. Juli kommt der Vorsitzende der Provisorischen Regierung, Alexander Kerenskij, zum Kaiser, um zu berichten, daß sich die Lage in der Stadt besorgniserregend entwickelt habe. Er selbst und der Zar seien in großer Gefahr. Die Bolschewiki »sind hinter mir her, und dann werden sie hinter Ihnen her sein«. Kerenskij schickt die Zarenfamilie in die Gefangenschaft an unbekanntem Ort – angeblich, um sie vor der blinden Rache extremistischer Revolutionäre zu retten.

Bis heute ist es für die Historiker schwierig, die wahren Pläne Kerenskijs zu durchschauen. Das Schicksal der Zarenfamilie lag in seinen Händen. Doch wollte er sie tatsächlich retten? War sein politisches Ziel möglicherweise sogar eine konstitutionelle Monarchie? »Als Oberhaupt des Reiches konnte Kerenskij zu diesem Zeitpunkt nicht nur nach seinem Willen handeln«, sagt George Wilinbachow, wissenschaftlicher

Direktor der Petersburger Eremitage, »er war gezwungen, seine Entscheidungen mit der damaligen Regierung abzustimmen. Wenn er tatsächlich den Wunsch gehegt hätte, die Zarenfamilie zu retten, wäre er damit vermutlich in einen politischen Konflikt geraten.«

Der gefallene Zar muß mit seiner Familie den Weg in die Verbannung antreten. Noch ist der Zar überzeugt, die Hauptstadt nur für einige Monate verlassen zu müssen, bis die Situation sich wieder beruhigt hat. Noch glaubt er den kaiserlichen Besitz in Sicherheit. In den Palästen registriert Hofmarschall Alexander von Benckendorff ihre Reichtümer, um sie zur zeitweiligen Verwahrung in die Hände der Provisorischen Regierung zu geben. Fast alles muß die Zarenfamilie hinter den versiegelten Türen des Palastes zurücklassen. Dennoch sind 50 Männer mehr als drei Stunden lang damit beschäftigt, das Reisegepäck in die wartenden Wagen zu schaffen: Kleidung, den wertvollsten Schmuck, Bücher aus der kaiserlichen Bibliothek, Ikonen und zahllose andere persönliche Gegenstände sowie Geschirr, Besteck und einige Kisten Wein aus dem Keller des Palastes.

Der Weg in die Verbannung

Die Reise führt nach Tobolsk im Goldland Sibirien, der Heimat Rasputins. Hier lebt die Familie erstmals in einem einfachen Haus mit einem kleinen, ungepflasterten Hof. Zunächst ist die Situation viel entspannter als in Zarskoje Selo – die politische Agitation hat das abgelegene Dorf mit seinen Holzhäusern, schlammigen Straßen und den weißgetünchten Kirchen noch nicht erreicht. Die Wachsoldaten sind weniger von Haß erfüllt als ihre Kameraden im Alexander-Palais, und die Einheimischen, die sich aus Neugier vor dem Haus versammeln, sind freundlich. Doch mit der Zeit beginnt der Zar sehr unter dem Mangel an körperlicher Bewegung zu leiden. Der Oberst, bei dem er sich beklagt, läßt Buchenstämme bringen, kauft einige Sägen und Äxte, und wieder hackt der Zar Holz für Küche und Öfen. »Das war eine unserer großen Freiluft-Ablenkungen, solange wir in Tobolsk gefangen waren«, schreibt der Hauslehrer Pierre Gilliard. »Selbst die Großfürstinnen waren bald ganz erpicht darauf.«

Alexandra hingegen versinkt immer tiefer in der Spiritualität. »Wir leben hier auf Erden, aber halb sind wir schon in der nächsten Welt«, schreibt sie an ihre Vertraute Anna Wyrubowa. »Wir sehen mit anderen Augen.« Mit dem Wintereinbruch verschlechtert sich die Lage zunehmend. »Vor einer Temperatur von vierzig Grad gibt es kein Entkommen«, schreibt einer ihrer Begleiter, »weder Wände noch Öfen können solche Kälte fernhalten. Während des Winters lebt man nicht mehr; man vegetiert nur in gefrorener Erstarrung.« Die zunächst vagen Sorgen um die Zukunft werden nun für alle spürbar. Sie haben kaum noch genug zu essen, und ihre Vorräte an Bargeld sind erschöpft – Kerenskijs Provisorische Regierung scheint die kaiserliche Familie in ihrer Sicherheitshaft vergessen zu haben.

Weshalb konnte der Zarenfamilie kein ausländisches Exil ermöglicht werden? Zumal die deutsche Prinzessin Alexandra und der Zar selbst (er war ein Cousin des Königs von England) mächtige Verwandte im Ausland hatten. Doch die Bemühungen der Herrscherhäuser in London und Berlin, die russische Zarenfamilie zu retten, blieben halbherzig. »Man muß verstehen, daß die persönlichen Gefühle mit den politischen Zielen der damaligen Zeit im Widerspruch standen«, sagt der Historiker Wilinbachow.»Zu dieser Zeit tobte der Erste Weltkrieg, in den alle verwickelt waren, und die Rettung wäre diplomatisch sehr schwierig gewesen.« Und noch immer war der Gedanke an ein Leben im ausländischen Exil für Nikolaus und Alexandra völlig ausgeschlossen. »Ich würde Rußland unter keinen Umständen verlassen«, sagte die Zarin, »denn ins Ausland zu gehen, hieße in meinen Augen, die letzte Verbindung zur Vergangenheit abzubrechen.«

»Obwohl sie täglich mehr leiden, haben Ihre Majestäten noch immer die Hoffnung, daß sich unter ihren loyalen Freunden welche finden, die versuchen werden, sie zu befreien«, schreibt Pierre Gilliard. Hat der Zar niemals an eine Flucht gedacht? »Nie war die Situation günstiger als jetzt«, so der Hauslehrer. »Mit Hilfe von Oberst Kobylinskij, der schon auf unserer Seite ist, wäre es ein leichtes, die nachlässige Wachsamkeit unserer Posten zu überlisten. Wir haben dem Zaren immer wieder vor Augen geführt, daß er auf eine Wende der Ereignisse vorbereitet sein muß.« Doch Nikolaus wehrt sich gegen die verschwörerischen Pläne seiner Begleiter. Wie seine Gemahlin ist auch der Zar zutiefst religiös, und die Ereignisse verstärken diesen fatalistischen Glauben. Sie ergeben sich widerstandslos in ihr Schicksal.

STURM AUF DEN WINTERPALAST

Zur tragischen Wende kommt es am 24. Oktober des Jahres 1917 um 2 Uhr 10 in der Nacht mit der Machtergreifung des Revolutionsführers Lenin. Aufständische Soldaten dringen in den Zarenpalast ein und zerstören die kaiserlichen Besitztümer. Kerenskijs Provisorische Regierung, die in dieser Nacht im weißen Eßzimmer des Winterpalastes tagt, wird von den Bolschewiki verhaftet – bis heute erinnert die Uhr auf dem Kaminsims an den Zeitpunkt der revolutionären Ereignisse. Seit dieser Stunde scheint das Leben der Romanows in Gefahr. Auf den Ölgemälden an den Wänden der Eremitage zerstechen Soldaten mit ihren Bajonetten die Augen der portraitierten Zarenfamilie.

»Nikolaj Romanow und seine Familie müssen auf Soldatenrationen gesetzt werden«, lautet wenige Tage später ein Telegramm der neuen bolschewistischen Machthaber an die Wachmannschaft in Tobolsk. Es werden Gerüchte über ein Verfahren gegen Nikolaus II. vor einem Revolutionstribunal laut. Am 22. April 1918 trifft ein Gesandter Lenins ein, angeblich um den ehemaligen Zaren für ein Gerichtsverfahren nach Moskau zu bringen. Er deutet an, daß der endgültige Bestimmungsort der Familie irgendwo im Ausland sein werde. Doch die letzte Reise der Zarenfamilie endet im Bahnhof von Jekaterinburg im südlichen Ural, das bald danach für rund 70 Jahre Swerdlowsk heißen wird. Dort werden sie dem regionalen Sowjet übergeben, umringt von einer lärmenden, feindseligen Menge. Geblieben ist ihnen nicht viel mehr, als sie selbst in ihren Koffern tragen können. Nur die wertvollsten Juwelen haben die Zarin

81 Nach dem Zusammenbruch des Zarenreiches halten die Soldaten der Provisorischen Regierung Einzug in die prachtvollen Säle des Winterpalastes.

und ihre Töchter als letzte Sicherheit in ihre Mieder eingenäht – fast acht Kilogramm Schmuck.

Sie werden zu einem zweistöckigen Haus gebracht, das dem reichen Geschäftsmann Nikolaj Ipatjew gehört – das »Haus zur besonderen Verwendung«, wie man es nennt. Ein hoher Palisadenzaun wird darum errichtet, die Fenster werden weiß getüncht, dahinter lebt die Zaren-

82 Spuren eines grausamen Verbrechens: Am 16. Juli 1918 wird die Zarenfamilie auf Befehl der bolschewistischen Regierung in diesem Raum des Ipatjew-Hauses in Jekaterinburg erschossen.

familie in totaler Isolation. Nur zwei Stunden täglich darf der Ex-Zar draußen in einem kleinen Garten verbringen, in dem er wie auf einem Gefängnishof auf und ab geht. Der Zarewitsch leidet aufgrund seiner tödlichen Erbkrankheit an starken Schmerzen und ist den ganzen Tag an sein Bett gefesselt.

Am 27. Juni übernimmt Jakow Jurowskij das Kommando im Ipatjew-Haus. Er beginnt seinen Dienst mit der Forderung, daß die Zarin ihre verbliebenen Juwelen herausgebe. »Warum? Für wie lang? Wohin?«, notiert Alexandra voller Sorge in ihr Tagebuch. Angst beschleicht auch den Zaren. »Wir blieben eine ganze Nacht wach und völlig bekleidet«, schreibt Nikolaus in sein Tagebuch. »Vor ein paar Tagen hatten wir nämlich hintereinander zwei Briefe erhalten, in denen es hieß, wir sollten uns darauf vorbereiten, daß man uns befreien würde! Aber die Tage gingen vorbei, und nichts passierte, nur das Warten und die Ungewißheit wurden uns zur Tortur.« Am nächsten Sonntag, als sie im Haus einen Gottesdienst abhalten dürfen, bemerkt der Priester eine tiefgreifende Veränderung bei den Romanows. Sie sehen erschöpft aus. Beim Gebet fallen sie hinter ihm auf die Knie, und ihr Gesang verstummt während des Gottesdienstes.

Tod um Mitternacht

Die letzte Tagebucheintragung der Zarin am 16. Juli 1918: »Wir lasen im Buch der Propheten Amos und Audios. Geklöppelt ... Mit Nicky Karten gespielt. 10 Uhr zu Bett. 15 Grad.« Um Mitternacht werden sie von Jakow Jurowskij geweckt, der sie »wegen Unruhen in der Stadt« in den Keller führt. »Das Erschießungskommando stand im Nebenzimmer bereit«, schreibt der Kommandant in seinem Protokoll, »die Romanows argwöhnten nichts.« Was ist in der Mordnacht wirklich geschehen? Die wahren Ereignisse sollte die Welt erst nach dem Zusammenbruch des Sowjetregimes erfahren. Im ehemals geheimen russischen Staatsarchiv in Moskau wird Historikern erst heute Einsicht in die »Akte Romanow« gewährt.

In seinen Aufzeichnungen beschreibt Jurowskij jedes Detail des Verbrechens. Er selbst zielt auf den Zaren und »tötete ihn auf der Stelle«. Seine Männer eröffnen das Feuer auf die Zarin und ihre Töchter. Doch die Frauen sind durch den eingenähten Schmuck in ihren Miedern wie von einem Schutzpanzer umgeben, so daß die Kugeln ihre tödliche Wirkung verfehlen. Übermenschliche Kräfte müssen den Opfern innewohnen, so glauben die Schlächter. Sie verlieren völlig die Fassung, feuern wild durcheinander. »Als das Feuer verstummte, stellte sich heraus, daß die Töchter, Alexandra und anscheinend auch Alexej noch lebten«, so Jurowskij in seinem Protokoll. »Wir machten uns jetzt daran, sie zu erledigen.« Die Mörder versuchten, die Mädchen mit Bajonetten zu töten, »aber auch das nutzte nichts«. Die Messer drangen nicht durch die Korsagen, deshalb schossen sie den noch Lebenden direkt in den Kopf.

Jurowskij und seine Männer transportieren die Toten auf einem Lastwagen zu einem alten, verlassenen Stollen im Wald. Der Kommandant befiehlt, ein Feuer zu entfachen und die nackten Leichen zu verbrennen. »Als sie eines der Mädchen zu entkleiden begannen, stellten sie fest, daß an den Stellen, wo ihr Korsett von Kugeln zerfetzt war – Diamanten zum Vorschein kamen«, so das Protokoll. »Die Männer bekamen leuchtende Augen.«

»Sonderausgabe! Ex-Zar in Jekaterinburg erschossen. Nikolaj Romanow ist tot«, riefen die Zeitungsjungen von Sankt Petersburg wenige Tage nach dem Mord. Wladimir Iljitsch Lenin hatte die Exekution des Zaren befohlen, aus Angst, daß die nach Sibirien verbannte Zarenfamilie dort zum Sammelpunkt einer zaristischen Opposition werden könnte. Die Soldaten der zarentreuen Weißen Armee waren auf dem Vormarsch und hätten den einstigen Monarchen befreien können. Haben sie dem Zaren wenige Tage vor seinem Tod im Ipatjew-Haus jene rätselhaften Briefe über eine bevorstehende Befreiung geschickt?

Heute gehen Wissenschaftler davon aus, daß es sich um ein Gerücht handelte, das von Lenins Revolutionsregierung erfunden wurde, um die Hinrichtung des Zaren zu legitimieren. Zu dieser Zeit war die Todesstrafe in Rußland gesetzlich verboten. Nur bei nachweislichen konspirativen Tätigkeiten gegen das neue Regime war es erlaubt, eine Hinrichtung ohne Gerichtsverfahren zu vollziehen. Und tatsächlich lautet Lenins offizielle Mitteilung, daß der Zar in Jekaterinburg wegen eines antirevolutionären Komplotts hingerichtet wurde. Alexandra und die Kinder habe man hingegen »an einen sicheren Ort« gebracht.

Über ihr Schicksal rätselt von nun an die ganze Welt. Was ist in der Mordnacht geschehen? Wer starb wirklich in Jekaterinburg? Hat eine der Töchter das Massaker überlebt und wurde im letzten Augenblick gerettet? Wo ist das Vermögen des letzten Zaren geblieben? Jahrzehntelang sind diese Fragen ein Geheimnis der Geschichte geblieben. Die wahren Ereignisse versuchen Forscher bis zum heutigen Tag zu rekonstruieren – ein Wissenschafts- und Geschichtskrimi zugleich.

DAS RÄTSEL ANASTASIA

Am 17. Februar 1920, zwei Jahre nach dem Massaker im Ipatjew-Haus, taucht in Berlin eine rätselhafte Frau auf. Nach einem Selbstmordversuch wird sie von ihren Rettern aus den kalten Fluten des Landwehrkanals gezogen und in die Heilanstalt Dalldorf eingewiesen. Monatelang gibt sie ihre Identität nicht preis – »Fräulein Unbekannt« scheint sich nicht einmal an ihren eigenen Namen erinnern zu können. Erst als eine Zimmergenossin in ihr die Zarentochter Tatjana zu erkennen glaubt, erzählt die Frau die unglaubliche Geschichte ihrer Flucht aus dem Ipatjew-Haus. Der Soldat, der sie nach dem Massaker aus dem Keller trug, soll bemerkt haben, daß sie noch lebte. Dieser Mann, ein Pole namens Alexander Tschaikowski, flüchtete mit ihr in einem Bauernfuhrwerk quer durch Rußland nach Bukarest, wo er auf der Straße erschossen wurde. Allein reiste sie weiter nach Berlin ... Sie sei die Tochter des letzten Zaren, wie sie nun beharrlich versichert. Doch sie bestreitet, Tatjana zu sein, sie ist – Anastasia.

Tatsächlich sieht die Unbekannte der jüngsten Zarentochter auffallend ähnlich. Und ihr ganzer Körper ist von Narben gezeichnet, die von

83 Die jüngste Zarentochter Anastasia soll das Massaker überlebt haben, so die Legende. Ihr Schicksal bleibt für die Menschen in aller Welt über siebzig Jahre lang ein faszinierendes Rätsel.

Bajonettstichen stammen könnten. Am meisten aber verblüfft sie die Welt mit intimen Kenntnissen über den Zarenhof. »Anna Anderson«, wie sie sich nennt, wird zum Medienstar, und Journalisten suchen nach Beweisen für ihre Identität. Einer ihrer Zeugen: Felix Dassel, ein russischer Dragoner-Hauptmann. Er war im Ersten Weltkriegs verletzt und in ein Lazarett in Zarskoje Selo eingeliefert worden, das Zarin Alexandra gegründet hatte. Dort bekam er oft Besuch von den Zarentöchtern Maria und Anastasia. Als Hauptmann Dassel der angeblichen Großfürstin Anna Anderson alte Fotos eines verwundeten Kameraden zeigt, erkennt sie ihn sofort: Das sei der »Mann mit den Taschen«. Anastasia selbst habe ihm diesen Spitznamen gegeben, so Dassel. Konnte sich eine Hochstaplerin so erstaunliche Details aus dem Leben einer Zarentochter angeeignet haben?

Immer wieder sollen Menschen aus ihrer Vergangenheit ihre Identität bezeugen: der einstige Hauslehrer der Zarenkinder, Anastasias Kinderschwester, ein Diener der Zarin, die Kinder des Leibarztes und ihre Tante, Großfürstin Olga. Viele glauben an die tragische Geschichte der geretteten Zarentochter, ebenso viele halten Anna Anderson für eine

84 Ein Ostergeschenk des Zaren aus der Werkstatt des berühmten Hofjuweliers Carl Fabergé – 46 dieser kostbaren »Ostereier« hat Nikolaus II. in Auftrag gegeben.

perfekte Schauspielerin und Lügnerin. Die ganze Welt will wissen, wer sie ist. Und Forscher nehmen jedes Detail ihres Aussehens und ihrer Persönlichkeit unter die Lupe. Selbst ihre Ohren werden mit denen von Anastasia verglichen. Der »Ohrentest« gilt damals als stichhaltiger Identitätsbeweis, weil die Anatomie der Ohren von der Kindheit bis ins hohe Alter unverändert bleibt. In 17 Punkten soll das rechte Ohr von Anastasia mit dem von Anna Anderson übereinstimmen, ergibt die Analyse eines deutschen Gerichtsmediziners.

Eine renommierte Graphologin, Minna Becker, die bereits das Tagebuch von Anne Frank auf seine Echtheit geprüft hat, vergleicht mehr als 100 Proben von Großfürstin Anastasias Handschrift mit Schriftproben von Anna Anderson. »Ich habe noch nie zuvor zwei Handschriften gesehen, die all diese übereinstimmenden Merkmale aufweisen und doch von zwei verschiedenen Menschen stammen sollen«, lautet ihr Fazit. Doch andere Gutachter kommen zum gegenteiligen Ergebnis.

Der wissenschaftliche Ehrgeiz, ihre Identität zweifelsfrei zu beweisen, hat einen triftigen Grund: Anna Anderson verfügt über intime Einblicke in die Vermögensverhältnisse des Zaren – und erhebt vor Gericht Anspruch auf die Anerkennung ihrer Person als Großfürstin Anastasia und auf ihr rechtmäßiges Erbe. Ihr Vater habe vor Ausbruch des Krieges für seine vier Töchter jeweils fünf Millionen Rubel in London deponiert, behauptet sie.

Unterstützt wird Anna Anderson in ihrem Kampf um die Zarenmillionen von dem New Yorker Anwalt Edward Fallows, der eine Gesellschaft namens »Grandanor« gründet, um die Suche nach dem Zarenschatz zu finanzieren. Jedem Mitglied verspricht Fallows ein Prozent der Millionen, die Anna Anderson zu erwarten habe. Auf der ganzen Welt fahnden ihre Berater nach Zeugen für mögliche Bankguthaben der Zarenfamilie auf Konten im Westen. In Venezuela gelingt es ihnen, Lili Dehn ausfindig zu machen, eine enge Vertraute der Zarin Alexandra. Es wird eine Begegnung mit Anna Anderson arrangiert – die ehemalige Hofdame erkennt die »Zarentochter« sofort. Und sie unterschreibt eine eidesstattliche Erklärung, in der sie folgende Worte der Zarin wiedergibt: »Jedenfalls werden wir keine Bettler sein, da wir ein Vermögen in der Bank von England deponiert haben ... Gold und Millionen.«

Der verschollene Zarenschatz

Von Anfang an sind die Spekulationen über mögliche Überlebende untrennbar mit dem verschollenen Zarenschatz verknüpft. Aufsehenerregende Juwelenfunde in Rußland, Dokumente über die Verschiffung von

Zarengold nach England werden von der Presse immer wieder als schlagkräftige Beweise für das schwindelerregend hohe Vermögen des ermordeten Herrschers zitiert. Hat Nikolaus II. seine Juwelen vor seiner Abdankung an sicherem Ort vor dem Zugriff der Bolschewiki versteckt? Konnte er Gold und Geld auf geheimen ausländischen Konten in Sicherheit bringen? Verschollen geglaubte Preziosen aus der Zarenzeit sind bis in die heutige Zeit immer wieder auf der ganzen Welt aufgetaucht.

Am meisten aber wird die Phantasie der Menschen von jenen unermeßlichen Kostbarkeiten beflügelt, die von der bolschewistischen Regierung während der Revolution beschlagnahmt und gegen begehrte Devisen auf Auktionen in Berlin, London und New York versteigert werden.

Sogar die russischen Kronjuwelen sollen unter den Hammer kommen. »Eine Vision aus Tausendundeiner Nacht«, schreibt ein Reporter der »New York Times«. »Diamanten so groß wie Walnüsse, Rubine, Smaragde, hell, blutrot oder lebhaft grün, groß wie Taubeneier, Perlen wie Nüsse, Platin, Gold und blitzende Brillanten, die wie fließendes Wasser in den Regenbogenfarben eines Springbrunnens im Sonnenschein schimmerten.« Die Zarenkrone wird später auf 52 Millionen Dollar taxiert. Zwei weltberühmte Ostereier aus der Werkstatt des Hofjuweliers Carl Fabergé erwirbt das britische Königshaus. Eines dieser kostbaren Ostergeschenke hatte Alexandra von Nikolaus zum ersten Geburtstag des Thronfolgers erhalten. Es ist in jüngster Zeit mit sechs Millionen Pfund bewertet worden. Das wahre Vermögen des letzten Zaren wird nach heutiger Rechnung auf fast 100 Milliarden Mark geschätzt.

Grausamer Fund im Birkenwald

Während Anna Anderson in Europa um das Erbe des letzten Zaren kämpft, versucht ein Geologe im sibirischen Jekaterinburg das Rätsel der Zarenfamilie mit kriminalistischen Mitteln zu lösen: Alexander Awdonin. Schon als Junge macht er Streifzüge durch die hügeligen

85 An dieser Stelle in einem Birkenwald bei Jekaterinburg findet ein russischer Geologe im Jahr 1979 das Grab der ermordeten Zarenfamilie.

Wälder in der Gegend von Jekaterinburg. Und er hört Gerüchte: Lenin habe 1918 den Befehl gegeben, die Romanows umzubringen; ihre Leichen lägen noch immer im Wald; es gebe Augenzeugen, sogar Überlebende der Bluttat – die Zarentochter Anastasia und der Zarewitsch Alexej. Gemeinsam mit dem Moskauer Filmemacher Geli Rjabow stellt Awdonin Nachforschungen an und macht 1978 in Sankt Petersburg einen Vizeadmiral namens Alexander Jurowskij ausfindig, der Sohn des Kommandanten im Ipatjew-Haus. Er verwahrt bei sich zu Hause eine Kopie vom Mordprotokoll seines Vaters, dessen Original im Moskauer

Geheimarchiv erst nach dem Zusammenbruch des Sowjetregimes veröffentlicht wird.

Jurowskijs Bericht bringt die Ermittler im Fall Romanow auf die richtige Spur. In den Birkenwäldern um Jekaterinburg machen sie sich im Jahr 1979 auf die Suche nach dem Zarengrab. Die Lage ist im Protokoll des Mörders genau beschrieben: »Koptjaki, zwölf Werst (etwa 13 Kilometer) nordwestlich von Jekaterinburg«, heißt es in Jurowskijs Bericht. »Von der Stelle, wo die Bahngleise die Straße kreuzen, ungefähr 100 Saschen (etwa 210 Meter) in Richtung der Fabrik von Isetsk sind sie vergraben.«

In der Nacht zum 30. Mai stoßen Awdonin und Rjabow bei ihren Bohrungen im Morast auf eine Schicht aus schwarzem Lehm, der sich ölig anfühlt und einen fauligen Geruch verströmt. Der Boden in den Bohrlöchern ist stark säurehaltig: Indizien für das Grab, denn Jurowskijs Männer hatten die Gesichter der Toten mit Säure übergossen, um sie unkenntlich zu machen, so steht es in dem Bericht. Mit ihren Spaten legen die beiden Fahnder tatsächlich drei Totenschädel frei. Es gibt keinen Zweifel mehr: Sie haben das Grab der Zarenfamilie gefunden. Angst beschleicht die Entdecker. Eilig verstauen sie ihren spektakulären Fund. Rjabow nimmt zwei Schädel mit nach Moskau, einen verbirgt Awdonin monatelang unter seinem Bett.

»Am Tag der Entdeckung haben wir am Abend gebetet, aber das konnte die Angst nicht besiegen«, so Awdonin heute. »Wir litten unter starkem seelischem Streß, der wochenlang andauerte. Zu diesem Zeitpunkt war alles konspirativ, und wir mußten damit rechnen, daß man uns der Einmischung in Staatsgeheimnisse beschuldigen würde. Wir schworen einander, unseren Fund erst preiszugeben, wenn aus der Sowjetunion ein anderes Land geworden war.« Zum Zeitpunkt der Entdeckung wird die »Akte Romanow« noch geheimgehalten. Awdonin begräbt die drei Schädel wieder, in einer Holzkiste, mit einer kleinen Ikone aus Kupfer.

Erst im Juli 1991 kehrt er mit einem offiziellen Exhumierungsteam an den Ort seiner Entdeckung zurück. In Rußland hat »Glasnost« die einst geheimen Archive geöffnet und den Menschen die Angst genommen. Eine schwerbewachte Mannschaft bricht im Morgengrauen nach Koptjaki auf: Polizisten mit Schaufeln, Geheimdienstleute mit Videokameras, eine Archäologin, ein Staatsanwalt – und Awdonin. Das Exhumierungsteam gräbt zuerst die Holzkiste mit den Schädeln aus. Dann entdecken sie die sterblichen Überreste von neun Menschen. Es könnten tatsächlich die Gebeine der Romanows und ihrer letzten Bediensteten im Ipatjew-Haus sein.

Die Botschaft der Knochen

In den folgenden Monaten reisen die weltbesten Gerichtsanthropologen und Molekularbiologen in den Ural, um mit den High-Tech-Methoden des Genzeitalters herauszufinden, ob es sich um die Zarenfamilie handelt. Und, wenn ja, um zu bestimmen, wer zu den Opfern zählt, wer fehlt und möglicherweise überlebt hat. Legenden werden zu neuem Leben erweckt: Ist sie unter den Toten, die Zarentochter Anastasia?

Die ersten Untersuchungen macht der russische Gerichtsmediziner Sergej Abramow. Die Schädel offenbaren Zeichen von Willkür und roher Gewalt. Sogar in die Augenhöhle eines der Opfer sind die Kugeln der Mörder eingedrungen, die Kiefer sind von Gewehrkolben zertrümmert. Und Abramow findet Indizien für die vornehme Herkunft eines der Mordopfer: »Objekt sieben«, so sein Urteil, durch Bajonettstiche furchtbar zugerichtet und mit kunstvoll gefertigten Kronen aus Gold und Platin im Unterkiefer, könnte Zarin Alexandra sein. Bei »Objekt vier« sind die Hüftknochen durch jahrelanges Reiten deformiert, auffallende Merkmale wie das fliehende Kinn und die fortgeschrittene Parodontose deuten auf Nikolaus II. hin. Eines aber ist von Anfang an klar: Es handelt sich um sechs Erwachsene – möglicherweise das Zarenpaar und seine vier Bediensteten – sowie drei junge Mädchen. Der Zarewitsch Alexej und eine der vier Zarentöchter sind aber auf keinen Fall unter den Toten.

Den letzten Beweis für die Identität der Ermordeten kann nur ein Gentest liefern. Deshalb fliegt der russische Molekularbiologe Pawel Iwanow im September 1993 nach London, mit in Cellophan verpackten

Knochenfragmenten von neun Leichen im Handgepäck. Im High-Tech-Labor seines britischen Kollegen Peter Gill soll der genetische Fingerabdruck durchgeführt werden. Doch dafür brauchen die Wissenschaftler Erbmaterial von Verwandten der Zarenfamilie – die Voraussetzung für die Suche nach gemeinsamen genetischen Merkmalen. Zuerst stellt sich das englische Königshaus in den Dienst der Forschung. Prinz Philip, der in der weiblichen Erblinie der Zarin steht, spendet eine Blutprobe. Seine Gene bringen es an den Tag: Alexandra ist unter den Opfern.

Schwieriger ist die Identifizierung von Nikolaus II. Für den genetischen Vergleich soll Erbmaterial von Großfürst Georgi, dem Bruder des Zaren, herangezogen werden. Und tatsächlich erhalten die Forscher die Genehmigung, die Gruft des Großfürsten in Sankt Petersburg zu öffnen. Sie exhumieren den verwesten Leichnam und entnehmen eine Gewebeprobe. Im Labor wird das Erbmaterial der Brüder analysiert, auch die Gene der übrigen Opfer werden untersucht und verglichen. Es besteht kein Zweifel: Es handelt sich um die Zarenfamilie, um Vater und Mutter von drei Töchtern.

Die verschollenen Zarenkinder

Doch noch immer ist das Geheimnis der Romanows nicht vollständig enthüllt. Von zwei Zarenkindern fehlt jede Spur. Und die Frage, welches der Mädchen nicht unter den Leichen ist, entfacht bald international einen Streit unter den Wissenschaftlern. Ist es Anastasia, wie amerikanische Forscher nach der Untersuchung der Schädel behaupten? Der russische Gerichtsmediziner Abramow läßt sich von den Ergebnissen seiner westlichen Kollegen nicht beirren. Er ist von Anfang an überzeugt, daß »Schädel sechs« der jüngsten Zarentochter Anastasia gehört. Um die Identität der Mädchen zweifelsfrei klären zu können, entwickelt Abramow ein ausgeklügeltes Computerprogramm, mit dem er Schädel und Gesichter exakt vermessen, vergleichen und Ähnlichkeiten berechnen kann. Dabei werden Bilder der Schädel mit zahllosen Fotos der zu identifizierenden Personen im Computer überlagert – die Experten nennen das »Superimposition«.

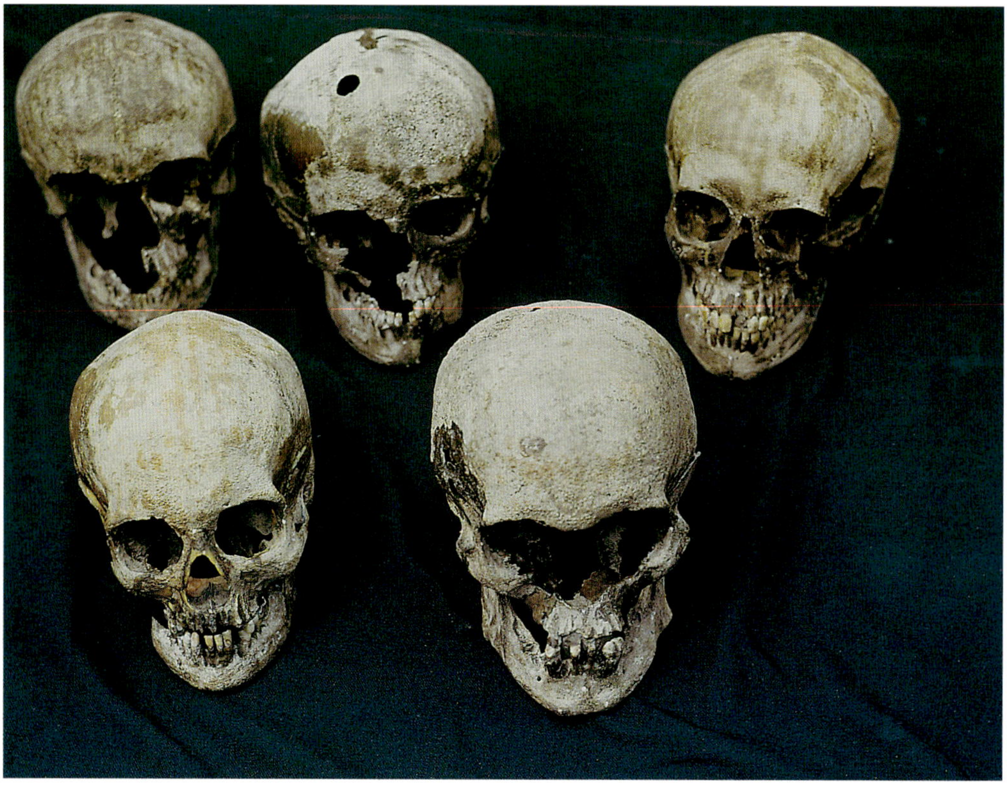

86 Die Schädel der Zarenfamilie werden im Jahr 1991 exhumiert und identifiziert: Tatjana, Olga, Anastasia (obere Reihe von links), Alexandra und Nikolaus II. (untere Reihe von links).

Zunächst markiert Sergej Abramow jene anatomisch festgelegten Punkte, die genau übereinstimmen müssen, um eine Identifikation zu ermöglichen. An diesen Stellen – etwa im Bereich der Nasenwurzel, an den Lippen und in den Augenwinkeln – ist die Dicke der Haut bei allen Menschen gleich, die Voraussetzung für den Vergleich von Schädeln und Gesichtern. Mit einer Videokamera filmt Abramow den Kopf des Toten aus unterschiedlichen Perspektiven. Er richtet ihn exakt aus, damit seine Position den fotografierten Gesichtern entspricht. Jeder Punkt wird im Computer vermessen, jede Abweichung registriert. Der Computer bringt die Wahrheit ans Licht. Die Gesichtsmerkmale von Anastasia stimmen exakt mit »Schädel sechs« überein. Sie ist in der Mordnacht gestorben, und es ist ihre Schwester Maria, die anhand der Schädel nicht identifiziert werden kann.

»Ich wünschte mir, Anastasia wäre am Leben geblieben und eines natürlichen Todes gestorben. Aber die Fakten sprechen für sich«, so Abramow. »Es gibt auch zahllose Legenden über die wundersame Rettung von Maria und Alexej. Aber aus Dokumenten ist bekannt, daß sie ebenfalls bei dem Massaker umgekommen sind und in der Nähe der übrigen Familie vergraben wurden. Doch dieses Grab haben wir bislang noch nicht gefunden.«

Kann auch das letzte Rätsel der Romanows enthüllt werden? In den Birkenwäldern um Jekaterinburg sucht Alexander Awdonin nach den fehlenden Leichen. Und wieder bringen ihn Dokumente aus dem Jahr 1918 auf die richtige Spur. Im Kommandantenbericht über die Hinrichtung in Jekaterinburg ist von zwei Leichen die Rede, die nicht in den Sümpfen von Koptjaki verscharrt, sondern beim verlassenen Bergwerk »Vier Brüder« verbrannt wurden. Zunächst hatten Jurowskijs Männer versucht, alle Mordopfer zu verbrennen. Doch die noch frischen Leichen fingen kein Feuer, und sie warfen die verstümmelten Körper in den Stollen. Aus Angst vor der Entdeckung durch die anrückende Weiße Armee holten sie die Leichen in der nächsten Nacht jedoch wieder heraus, um sie nach Koptjaki zu bringen. Nur zwei Leichen sind beim Bergwerk »Vier Brüder« fast vollständig verbrannt – Alexej und Maria, so Awdonins Überzeugung. Würden sich dort Spuren ihrer sterblichen Überreste auffinden lassen?

Schließlich hatten die ersten Ermittler im Fall Romanow schon wenige Tage nach der Mordnacht an genau dieser Stelle einen grausigen Fund gemacht. Damals durchkämmten die Soldaten der zarentreuen Weißen Truppen den Wald mit langen, zugespitzten Stangen – ein nachgebender Boden und austretende Fäulnisgase könnten Indizien für ein Massengrab sein. Bei den »Vier Brüdern« wurden sie fündig: Als sie den Boden durchsiebten, entdeckten sie halb verkohlte Kleider, zersplitterten Schmuck, Projektile von Schußwaffen, einen abgerissenen Finger und menschliche Knochenfragmente. In einem braunen Lederkoffer wurden die brisanten Fundstücke außer Landes geschafft. Der Koffer aber ist bis heute verschollen.

Über 80 Jahre später: Alexander Awdonin macht Ausgrabungen an der beschriebenen Stelle bei den »Vier Brüdern«, und er entdeckt die gleichen Relikte wie einst die Ermittler der zarentreuen Truppen – Asche, Knochensplitter, Schmuck, Revolverkugeln. »Alle Fundstücke werden gegenwärtig wissenschaftlich untersucht«, sagt Awdonin. »Sobald die Expertise abgeschlossen ist, können wir sagen, ob es sich bei den Knochenfragmenten um die sterblichen Überreste von Alexej und Maria handelt.« Und er appelliert an die Weltöffentlichkeit, die Auffindung des geheimnisvollen Koffers zu ermöglichen, um seinen Inhalt mit den eigenen Fundstücken zu vergleichen und das Rätsel der Romanows endgültig zu lösen.

Die Hiobs-Kirche in Brüssel soll den besagten Koffer beherbergen – zum Andenken an das Martyrium der Zarenfamilie. Den Inhalt haben angebliche Zeugen beschrieben: zusammengescharrte Reste eines Feuers, Knochensplitter, blutgetränkte Erde, zwei Fläschchen mit erstarrtem Leichenfett und mehrere Kugeln. Doch bis zum heutigen Tag weigert sich die Kirche, die »Reliquien« der Zarenfamilie überprüfen und wissenschaftlich untersuchen zu lassen. Selbst um den Verwahrungsort wird ein Geheimnis gemacht, und Alexander Awdonin hat auf seine Anfragen keine Antwort erhalten.

Die falsche Zarentochter

Experten gehen heute davon aus, daß kein Mitglied der Zarenfamilie das Massaker im Ipatjew-Haus überleben konnte. Doch eine Frage bleibt offen: Wer war Anna Anderson? Die falsche Zarentochter hat ihr Geheimnis mit ins Grab genommen. Ihren Lebensabend verbrachte sie zunehmend geistesverwirrt an der Seite des amerikanischen Historikers John Manahan. Sie lebten in einem verwilderten Haus in Virginia, zuletzt umgeben von über 80 Katzen. Anna Anderson starb am 12. Februar 1984 – fast ein Jahrzehnt vor der Identifizierung der Zarenknochen. Sie wurde eingeäschert, und doch gab es Beweise, die der Welt sagen sollten, wer sie war. In einem amerikanischen Krankenhaus wurde eine

Gewebeprobe der verstorbenen Anna Anderson entdeckt. Der genetische Fingerabdruck, der ebenfalls von Peter Gill in England durchgeführt wurde, ergab beim Vergleich mit den Erbinformationen der Zarenfamilie keine Indizien für eine biologische Verwandtschaft.

Nun wurden Spekulationen aus den zwanziger Jahren neu belebt. Bereits am 31. März 1927 hatte die »Berliner Nachtausgabe« die unbekannte Selbstmörderin, die aus dem Landwehrkanal gerettet worden war, als die polnische Fabrikarbeiterin Franziska Schanzkowski identifiziert. Und als es dem Münchner Filmemacher Maurice Remy vor wenigen Jahren gelang, einen Großneffen jener Frau ausfindig zu machen, brachte der Gentest die Wahrheit ans Licht. Anna Anderson war tatsächlich Franziska Schanzkowski. Die falsche Zarentochter hatte einst in einer Munitionsfabrik gearbeitet, und die Narben auf ihrer Haut stammten nicht von Bajonettstichen, sondern von einer Explosion.

War Anna Anderson tatsächlich Opfer eines Komplotts von Verschwörern und intimen Kennern des Zarenhofes, die sich der verschollenen Zarenmillionen bemächtigen wollten? Wurde sie einer Gehirnwäsche unterzogen, wie es der Hollywood-Film »Anastasia« mit Ingrid Bergmann nahelegt? In ihre Rolle als Zarentochter hat sie sich vertieft, bis sie selbst daran glaubte und zum Spielball einer Clique eigennütziger »Berater« wurde.

Die Suche nach dem Zarengold

Im Archiv der Bank von England liegen die Briefe ihrer Anwälte noch heute, in denen sie Anspruch auf den Millionennachlaß des letzten Zaren erhebt. Hatte der Zar hier tatsächlich ein privates Konto? Verbirgt sich hinter den Behauptungen der selbsternannten Erbin ein wahrer Kern. In London macht sich ein Mann auf die Suche nach dem verschollenen Zarenschatz: William Clarke, ehemaliger Bankmanager und Wirtschaftschef der »Times«. »Ich habe die Gerüchte nicht geglaubt, ich war fasziniert davon«, sagt er heute über den Beginn seiner Recherchen. »Und ich hatte den Film mit Ingrid Bergmann gesehen, der das Gefühl vermittelt, das russische Mädchen Anastasia sei tatsächlich um ein Vermögen betrogen worden, das angeblich in London lag.«

Fast 30 Jahre vergehen, bis ihm die Bank von England endlich Einsicht in die Akten gewährt. Jahre, in denen das weltberühmte Geldinstitut die Existenz des Zarenvermögens immer wieder dementiert. Clarke findet im Archiv der Bank tatsächlich den letzten Kontoauszug des Zaren von Rußland. Der Höchststand: fast eine Milliarde Mark. Doch das Konto wurde geschlossen. »Die Wahrheit ist, daß der Zar dieses Guthaben in London besaß. Er hatte es von seinem Vater Alexander III. geerbt«, so Clarke. »Aber der letzte Zar war ein Patriot, und er persönlich wollte kein Geld im Ausland haben, während sein Land Anleihen in Paris, London und New York machte, um Eisenbahnen zu bauen. Deshalb führte er es im April 1900 nach Rußland zurück.« Als später der Erste Weltkrieg ausbrach, forderte Nikolaus II. sogar seine reichen Verwandten auf, das wirtschaftlich geschwächte Rußland mit ihren Auslandsguthaben zu stärken.

Auch Alexandra war Patriotin. Die Zarin selbst pflegte gemeinsam mit ihren Töchtern im Krieg verwundete Soldaten. Selbst unter den goldenen Kronleuchtern des Winterpalastes wurden Feldbetten für die Verletzten aufgestellt. Für ihre Lazarette und Krankenzüge erhielt sie erhebliche Zahlungen aus England. Der britische Botschafter George Buchanan überbrachte der Zarin das Geld persönlich, nachdem Nikolaus II. sich zum Befehlshaber der Streitkräfte ernannt und Quartier bei seinen Truppen bezogen hatte. »Mein allerliebster Schatz«, schrieb Alexandra in diesen Tagen an ihren Gemahl, »es war schön, heute morgen die Nachricht von Deiner Ernennung in den Zeitungen zu lesen ... Ich sehe morgen Buchanan, da er mir wieder mehr als 100 000 Pfund aus England bringt.« Zwischen Juni 1914 und Januar 1916 erhielt sie über sechs Millionen Rubel, die sie für Krankenhäuser und Medikamente sowie für ihre sechs Versorgungszüge verwendete. Clarke vermutet jedoch, daß es sich dabei nicht um ein persönliches Guthaben der Zarin handelte, sondern um private Spenden aus England.

87 Das Londoner Auktionshaus »Christie's« versteigerte Juwelen aus dem Besitz der russischen Zaren, die von den Bolschewisten zur Zeit der Revolution beschlagnahmt worden sind.

Wo aber sind die Juwelen der Zarenfamilie geblieben? Im Moskauer Staatsarchiv fahndet Clarke nach Spuren jener Schmuckstücke, die Jurowskij bei seinem Dienstantritt im Ipatjew-Haus beschlagnahmte. In der »Akte Romanow« liegt die Juwelenliste bis heute. Auch ein handgeschriebenes Schmuckjournal der Zarin – im Juli 1917 auf den letzten Stand gebracht – hat Clarke hier ausfindig gemacht. 308 Einzelstücke sind darin aufgeführt, darunter ein goldenes, mit Brillanten besetztes Armband, das Alexandra ihrer Tochter Maria geschenkt hatte, bevor sie Zarskoje Selo für immer verließen. Bleistiftnotizen lassen die persönlichen Vorlieben der Zarin erkennen (»das ich immer trage«) und wo sie die Juwelen zurückließ (»auf meinem Schreibtisch«, »in meiner Vitrine im Winterpalais«).

Fast ihr gesamtes Vermögen – Geld, Gold und Geschmeide – hat die Zarenfamilie der Provisorischen Regierung zur Verwahrung übergeben, als sie den Weg in die Verbannung antrat. Doch nach der Machtergreifung der Bolschewiki ging der Besitz des Zaren und der russischen Aristokratie in Staatseigentum über. Allein die Russisch-Orthodoxe Kirche lieferte dem neuen Sowjetregime über 500 Tonnen Silber. Das Beutegut füllte ein riesiges Depot. Die gewaltigen Hallen waren zu beiden Seiten bis an die Decke vollgestopft mit über 20 000 Schrankkoffern, Körben, Kisten und Taschen. Ein bolschewistisches Komitee katalogisierte den Schatz, darunter die Zarenkrone und 13 Ostereier von Fabergé.

Die Recherchen führen William Clarke in das Archiv des berühmten Londoner Auktionshauses »Christie's«. Dort belegt ein Katalog noch heute die Versteigerung russischer Staatsjuwelen. Vieles aus dem Diamantenfonds der Sowjetunion ist im Westen für begehrte Devisen unter den Hammer gekommen. Doch nicht alles wurde öffentlich verkauft, wie William Clarke herausgefunden hat: »Einige der Juwelen wurden über Wladiwostok außer Landes gebracht. Sie waren von zarentreuen Truppen erobert und in Kisten nach Windsor Castle geschickt worden, wo die Mutter des Zaren lebte. Als sie 1939 starb, kaufte die englische Königin Mary privat einige dieser Juwelen. Noch heute werden sie manchmal von Königin Elisabeth getragen und bis zu ihrem Tod auch von Prinzessin Diana.«

Geheime Tresore im Palais an der Moika

In der einstigen Zarenstadt Sankt Petersburg lassen sich noch heute Zeugnisse von den Versuchen der russischen Aristokratie finden, ihr Vermögen zu retten. Überall im Palast der mächtigen Familie Jussupow sind geheime Tresore verborgen. Hinter den Schränken der Bibliothek öffnet sich die Tür zur »Höhle Aladins«, in der Prinzessin Irina Jussupowa einst ihren Schmuck verwahrte. Unter dem schweren Tisch im einstigen Billardsaal befindet sich der Zugang zu einem Labyrinth von Räumen, das unterhalb der Gemächer liegt. Über 1000 Gemälde und Gobelins, erlesenes Porzellan, Diamanten und Juwelen von unschätzbarem Wert waren in den Geheimkammern verborgen. Mehr als 100 kostbare Violinen wurden nach der Revolution in den hohlen weißen Säulen des großen Bankettsaals entdeckt, darunter ein Meisterwerk des berühmten Geigenbauers Giacomo Antonio Stradivari.

Die Jussupows zählten zu den fünf reichsten Familien in Rußland. Jahrhundertelang waren sie die Favoriten der Zaren, die ihnen Landbesitz, Weingüter, Ölquellen und Zuckerfabriken schenkten. Stets vermählten sie ihre Söhne mit Töchtern vornehmer Herkunft. Im Jahr 1913 heiratete Fürst Felix Jussupow eine Nichte des letzten Zaren, Irina. »Ich erinnere mich noch daran, daß überall in ihren Salons Kristallschalen herumstanden, die mit ungeschliffenen Saphiren, Smaragden und Opalen angefüllt waren – alles zu reinen Dekorationszwecken«, so Großfürstin Olga Alexandrowna, die jüngere Schwester des Zaren, über die Empfänge im Palast an der Moika.

Als sich die Situation in Sankt Petersburg im Sommer 1917 zuspitzte, flüchtete die Familie ins Exil auf die Krim. Doch Felix Jussupow kehrte noch einmal in die Zarenstadt zurück, um seinen Bediensteten die Anweisung zu geben, alle Reichtümer in den Geheimkammern zu verstecken. Nach der Revolution wurde der Palast an der Moika, der zu den zehn schönsten Häusern Europas zählt, unter diplomatischen Schutz gestellt. Doch im Februar 1919 kam ein bolschewistisches Komitee, drei Männer und zwei Frauen, mit dem Durchsuchungsbefehl. Sie klopften alle Wände ab und entdeckten hinter den Kacheln eines Korridors zunächst einen Raum mit 100 Kisten und den passenden Schlüsseln. Darin waren Silber und Gold, Edelsteine und Diamanten von einzigartiger Pracht verborgen. Lenins Fahnder folgten den Belüftungsrohren der Heizung, brachen die Wände auf und kehrten mit gewaltiger Beute zurück. Das letzte Versteck hatte ihnen der einst loyale Haumeister des Palastes verraten.

Vom Schatz der Jussupows sind nur wenige Preziosen erhalten geblieben – ein halbes Dutzend Schnupftabakdosen und Taschenuhren, von denen einige den Namenszug Felix Jussupows tragen. Sie werden bis heute in der Schatzkammer der Petersburger Eremitage aufbewahrt. Gobelins und Gemälde, die aus dem Palais an der Moika gerettet wurden, können in den Kunstsammlungen des Museums besichtigt werden. Und im Archiv der Eremitage dokumentieren über 20 umfangreiche Bände den Reichtum der Jussupows. Jeder Ring, jeder goldene Kelch, jedes Gemälde – zigtausend Kostbarkeiten sind darin bis ins letzte Detail aufgelistet. Doch das unermeßliche Vermögen der mächtigen Familie ist verschollen.

Das Ende einer Legende

Was aber geschah mit dem legendären Zarengold? Einst sollen in den Tresoren der Petersburger Staatsbank Goldbarren im Wert von fast acht Milliarden Mark gelegen haben. Und den Befehl für die Überführung von Gold in die Tresore der Bank von England besiegelte der Zar selbst mit seiner Unterschrift. Wollte er für die Zeit der Krise doch einen »Notgroschen« im Ausland anlegen, wie die Welt damals glaubte? Schon im September 1914, neun Wochen nach Kriegsausbruch, begannen die geheimen Transporte. Zwei britische Kriegsschiffe gingen 30 Meilen vor Archangelsk vor Anker. Dann brachten schwer beladene russische Lastkähne in stockfinsterer Nacht Goldbarren im Wert von annähernd acht Millionen Pfund (fast eine Milliarde Mark nach heutigem Wert) und verluden es auf die Schiffe. In London wurde die Sendung mit einer militärischen Eskorte in die Bank von England gebracht. Zwischen 1914 und dem Ausbruch der Revolution im Jahr 1917 wurde Gold im Wert von rund sieben Milliarden Mark ins Ausland gebracht.

Rußland hatte Gold, aber kein Geld. Im Ersten Weltkrieg aber waren Devisen nötig, um die kämpfenden Truppen unter Waffen zu halten und Nachschubgüter zu beschaffen. Die britische Regierung erklärte sich deshalb bereit, der russischen Monarchie Kredite in schwindelerregender Höhe einzuräumen: 75 Millionen Mark monatlich im Austausch gegen Zarengold, das als Sicherheit in den Depots der Bank von England verwahrt werden sollte. Das Geld wurde über die Londoner Bank Baring Brothers & Co an die russische Regierung ausgezahlt. Auf diesem Konto verblieben nach 1918 noch Einlagen, die 1986 mit rund

88 (Linke Seite) Wladimir Iljitsch Lenin, der neue Machthaber des ehemaligen Zarenreiches, nun Sowjetreiches, erläßt im Jahr 1918 ein Sonderdekret zur Verstaatlichung des gesamten Zarenvermögens.

89 Die Prunktreppe im Palais der Jussupows in Sankt Petersburg. Das unschätzbare Vermögen der Familie wird nach der Revolution in verborgenen Tresoren und Geheimzimmern des Palastes entdeckt. Bald jedoch verlieren sich dessen Spuren wieder.

100 Millionen Mark bewertet wurden – ein Vermögen, das dem legitimen Nachfolger der zaristischen Regierung gehörte. Nur ein Zar, nicht aber seine Erben, konnte darauf Anspruch erheben.

Am 13. Juli 1918 hatte das neue bolschewistische Regime durch ein Sonderdekret zur Verstaatlichung des Zarenvermögens zu erkennen gegeben, daß zum Eigentum des Zaren »alle Investitionen in Rußland und im Ausland« zählten, die »jetzt der Russischen Sozialistischen Sowjetrepublik gehören«. Und es begann das Ringen um das Geld in ausländischen Tresoren. Trotz Anerkennung der neuen Sowjetregierung wollte England verhindern, daß das Geld ohne Verrechnung mit offenstehenden Schulden in sowjetischen Besitz gelangte. Erst 1986 einigten sich beide Regierungen, auf Ansprüche gegeneinander zu verzichten und die verbleibenden Einlagen zur Entschädigung von britischen Staatsbürgern zu verwenden, die ihren Besitz durch die Revolution in Rußland verloren hatten.

Die Londoner Wirtschaftsprüfungsgesellschaft »Price Waterhouse« übernahm die Aufgabe, alle Ansprüche zu prüfen und das Geld auszuzahlen. Die Firma wurde bald darauf mit einer Flut von fast 100 000 Anträgen überschwemmt. Dabei ging es um den Verlust von Banken, Fabriken und Schiffen bis hin zu Möbeln, Schmuck und Autos. Die wahren Erben des Zarenschatzes: Etwa der Inhaber einer Londoner Firma, in dessen Keller 144 Stahlkassetten mit alten russischen Schuldverschreibungen moderten – er erhielt den größten Scheck in Höhe von 900 000 Pfund. Ein Privatmann forderte Schadensersatz für fünf Paar Strümpfe, ein Tierfreund für seinen Papagei. Und ein Liebhaber der russischen Kultur verlangte Entschädigung für den Verlust von Reisegepäck – es enthielt drei Sardinenbüchsen und Karten für zehn Opernvorstellungen, die wegen der Revolution abgesagt worden waren. Die kleinste Geldforderung betraf den Verlust eines Bankguthabens von 127 Rubeln in Sankt Petersburg, dessen Wert mit 3,63 Pfund angesetzt wurde. Ein gigantisches Vermögen wurde in alle Himmelsrichtungen verweht. Doch die Legende von einem märchenhaften Goldhort, der irgendwo auf der Welt versteckt sein könnte, lebt bis heute fort.

Literaturhinweise

Clarke, William: Der verschollene Zarenschatz. Auf den Spuren der Romanows. Frankfurt a.M. 1998.

Kurth, Peter: Anastasia. Die letzte Zarentochter. Bergisch Gladbach 1989.

Lincoln, W. Bruce: Die Eroberung Sibiriens. München 1996.

Lovell, James Blair: Anastasia. The Lost Princess. Washington 1991.

Massie, Robert K.: Nicholas and Alexandra. London 1968.

Massie, Robert K.: Die Romanows. Das letzte Kapitel. Berlin 1995.

Maylunas, Andrei und Mironenko, Sergei: Eine Liebe für die Ewigkeit. Nikolaus und Alexandra. Das letzte Zarenpaar.

Nicolas and Alexandra. The Last Imperial Family of Russia. Ausstellungskatalog. London 1998.

Nicolas II. The Imperial Family. Ausstellungskatalog. Sankt Petersburg 1998.

Radsinski, Edward. Nikolaus II. Der letzte Zar und seine Zeit. München 1992.

Torke, Hans-Joachim (Hrsg.): Die russischen Zaren. 1547–1917. München 1995.

Skrynnikow, Ruslan G.: Iwan der Schreckliche und seine Zeit. München 1992.

Ziegler, Gudrun: Das Geheimnis der Romanows. Geschichte und Vermächtnis der russischen Zaren. München 1996.

Die Autoren

Hans-Christian Huf. Geboren 1956 Starnberg, ist leitender Redakteur der Fernsehserie »SPHINX« und Herausgeber dieses Buches. Er studierte in München und Bordeaux Geschichte und Germanistik. Ab 1984 Mitarbeiter des ZDF, seit 1987 in der Redaktion »Kultur und Gesellschaft«. Veröffentlichung von Beiträgen und Büchern zu kulturhistorischen Themen, u.a. *SPHINX, Quo Vadis* und *Himmel, Hölle und Nirvana.*

Jens-Peter Behrend. Geboren 1945, Studium der Soziologie, Amerikanistik und Theaterwissenschaft. Von 1974 bis 1980 Redakteur beim Sender Freies Berlin, danach freiberuflich als Autor und Regisseur zahlreicher Kinderprogramme (für ARD und ZDF), Fernsehspiele (»Gefühl und Härte«, »Sie rüsten zur Reise ins Dritte Reich«, »Die Menagerie von Sanssouci«, »Tatort«) und Fernsehdokumentationen (u.a. für die ZDF-Reihen »Höllenfahrten«, »Terra-X«, »Himmel, Hölle und Nirvana« und »SPHINX«).

Jeanette Erazo Heufelder. Geboren 1964, promovierte Ethnologin, arbeitet seit 1994 als Autorin und Filmemacherin im Bereich Dokumentarfilm. Für den US-amerikanischen Sender Discovery Channel schrieb sie die Drehbücher zur Serie »Treasure Hunters«. Ihr zuletzt erschienenes Buch »Gloria Cuartas – Bürgermeisterin für den Frieden« steht unter der Schirmherrschaft der UNESCO.

Günter Klein. Geboren 1956, Studium der evangelischen Theologie, Kunstgeschichte und Journalistik. Seit 1984 bei verschiedenen Fernsehsendern, darunter für vier Jahre beim Südwestfunk. Seit 1991 Redaktionsleiter bei der Ifage-Filmproduktion in Wiesbaden. Autor und Regisseur zahlreicher Fernsehproduktionen.

Heike Schmidt. Geboren 1963, in den Jahren 1986 und 1987 arbeitete sie für Produktionen von Dokumentarfilmen in Brasilien, Indien, Pakistan, Ägypten und der Türkei. Zusätzlich leitete sie Studienreisen. Von Januar 1993 bis 1999 Autorin von Reisebeiträgen und Hintergrundberichten für die Reihe »Reiselust«. Von 1997 bis 1999 Mitarbeit für die wöchentliche Programmpräsentation »ZDF-Info Urlaub und Reise«. Seit Februar 2000 als Mitarbeiterin im ZDF-Studio in Kairo tätig.

Matthias Unterburg. Geboren 1967, Studium der Geschichte und Soziologie in München und London, seit 1995 Mitarbeit an verschiedenen Fernseh- und Dokumentarproduktionen, zuletzt »Ernst Udet - Der Flieger« (Drehbuch/Dokumentation) aus der ZDF-Reihe »Hitlers Krieger« und »Pforten der Hölle« (Drehbuch/Regie) aus der ARD-Reihe »2000 Jahre Christentum«, lebt als freier Autor und Regisseur in München.

Luise Wagner-Roos. Geboren 1957, promovierte Biologin und Wissenschaftsjournalistin; Stipendien u.a. von der Deutschen Forschungsgemeinschaft und der Robert Bosch Stiftung. Langjährige journalistische Tätigkeit für Magazine wie »stern« und »focus« über Themen im Grenzgebiet von Wissenschaft, Kultur und Zeitgeist; Autorin von TV-Dokumentationen vor allem für das ZDF; seit 1999 Geschäftsführerin der Digital Drama Filmproduktion, Hamburg.

Bildnachweis

Archiv für Kunst und Geschichte (AKG), Berlin: Schutzumschlag (7 Hintergrundbilder), 1, 4, 8, 13, 14, 15, 17, 18, 19, 20, 21, 22, 23, 24, 25, 29, 36, 47, 50, 59, 66, 68, 73, 74, 75, 76, 77, 78, 79, 80, 81, 82, 83, 84, 85, 86, 87, 88, 89

Behrend, Jens-Peter, Berlin: Vorsatz, 30, 31, 32, 33, 34, 35, 37, 38, 39, 40, 41, 42, 43

Börker-Klähn, Jutta, Berlin: 16

Gustav Lübbe Verlag: 27

Heufelder, Sylvio, München: 61, 62, 63, 64, 65, 67, 69, 70, 71, 72

Klein, Günther, Wiesbaden: 26, 28

Schmidt, Heike, Mainz: 2, 3, 5, 6, 7, 9, 10, 11, 12

Schmitz, Eike, Berlin: Nachsatz, 44, 45, 46, 48, 49, 51, 52, 53, 54, 55, 56, 57, 58, 60